FiNALEonline.de

FiNALEonline.de ist die digitale Ergänzung zu deinem Arbeitsbuch. Hier findest du eine Vielzahl an Angeboten, die dich zusätzlich bei deiner Prüfungsvorbereitung in Deutsch unterstützen!

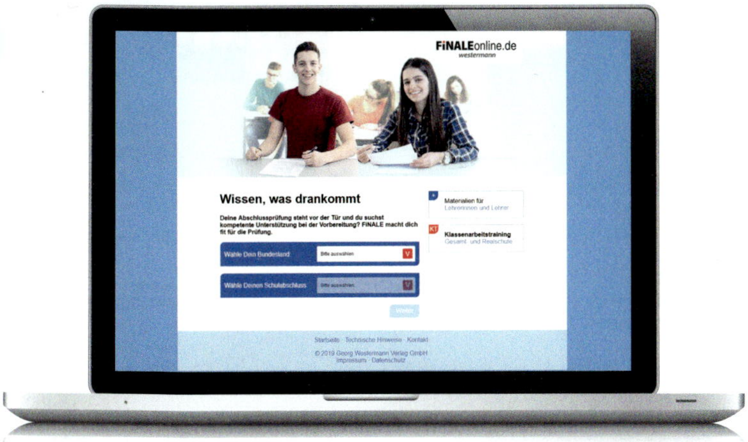

Das Plus für deine Prüfungsvorbereitung:

- das Extra-Training Rechtschreibung
- Original-Prüfungsaufgaben mit Lösungen (bitte Code von S. 2 eingeben)
- Tipps zur Prüfungsvorbereitung, die das Lernen erleichtern

Online-Grundlagentraining

Du hast noch Lücken aus den vorherigen Schuljahren? Kein Problem! Das Online-Grundlagentraining auf FiNALEonline.de hilft dir dabei, wichtigen Lernstoff nachzuarbeiten und zu wiederholen. Und so funktioniert es:

Für das Fach Deutsch stehen dir über 100 Aufgaben zu prüfungsrelevanten Grundlagen in kurzen Trainingseinheiten zur Verfügung.

Unser Tipp für Lehrerinnen und Lehrer: Nutzen Sie unsere vielfältigen Arbeitsblätter auch für Ihren Unterricht.

Für Lehrerinnen und Lehrer:
Die Lehrerhandreichung für den optimalen Einsatz der Arbeitsbücher im Unterricht zum kostenlosen Download!

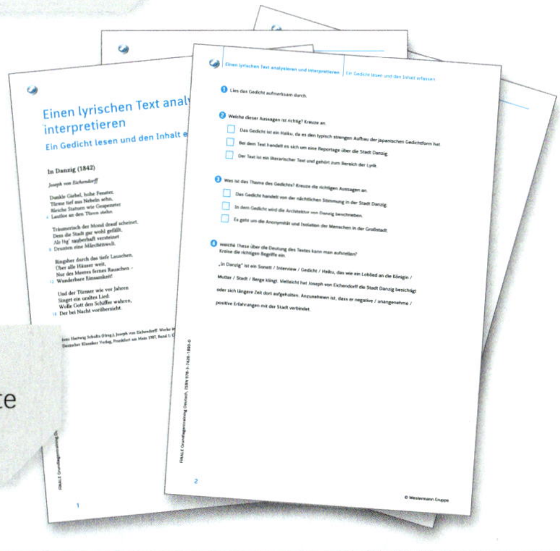

Du übst lieber auf Papier? Dann klicke auf „PDF“ und drucke dir die gewünschte Trainingseinheit einfach aus.

Das neue FiNALE Grundlagentraining Deutsch

FiNALE Grundlagentraining ist die ideale Ergänzung zu diesem Arbeitsbuch. Es bietet eine große Auswahl an Materialien, mit deren Hilfe du prüfungsrelevantes Grundlagenwissen auffrischen und aktiv trainieren kannst.

Folgende Inhalte werden im neuen Band behandelt:

- Überprüfung des Leseverstehens
- Analyse und Interpretation literarischer Texte
- argumentativer Umgang mit Sachthemen
- Arbeitstechniken und prüfungsrelevante Fachbegriffe
- grundlegendes Grammatikwissen
- die wichtigsten Operatoren im Fach Deutsch

Zu jeder Trainingseinheit gibt es anschauliche Lösungen.

Foto: © stock.adobe.com, Dublin, Kara

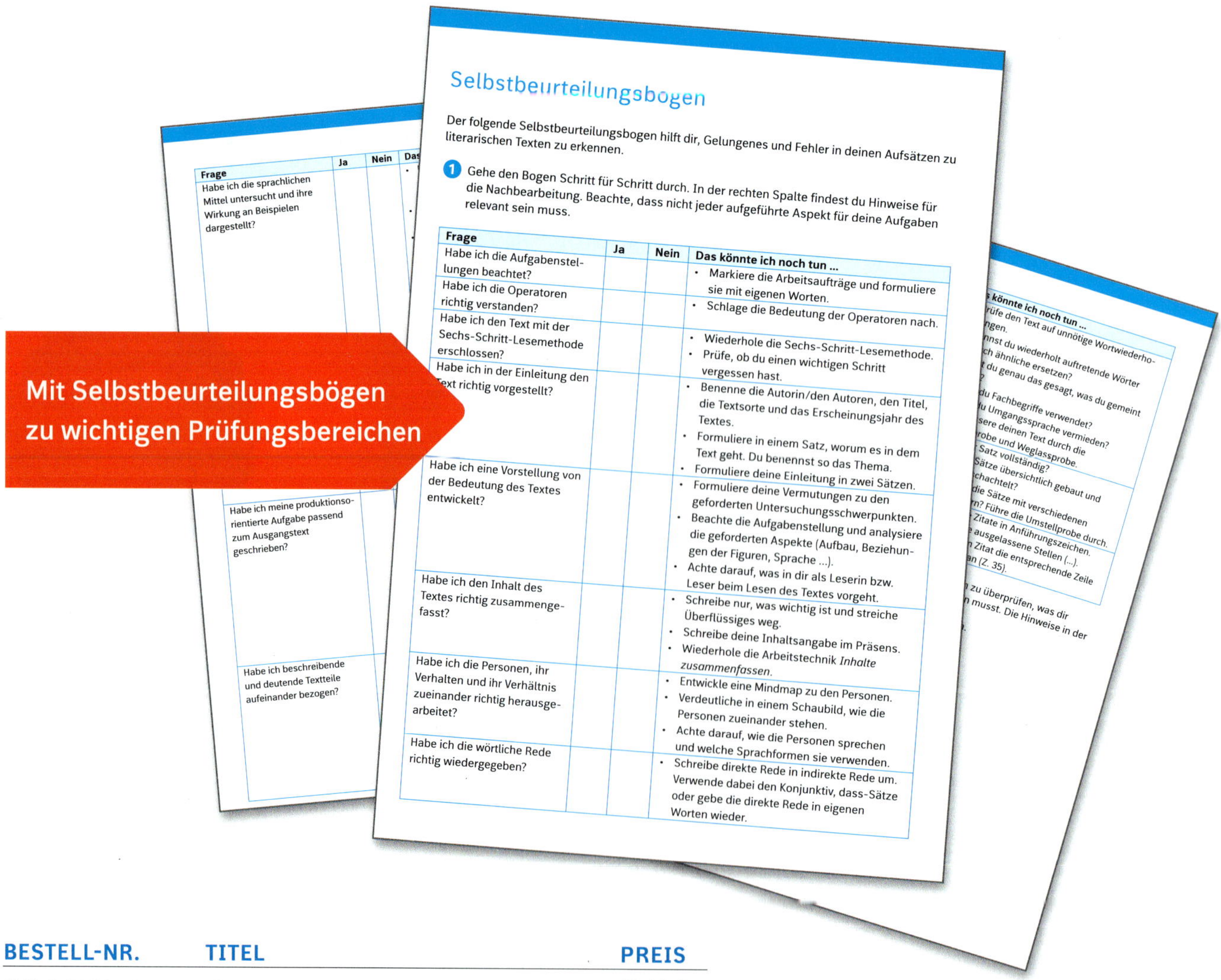

BESTELL-NR.	TITEL	PREIS
978-3-7426-1890-0	FiNALE Grundlagentraining Deutsch	13,95 €

FiNALE Grundlagentraining gibt es auch für die Fächer Englisch und Mathematik.

westermann

FiNALE Prüfungstraining

Niedersachsen

Abschluss 10. Klasse
Integrierte Gesamtschule
Deutsch · G- und E-Kurs

2021

Lösungen

ISBN 978-3-7426-2130-6

A Der Tag der Abschlussprüfung

Seite 6

❶ Tag (10. Mai 2021), Uhrzeit (Beginn: 8:00 – 8:15 Uhr), drei Themenbereiche, nur zwei Prüfungsaufgaben, Prüfungsaufgabe sucht sich der Prüfling selbst aus, 15 Minuten Zeit, andere Prüfungsaufgabe wird wieder abgegeben, Bearbeitungszeit 180 Minuten.

❷ Nur, wenn man sich auf alle drei Themenbereiche vorbereitet hat, geht man sicher in die Prüfung: Dann kann man die Aufgabe wählen, bei der man sich am sichersten fühlt.

B Themenbereich 1: Kurzprosa nach 1945 bis zur Gegenwart

B 2 Merkmale einer Kurzgeschichte

Seite 8

❶ Individuelle Lösung.

❷ Neun typische Merkmale der Kurzgeschichte:
1. offener, unvermittelter Anfang ohne Einleitung
2. offenes Ende (keine Auflösung des Konflikts und kein Hinweis auf den Fortgang der Geschichte)
3. kurzer Ausschnitt aus dem Leben (oft aus dem Alltag, allerdings meist über ein besonderes Ereignis oder einen Konflikt)
4. wenige Figuren
5. klarer, linearer Handlungsverlauf (keine Zeitsprünge)
6. keine Nebenschauplätze
7. nur relevante Daten, keine Hintergrundinformationen (zu den Figuren, ihrer Vergangenheit usw.)
8. alltägliche, gut verständliche Sprache (unter gleichzeitiger Verwendung rhetorischer/sprachlicher Gestaltungsmittel)
9. geringer Umfang (KURZgeschichte)

Seite 9

❸

Merkmale einer Kurzgeschichte	Beispiel dafür aus „Das Holz für morgen“
offener Anfang	keine Vorstellung des Protagonisten, lediglich Information, dass er die Tür schließt (unvermittelter Beginn)
offenes Ende	Protagonist springt die Treppe abwärts; wie es weitergeht, können die Leser nur erahnen (vermutlich kein Selbstmord)
kurzer Ausschnitt aus dem Leben	lediglich Situation im Treppenhaus und Rückblick auf Kindheitsstreich werden dargestellt, ansonsten kein Einblick in das Leben des Protagonisten
wenige Figuren	Protagonist steht im Mittelpunkt (erwähnt werden außerdem seine Mutter, die man später auch sprechen hört, sowie am Rande seine Schwester, sein Vater, Karlheinz, zwei Mädchen aus dem Stockwerk tiefer, die Hauswirtin Frau Kaufmann, Frau Daus)
klarer, linearer Handlungsverlauf (keine Zeitsprünge)	Handlungsverlauf linear, kurzer Rückblick in die Vergangenheit findet nur in der Erinnerung des Protagonisten statt
keine Nebenschauplätze	nur im Treppenhaus
nur relevante Daten, keine Hintergrundinformationen	nur Andeutungen (Familie; Schüsse im Krieg), aber keinerlei Informationen dazu
alltägliche, gut verständliche Sprache	trifft insgesamt zu
geringer Umfang	trifft insgesamt zu

❹ Grundlage der Erklärung: Die Tabelle von Aufgabe 3 belegt die Merkmale der „Kurzgeschichte“ am Text. Die dort notierten Stichworte sollten hier in einem zusammenhängenden Text ausformuliert werden.

B 3 Prüfungsbeispiel zu Wolfgang Borchert „Das Holz für morgen“

Seite 13

❸ Sinnabschnitte der Kurzgeschichte:
Z. 1–29: Protagonist will sich umbringen
Z. 30–57: Entschluss, sich zu erhängen (Alternativen ausgeschlossen)
Z. 58–87: Betrachtung des Treppenhauses
Z. 88–109: Entdeckung einer Spur von einem alten Kinder-/Jugendstreich
Z. 110–158: Erinnerung an die Situation damals
Z. 159–185: Zettel mit Geld an Hauswirtin
Z. 186–211: Protagonist hört Mutter mit Schwester über sich reden (Holz holen!)
Z. 212–239: Entschluss, Holz zu holen und weiterzuleben

❹ Mögliche Inhaltsangabe:
(Einleitung) In Wolfgang Borcherts Kurzgeschichte „Das Holz für morgen“ aus dem Jahr 1947 geht es um einen jungen Kriegsheimkehrer, der sich inmitten seiner Familie so einsam und verzweifelt fühlt, dass er sich erhängen möchte.
(Hauptteil) Der Protagonist (= Hauptfigur), der ungefähr 20 Jahre alt ist, schleicht sich aus der Familienwohnung, um sich auf dem Dachboden zu erhängen. Alternative Selbstmordformen hat er zuvor für sich ausgeschlossen. Als er sich im Treppenhaus befindet, betrachtet er dieses und stellt fest, dass sich auf dem gesamten Treppengeländer ein weißer Strich befindet. Da fällt ihm wieder ein, wie er elf Jahre zuvor mit einer Feile die Treppe hinuntergerannt ist und eine Rille auf dem Treppengeländer hinterlassen hat. Seine Eltern haben damals, wie alle anderen Mieter des Hauses, für den Schaden aufkommen müssen, da

sich kein Täter gestellt hat. Der Protagonist ist sehr überrascht über diese Entdeckung und die lange vergessene Situation. Er schreibt einen kurzen Brief an die Hauswirtin, in dem er die Verantwortung für den vor Jahren verursachten Schaden übernimmt, und steckt all sein Geld zusammen mit dem Bekennerschreiben in seine Brusttasche, in der beides später gefunden werden soll.
Als er sich gerade entschließt, nun seinen Plan auf dem Dachboden umzusetzen, hört er unten seine Mutter mit einem Mädchen, vermutlich seiner Schwester, sprechen: Sie solle das Seifenpulver vom Einkaufen mitbringen, da der Junge (der Protagonist) gerade Holz für das Wäschewaschen am nächsten Tag besorge. Der Vater sei sehr erleichtert, dass der Junge wieder da sei und nach vielen Jahren wieder Holz holen könne.
(Schluss) Dem Protagonisten wird bewusst, dass er eine Aufgabe auszuführen hat, nämlich Holz für die Familie zu holen. So geht er die Treppe wieder hinunter und springt die letzten Stufen geradezu freudig abwärts.

Seite 14–15
❺ + ❻ Notizen zum zeitgeschichtlichen Kontext:

Besonderheiten der „Trümmerliteratur“	**Belege in: „Das Holz für morgen“**
Entstehung nach dem 2. Weltkrieg	erschienen 1947
Thema: Krieg, Kriegsheimkehrer, Nachkriegsdeutschland	• Protagonist (ca. 20 Jahre alt) ist allem Anschein nach Kriegsheimkehrer: „die ganzen Jahre“ (Z. 205) nicht zu Hause gewesen und nun „wieder da“ (Z. 199) • einfaches Leben im Nachkriegsdeutschland: „Und Kohlen hatte keiner.“ (Z. 77f.)
Leiden an Folgen des Krieges (psychisch)	• einfaches Leben im Nachkriegsdeutschland: „Und Kohlen hatte keiner.“ (Z. 77f.) schreckliche Kriegserfahrungen → hat Albträume, hört Schüsse und muss „nachts weinen“ (Z. 16f.), kann das Leben nicht verstehen (vgl. Z. 5f.) • fühlt sich selbst unverstanden (vgl. Z. 7f.) und inmitten seiner Familie „einsamer […] als je“ (Z. 23f.), da „die anderen es nicht schießen hörten, wenn er es hörte. Dass sie das nie hören wollten“ (Z. 24–27)
schlichte, sachliche Sprache	• Suizidgedanken ganz sachlich, ohne Tragik/Gefühlsbetonung
einfache, kurze Erzählung	liegt vor
Verarbeitung der Kriegszeit	Geschichte vermutlich autobiografisch geprägt (Autor und Protagonist erlebten als junge Männer den Krieg)

Mögliche ausformulierte Einordnung der Kurzgeschichte in die Nachkriegsliteratur:
Dass es sich bei Wolfgang Borcherts Kurzgeschichte „Das Holz für morgen“ um eine typische Kurzgeschichte aus der Nachkriegszeit handelt, kann man an verschiedenen Aspekten nachweisen:
Erstens am Erscheinungsjahr 1947. Die Geschichte wurde zwei Jahre nach Kriegsende verfasst bzw. veröffentlicht, sodass der Autor die Nachkriegszeit direkt in seinem Text verarbeiten konnte. Die Problematik der Kriegsheimkehrer wird am Protagonisten deutlich sichtbar, der „die ganzen Jahre“ (Z. 205) nicht zu Hause gewesen und nun „wieder da“ ist (Z. 199). Da sich elf Jahre zuvor der geschilderte Streich mit der Feile ereignet hat, kann man annehmen, dass er um die 20 Jahre alt ist, als er den Plan fasst, sich umzubringen. Seine Jugend scheint er also im Krieg verbracht zu haben. So ist er schon im jungen Alter geprägt von schrecklichen Kriegserfahrungen, hat Albträume, muss „nachts weinen“ (Z. 16f.) und hört Schüsse (vgl. Z. 25f.). Er kann das Leben nicht verstehen (vgl. Z. 5f.), ebenso fühlt er sich selbst unverstanden (vgl. Z. 7f.) und inmitten seiner Familie „einsamer […] als je“ (Z. 23f.). Das kann daran liegen, dass „die anderen es nicht schießen hörten, wenn er es hörte. Dass sie das nie hören wollten“ (Z. 24–27), dass seine Familie also nicht nachvollziehen kann, was er die letzten Jahre hat erleben und erleiden müssen.
Diese Kurzgeschichte ist daher typisch für die sogenannte „Trümmerliteratur“, in der es unter anderem darum geht, dass die Menschen durch all die schrecklichen Erfahrungen des Krieges verstört und traumatisiert sind. Zudem müssen sie mit den Entbehrungen der Nachkriegszeit leben: „Und Kohlen hatte keiner“ (Z. 77f.).
Typisch sind Kurzgeschichten in einfacher, knapper Sprache, da die Autoren keinen Sinn für ausschmückendes Erzählen hatten und sich außerdem unter Rückgriff auf das in der US-amerikanischen Literatur sehr beliebte Format der Kurzgeschichte von der pathosbefrachteten, völkisch überladenen Literatur des Nationalsozialismus abgrenzen wollten. Auch diese Kurzgeschichte ist einfach und gut verständlich geschrieben. Obwohl der Protagonist kurz vor einem Suizid steht, wird die Situation sachlich und knapp beschrieben. „Das Holz für morgen“ gibt wie viele Kurzgeschichten der Nachkriegszeit einen kurzen Einblick in das Leben eines Menschen, hier in die Verzweiflung eines Kriegsheimkehrers. Es könnte sich um eine autobiografisch geprägte Geschichte handeln, da Borchert selbst als Soldat im Krieg gedient und darunter sehr gelitten hat.
Dass die Geschichte gut ausgeht und sich der Protagonist nicht umbringt, ist als Hoffnungsschimmer zu verstehen: Das Leben muss weitergehen und neue Aufgaben warten. Borchert jedoch ist noch 1947 jung verstorben.

Seite 16
Für den E-Kurs:

❽ Möglicher Dialog Sohn – Mutter:

Sohn: Mutter, kann ich mit dir reden?
Mutter: Ja, ich bin nun fertig mit der Wäsche. Was gibt es denn, mein Sohn?

Sohn: Kannst du dich daran erinnern, wie ich gestern Holz geholt habe? Beinahe wäre es nicht dazu gekommen, da ich sehr verzweifelt war. Ich war kurz davor, mir das Leben zu nehmen. Du wirst ja kreidebleich! Bevor du etwas sagst, lass es mich erklären: Ich denke noch so viel an meinen Einsatz im Krieg, an meine gefallenen Kameraden, an das Hungern, die Schüsse, die Angst, die Kälte ... Du kannst dir nicht vorstellen, was ich erlebt habe. Bisher wollte ich auch nie darüber sprechen, weil es mir so schwerfällt. Da ich aber nachts kaum zu Schlaf komme und mich selbst in der Familie völlig isoliert fühle, geht es so nicht mehr weiter.
Mutter: Oh Gott, ich muss mich setzen, mir wird ganz schwindelig. Mein geliebter Sohn, was erzählst du denn da? Ich bin fassungslos! Wie kann das sein? Du lachst doch mit uns und wirkst gar nicht verzweifelt. Nur manchmal etwas abwesend. Was können wir denn bloß tun?
Sohn: Ja, ich habe versucht, nach außen der Alte zu sein, damit ihr euch nicht sorgt. Innerlich aber könnte ich manchmal nur schreien. Ich war so verzweifelt, dass ich mich gestern erhängen wollte.
Mutter: Erhängen? Aber warum denn bloß? Gütiger Gott, wenn deine Schwester dich gefunden hätte ... Und das alles, obwohl du zum Glück den Krieg überlebt hast? Das kannst du uns doch nicht antun!
Sohn: Ich werde es auch nicht tun, da mir bewusst geworden ist, dass ich doch noch eine Aufgabe im Leben habe und dass ich euch unterstützen will. Ihr habt mich so herzlich empfangen und freut euch so sehr über meine Heimkehr, dass ich eigentlich glücklich sein könnte. Nur kann ich die letzten Jahre einfach nicht vergessen.
Mutter: Mein Junge, das glaube ich dir. Ehrlich gesagt habe ich dich manchmal nachts weinen hören, mich aber nicht getraut, zu dir rüberzugehen. Wie wäre es, wenn du uns an deinen Gedanken teilhaben lässt? Sag uns, wenn es dir schlecht geht, damit du dich nicht einsam fühlst, sondern wir dich unterstützen können. Genauso können wir dir erzählen, was wir hier erlebt haben. Wir hatten ebenfalls schreckliche Angst bei jedem Bombenalarm. Und am schlimmsten war die Angst vor dem Brief, der uns mitteilen würde, dass unser Sohn für das Vaterland gestorben ist. Lass uns über all das sprechen.
Sohn: Mutter, das werden wir tun. Dann wird die Last sicher nur noch halb so schwer sein. Danke!

❾ Mögliche Begründung für die Dialoggestaltung:

Ich habe mich dafür entschieden, das Gespräch nach dem Wäschewaschen stattfinden zu lassen, da dies laut Kurzgeschichte für den nächsten Tag geplant ist. Der Protagonist liebt seine Mutter sehr (vgl. Z. 19), weswegen er sie nicht bei der Arbeit stören möchte. Er vertraut sich ihr an, obwohl es ihm schwerfällt, da er erkannt hat, wie liebevoll sie über ihn spricht. Der Sohn erklärt der Mutter, wie ihn der Krieg immer noch verfolgt und belastet. Die Geschichte mit dem Treppengeländer erwähnt er nicht mehr, da er erkannt hat, dass es nun erst einmal um sein Überleben geht. Ihm ist auch bewusst, dass sich ohnehin niemand mehr an die Geschichte erinnern kann. Zwar will er kurz vor dem Selbstmord noch seine Schuld begleichen, doch entscheidet er sich hinsichtlich des Selbstmords um und so auch in Bezug auf seine Wiedergutmachung. Ich denke, dass er das Geld nun eher in seine Familie einbringen möchte.
Nur anfangs reagiert die Mutter in meinem Dialog egoistisch auf das Geständnis des Sohns („Das kannst du uns doch nicht antun!"), da sie geschockt ist und nicht fassen kann, dass ihr geliebter Sohn, der überlebt hat, ihr nun doch nicht sicher ist. Die Mutter soll nun den Lösungsvorschlag machen und auch ihre Kriegserfahrung andeuten, um dem Sohn etwas Last zu nehmen und zu zeigen, dass sie alle im selben Boot sitzen und daher kein „Aneinandervorbeisein" (Z. 10) – wie in den Befürchtungen des Jungen – existiert. Deshalb erklärt sie auch, dass sie ihn sehr wohl hat weinen hören: Der Protagonist ist doch gar nicht so unsichtbar und einsam in der Familie, wie angenommen.

B 4 Prüfungsbeispiel zu Karl Olsberg „Taubers Sammlung"

Seite 20

❸

a) Sinnabschnitte der Kurzgeschichte:
Z. 1–44: Tauber sammelt Kaugummipapier auf, fügt es der Sammlung hinzu
Z. 44–65: Geschichte des Spielzeugautos
Z. 66–91: Nächtlicher Traum
Z. 92–109: Entschluss, etwas zu ändern
Z. 110–172: Einweihung der Nachbarin Frau Schneider in sein Geheimnis; Nachbarin ergänzt Sammlung
Z. 173–194: Interesse weiterer Nachbarn an Tauber und seiner Sammlung
Z. 195–215: Tauber stellt sich seiner eigenen Familientragödie

b) Formale Analyse der Kurzgeschichte:
Erzählform: Er-/Sie-Form
Erzählverhalten: personaler Erzähler (Taubers Innensicht)
Form der Darbietung: Erzählerbericht, Figurenrede im Gespräch mit Nachbarin
Tempus: überwiegend Präteritum, nur in Rückblick auf Geschichte des Kaugummipapiers Präsens (vgl. Z. 18–36)
Zeit: zeitdeckendes Erzählen, teilweise auch zeitraffend (z. B. Nacht oder Besuche der Nachbarn)
Ort: nur bedingt Einheit des Ortes (hauptsächlich in Taubers Wohnung, aber auch z. B. am Bahnhof)
sprachliche Gestaltung:
- einfache, verständliche Sprache
- z. T. parataktische Reihungen: „Er war aufgesprungen, auf den Mann zugelaufen, hatte seine Oberschenkel umarmt [...]" (Z. 57–59)
- einige sehr kurze Sätze: „Der Junge hatte aufgeblickt" (Z. 55), „Da musste sie lachen" (Z. 120f.), „Dann ging sie, wortlos" (Z. 145), „Und manchmal lächelte Tauber mit" (Z. 193f.)
- Ellipsen: „Nur ein Streifen Silberpapier, weiter nichts" (Z. 1f.), „Fremde Menschen. In seiner Wohnung." (Z. 100f.), „Und verstand" (Z. 186) „Ein Hase aus abgegriffenem Plüsch" (Z. 205f.)
- Anapher: „Manche grinsten, manche lachten, manche machten Witze, manche klopften Tauber auf die Schulter" (Z. 182ff.)

- Vergleiche: „Bilder, die auf der Seele brannten wie Alkohol auf offenem Fleisch" (Z. 77f.), „wie an einem Kohleofen im Winter" (Z. 67f.), „und es tat weh, wie Wärme eiskalten Händen wehtut" (Z. 68f.)

c) Zentral geht es um eine tiefe alltägliche Einsamkeit, die Menschen auf unterschiedliche Weise erleiden oder auch überwinden. Tauber z. B. sammelt ganz alltägliche Erinnerungsstücke an das Glück anderer Menschen, die er beobachtet hat, um sein eigenes Unglück zu überdecken.

Seite 22–23

❹ + ❺ Mögliche (sehr umfassende) Interpretation der Kurzgeschichte unter Bezug auf die Beispielangaben im Schreibplan von Aufgabe 4:

(Einleitung, mit Deutungshypothese) In Karl Olsbergs Kurzgeschichte „Taubers Sammlung" aus dem Jahr 2005 geht es um den älteren Herrn Tauber, der alltägliche Gegenstände sammelt, um dadurch das Glück anderer Menschen nachzuempfinden. In der Geschichte wird deutlich, dass der Protagonist (=Hauptfigur) auf diese Weise seine eigene Familientragödie verdrängt. Dies soll im Folgenden erläutert werden.
(Hauptteil, zuerst Inhaltsangabe) Tauber sammelt zunächst ein Kaugummipapier auf, das ein Mädchen achtlos auf den Bahnsteig geworfen hat, bevor es einen Jungen küsst, der das Kaugummi anschließend weiterkaut. Die beobachtete glückliche Szene rührt Tauber so sehr, dass er das Papier mit nach Hause nimmt und auf einem Regal neben anderen Sammelobjekten verwahrt. Dort befinden sich unter anderem auch ein Schnuller und ein Spielzeugauto. Letzteres hat ein kleiner Junge auf einem Spielplatz vergessen, als er dort freudig seinen Vater begrüßt hat und von diesem herzlich umarmt worden ist.
Die Erinnerungen an solche Szenen wärmen Tauber innerlich und stimmen ihn glücklich. Zum anderen schmerzen sie ihn aber auch, insbesondere, wenn sich Gedanken an eine Frau und Kinder aufdrängen. In einem Albtraum in der folgenden Nacht fällt das Kaugummipapier zu Boden und wird von den Menschen wie Abfall zertreten. Tauber erkennt dadurch, dass er etwas in seinem Leben ändern muss, wenn er seine Sammlung des Glücks bewahren möchte. Er zeigt diese seiner alten Nachbarin Frau Schneider und erzählt ihr, was es damit auf sich hat. Daraufhin bringt ihm Frau Schneider einen Liebesbrief ihres verstorbenen Mannes, den Tauber gerührt und glücklich seiner Sammlung hinzufügt. Weitere Nachbarn interessieren sich anschließend für die Sammlung, steuern eigene Dinge bei oder kommen einfach zum Reden vorbei.
Als Tauber sich am Ende der Geschichte stark genug fühlt, holt er Gegenstände hervor, die sein eigenes – vergangenes – Glück dokumentieren, z. B. ein Fotoalbum und das Familienstammbuch. Diese erinnern ihn an seine Frau und seine Zwillinge, die bei einem Unfall gestorben sind. Ein Foto der drei im Silberrahmen stellt er in sein Regal zu den anderen gesammelten Gegenständen.
(Hauptteil, Sinnabschnitte) Die Kurzgeschichte kann in sieben Sinnabschnitte eingeteilt werden. Zunächst (1., Z. 1–44) sammelt Tauber das Kaugummipapier ein, dann (2., Z. 44–65) erinnert er sich an die Geschichte des Spielzeugautos, daraufhin (3., Z. 66–91) träumt er nachts schlecht. Anschließend (4., Z. 92–109) fasst er den Entschluss, seine Sammlung offenzulegen, weiht Frau Schneider ein (5., Z. 110–172), zeigt anderen Nachbarn seine Sammlung (6., Z. 173–194) und stellt sich am Ende seinem eigenen Unglück (7., Z. 195–215). Die Handlung der Geschichte ist also linear aufgebaut, allerdings mit Rückblicken, wenn es um Taubers Erinnerungen geht.
(Hauptteil, formale und inhaltliche Analyse ineinander verschränkt = Beobachtung am Text + Wirkung) Es wird in der Er-/Sie-Form von einem personalen Erzähler überwiegend im Präteritum erzählt: Man erfährt die Geschichte aus Taubers Perspektive – hat also Innensicht in seine Gedanken und Gefühle – und erlebt die Handlung durch die vornehmlich zeitdeckende Darstellung mit. Auf andere Figuren hat Tauber lediglich die Außensicht, weiß also nicht, was sie fühlen. Als Frau Schneider Taubers Geschichte gehört hat, geht sie wortlos, woraufhin er zunächst enttäuscht ist. (vgl. Z. 145) Er weiß also nicht, dass sie nur ihren Brief holt. Die Geschichte besteht überwiegend aus einem Erzählerbericht, nur im Gespräch mit Frau Schneider aus Figurenrede.
Im Präsens wird lediglich die Situation am Bahnhof erzählt, wodurch man als Leser die Beobachtung mit Tauber teilt und diesen für ihn besonderen Augenblick noch besser nachvollziehen kann. Neben dieser zeitdeckenden Darstellung finden sich auch zeitraffende Passagen, um die Handlung voranzubringen, z. B. bei den Besuchen gegen Ende der Kurzgeschichte (vgl. Z. 173–186).
Außer der Bahnhofssituation spielt sich die Handlung in Taubers Haus, v. a. in seiner Wohnung, ab. Wie ebenfalls für eine Kurzgeschichte üblich, kommen nur wenige Figuren vor, allen voran Tauber. Die Nachbarn werden nur kurz erwähnt. Zu ihnen scheint der Protagonist bislang keine Bindung gehabt zu haben, da seine Wohnungsklingel „lange unbenutzt" (Z. 179f.) gewesen ist.
Dass Tauber zunächst ein sehr einsamer, trauriger Mann ist, der seit dem Unfall seiner Familie ein tristes Leben in seiner kleinen Wohnung (vgl. Z. 100–109, 208f.) führt, erkennt man daran, dass er ein „graues Gesicht" (Z. 82f.) hat, von „langen, leeren Jahren" (Z. 108f.) spricht und es für ihn ein „ungewohntes Gefühl" (Z. 171f.) ist, zu lächeln. Er muss sich bis zum Ende der Geschichte kraftlos gefühlt haben, da er sich erst spät „stark genug" (Z. 197) fühlt, sich seinen Erinnerungen zu stellen.
Tauber hat sein „eigene[s] Glück" (Z. 201f.) verloren, als seine Familie bei einem Unfall ums Leben gekommen ist. Dieses Unglück scheint ihn so schwer getroffen zu haben, dass er all die Erinnerungen an die glückliche Vergangenheit in einem Pappkarton aufbewahrt und diesen nicht mehr angerührt hat. Er verdrängt die Erinnerungen, kommt aber manchmal nachts nicht umhin, dass ihm Bilder von „roten Lippen und lachenden Augen und kleinen Händen" (Z. 75–77) erscheinen, dass er also doch an seine verstorbene Familie denken muss. Es sind für ihn „Bilder, die auf der Seele brannten wie Alkohol auf offenem Fleisch" (Z. 78f.). Durch diesen Vergleich wird der besondere Schmerz dieser ungewollten Erinnerungen betont.
Umso lieber ersetzt er das eigene Unglück durch das Glück anderer Menschen, das ihn „wie an einem Kohleofen im Winter wärmt" (Z. 67f.), ihn aber trotzdem indirekt wehmütig werden lässt („und es tat weh, wie Wärme

eiskalten Händen wehtut" [Z. 68f.]). Auch diese Vergleiche zeigen Taubers schwierige Situation auf: Da er selbst innerlich verletzt und kalt ist (vielleicht sogar „taub", vgl. seinen Namen: „Tauber"), tut ihm die Wärme des Glücks anderer umso mehr weh. Trotzdem versucht er durch seine Sammlung, das Glück, das ihm selbst schon einmal entronnen ist, irgendwie festzuhalten.
„[U]nscheinbare kleine Dinge, nur Müll in den Augen vieler" (Z. 89ff.) werden für ihn daher zu wahren Schätzen. So hebt er – wie etwas Wertvolles – das silberne Kaugummipapier zitternd (vgl. Z. 8–14) und „[v]orsichtig" (Z. 12) auf und nimmt auch Frau Schneiders Brief „mit zitternden Händen" (Z. 167) entgegen. Die folgende parataktisch Reihung zeigt ebenfalls auf, wie genau Tauber jeden Schritt der Beobachteten wahrnimmt und in sich aufsaugt: „Er war aufgesprungen, auf den Mann zugelaufen, hatte seine Oberschenkel umarmt – höher reichte er nicht hinauf –, und der Mann hatte ihn hochgehoben und gedrückt und in die Luft geworfen und wieder gedrückt" (Z. 57–63). Der Sammler hat panische Angst davor, dass seine Schätze „zertreten" (Z. 90) werden oder er ausgelacht wird (vgl. Z. 96), da die Sammlung das Einzige ist, das ihm bleibt und wichtig ist. Eine Art Familienersatz.
Durch seinen Entschluss, sich den Nachbarn zu öffnen, und dank der Sammlung gewinnt er etwas Normalität im Leben zurück: Er knüpft neue Kontakte und hört andere Geschichten. So sieht er auch an Frau Schneiders Beispiel, dass Erinnerungen glücklich machen können, auch wenn das erinnerte Glück selbst schon der Vergangenheit angehört: Sie wirkt wieder jung und anmutig (vgl. Z. 129), als sie von ihrem Herbert spricht. Auch die anderen Nachbarn lenken Tauber ab und bringen neue Freude in sein trostloses Leben, wie die Anapher „Manche grinsten, manche lachten, manche machten Witze, manche klopften Tauber auf die Schulter" (Z. 182ff.) betont.
Tauber erlebt also neue Glücksmomente in der Gemeinschaft und kann – dadurch gestärkt – seine Geschichte endlich verarbeiten und das Unglück überwinden. Dass sein eigenes Glücksobjekt wie das Kaugummipapier silbern ist, symbolisiert, dass Taubers Glück genauso viel wert ist wie das fremde, beobachtete Glück.
Die in einfacher und verständlicher Sprache verfasste Geschichte weist zum Teil sehr prägnante, kurze Sätze auf, z. B. „Der Junge hatte aufgeblickt" (Z. 55), „Da musste sie lachen" (Z. 120f.), „Dann ging sie, wortlos" (Z. 145), „Und manchmal lächelte Tauber mit" (Z. 193f.). Sie richtet sich in ihrer Botschaft an jeden Menschen, dem das Glück des alltäglichen Lebens – oft in unscheinbaren Situationen – nicht immer bewusst ist, und regt dazu an, die Magie eines Augenblicks (vgl. Z. 18–36, 74f.) zu erleben und sich an kleinen Dingen zu erfreuen. So deutet schon der erste Satz der Geschichte, die Ellipse „Nur ein Streifen Silberpapier, weiter nichts" (Z. 1f.) an, dass dies nur wenigen Menschen gelingt.
(Schluss) Es lässt sich festhalten, dass die anfängliche Deutungshypothese bestätigt werden kann: Tauber macht sich abhängig vom Glück anderer Menschen, bis er die Verdrängung des eigenen Unglücks überwindet und wieder bereit für eigene Glücksmomente ist. Dass Olsbergs Kurzgeschichte den ersten Preis eines Kurzgeschichtenwettbewerbs im Jahr 2005 gewonnen hat, liegt zum einen sicherlich an dieser Botschaft, zum anderen aber auch an der rührenden Geschichte des alten Mannes selbst, der – wie viele Menschen heutzutage – allein lebt und erst durch die Gemeinschaft am Ende wieder Lebensmut findet.

❻ Möglicher Text für die Leerstelle in der Geschichte:

„Es fällt mir sehr schwer, darüber zu reden. Das habe ich noch nie getan. Ich weiß gar nicht, wann überhaupt das letzte Mal jemand hier in meiner Wohnung gewesen ist. Sie wundern sich wahrscheinlich, was all die Gegenstände dort im Regal zu bedeuten haben. Vermutlich werden Sie sie für Müll halten und sich fragen, ob ich noch zurechnungsfähig bin.
Ein Kaugummipapier, ein Spielzeugauto, ein Schnuller, eine zerknitterte Zeitung, ein Kinderhandschuh oder ein Fotostreifen aus dem Automaten – wozu all das hier in meinem Wohnzimmer? Ich habe diese Dinge gefunden und verbinde mit jedem einzelnen eine Geschichte. Sie erinnern mich an Menschen, denen diese Gegenstände gehörten und die glücklich waren, als ich sie beobachtete. Sie waren mit anderen Menschen zusammen, lachten, genossen das Leben – so habe ich es wahrgenommen. Ich, der ich ein alter, einsamer Mann bin, der seit Jahren allein in dieser Wohnung lebt. Wir haben uns ja schon oft im Treppenhaus gesehen, aber war jemals jemand bei mir? Nein, da mich niemand besucht und da ich auch nicht besucht werden wollte. Von wem auch? Die einzigen Menschen, die ich gern bei mir hätte, sind meine Frau und meine beiden Kinder. Sophie, Franz und Nele sind vor zwanzig Jahren bei einem Autounfall ums Leben gekommen. Von einer Sekunde auf die andere war ihr Leben ausgelöscht – und meins genauso. Wie hätte ich denn weiterhin ein Leben haben können – ohne die drei? Ich habe unser Haus verkauft und diese kleine Wohnung gefunden. Falls Sie sich wundern, warum kein einziges Bild von ihnen hier hängt. Ich ertrage es einfach nicht, die drei zu sehen. Tja, so lebe ich nun schon so lange hier und habe nie wieder einen glücklichen Tag erlebt. Ich kann nur noch durch andere zumindest den Hauch eines Glücks fühlen.
Nun verstehen Sie, warum ich Sie im Treppenhaus noch nie angesprochen habe und warum ich all diese Dinge hier sammele. So, nun ist es raus und Sie wissen Bescheid. Hoffentlich lachen Sie jetzt nicht über mich und halten mich für verrückt."

Für den E-Kurs:

❼ Begründung der Gestaltung für die Leerstelle:

Dass es Tauber schwerfällt, Frau Schneider seine Sammlung zu erklären, sieht man daran, dass er sich „ein Herz" (Z. 135f.) fasst. Ich habe weitere Gegenstände zu seiner Sammlung hinzugefügt, um die Situation realistischer zu gestalten. All diese Dinge können sehr plausibel mit glücklichen Situationen verbunden werden: Die Zeitung bleibt bei einem Date liegen, den Handschuh verliert ein glücklich im Schnee spielendes Kind, den Fotostreifen lässt jemand liegen, der zuvor mit Freunden im Automaten Schnappschüsse aufgenommen hat.
Tauber sagt Frau Schneider die Wahrheit, denn diese ist danach sehr berührt und kämpft mit den Tränen (vgl.

Z. 142–145). Dass er sein Haus nach dem Unfall verkauft hat, ergibt Sinn, da er nicht mit der ganzen Familie in „der kleinen Wohnung“ (Z. 37f.) hätte leben können. Im Text erfahren wir auch, dass Tauber „das noch nie getan“ (Z. 115f.) hat, nämlich Frau Schneider das Tragen der Einkaufstüten im Treppenhaus anzubieten. Daher ist es logisch, dass er Frau Schneider gegenüber sagt, er habe sie zwar oft im Hausflur gesehen, aber nie angesprochen.
Fehlende Bilder der Familie in der Wohnung sind ebenfalls plausibel, da Tauber sich erst lange Zeit nach diesem Gespräch dazu entschließt, sich der Vergangenheit zu stellen und den Bilderrahmen in die Sammlung aufzunehmen.

B 5 Prüfungsbeispiel zu Sibylle Berg „Nacht“

Seite 26

❸ Sinnabschnitte in der Kurzgeschichte „Nacht“:
Z. 1–21: Menschen im Alltag gefangen, funktionieren nur noch
Z. 22–45: Mädchen und Junge brechen aus Masse aus (beide einzeln auf Berg)
Z. 45–67: Die beiden lernen sich kennen und verlieben sich ineinander
Z. 67–84: Feststellung, dass nur temporäre Flucht möglich
Z. 84–91: Innere Flucht

❹ Sinnabschnitte in der Kurzgeschichte „Vera sitzt auf dem Balkon“:
Z. 1–15: Ehepaar Vera und Helge abends auf Balkon
Z. 15–24: Vera überlegt, wie sie Kontakt mit Ehemann aufnehmen kann
Z. 24–39: Vera versucht Gespräch und Berührung
Z. 39–50: Vera schämt sich
Z. 50–61: Vera gibt auf und verlässt den Balkon (Rückkehr in Alltagsroutine)

❹ Mögliche Inhaltsangaben zu „Nacht“ und „Vera sitzt auf dem Balkon“:

In Sibylle Bergs Kurzgeschichte „Nacht“ aus dem Jahr 2001 geht es um zwei junge Menschen, die in einer schönen Sommernacht aus dem Alltagsleben in der Stadt ausbrechen und sich auf einem Aussichtsturm ineinander verlieben.
Zunächst wird beschrieben, wie die meisten Menschen in der Stadt nach der Arbeit erschöpft nach Hause gehen, um dort wie jeden Abend auf der Couch zu sitzen. Sie beachten den schönen Sommerabend nicht, klammern sich an ihre Rituale, die ihnen keine Ruhephasen erlauben, und empfinden einen leichten Schmerz beim Anblick des schönen Sommerhimmels.
Ein junges Mädchen und ein Junge hingegen entscheiden sich jeweils dazu, auf einem Aussichtsturm auf einem Berg den Abend und die Nacht zu verbringen. Nachdem sie sich erst durch die Anwesenheit des Anderen gestört gefühlt und jeweils von einer Flucht aus dem Alltag geträumt haben, nähern sie sich einander an. Sie stellen fest, dass sie dieselben Gedanken haben, unterhalten sich, halten die ganze Nacht Händchen, genießen sich und die sie umgebende Natur.
Während der Junge feststellt, dass man im Grunde einfach nur einmal nicht nach Hause gehen müsse, um diese Situation zu erleben, entgegnet das Mädchen, dass der Alltagstrott sie einholen werde und die Nacht dann vergessen sei.
Als es Morgen wird und die Menschen ihren gewohnten Tagesablauf beginnen, gehen die beiden nicht in die Stadt hinunter. Die Geschichte endet mit dem Wunsch des Jungen, dass es nur noch sie beide gebe. Das Mädchen gibt ihm recht, woraufhin die Welt für sie verschwindet. (Ob es sich um eine innere Flucht und das Ausblenden der Realität oder womöglich um einen Sprung vom Aussichtsturm handelt, bleibt offen.)

Die Kurzgeschichte „Vera sitzt auf dem Balkon“, ebenfalls von Sibylle Berg verfasst, allerdings schon vier Jahre zuvor, handelt von einem Ehepaar, das sich nach vielen Jahren nichts mehr zu sagen und sich entfremdet hat, obwohl die Frau gewillt ist, den Kontakt wiederherzustellen. Die beiden Ehepartner Vera und Helge wissen selbst nicht mehr, warum sie überhaupt verheiratet sind. Sie sitzen an einem schönen Sommerabend auf ihrem Balkon und schweigen sich an, während Helge Bier trinkt. Vera würde den Abend gern genießen und etwas unternehmen, ist aber ideenlos. Helge ist in eigene Gedanken vertieft.
Da sich Vera eine Annäherung wünscht, hofft sie auf ein Wunder und bittet den Himmel um Hilfe. Sie spricht ihren Mann mit seinem Namen an und kommentiert den Abend, aber wegen seiner ausbleibenden Reaktion fühlt sie sich einsam, verzweifelt und bezweifelt Gottes Existenz. Als sie danach seine Hand berührt, wird die Situation noch schlimmer, da Helge nicht reagiert und sich Vera schämt. Sie geht in die Küche, kümmert sich um den Abwasch und redet sich ein, dass es wichtigere Dinge im Leben gebe als diese Zurückweisung, z. B. ihre Kleidung für den nächsten Tag oder einen Geburtstag.

Seite 27

❻ Vergleich der Kurzgeschichten „Nacht“ und „Vera sitzt auf dem Balkon“:

	„Nacht“	**„Vera sitzt auf dem Balkon“**
Inhaltliche Gemeinsamkeiten	• traumhafter Sommerabend und folgende Nacht (vgl. Z. 3–15) • Frage, was mit der Nacht anzufangen sei (vgl. Z. 14f.) • zwei Menschen (männlich und weiblich) (vgl. Z. 22) • Menschen reagieren auf Sommerabend und Himmel (vgl. Z. 8–14)	• traumhafter Sommerabend und beginnende Nacht (vgl. Z. 4–8) • Frage, was mit der Nacht anzufangen sei (vgl. Z. 10–13) • zwei Menschen (männlich und weiblich) (vgl. Z. 1) • Menschen reagieren auf Sommerabend und Himmel (vgl. Z. 3–14)

Inhaltliche Unterschiede	• junge Menschen, die sich erst kennenlernen und sich trotzdem nah sind (vgl. Z. 53–57) • gehen nicht nach Hause (vgl. Z. 69ff.) • zwei Personen suchen Einsamkeit (vgl. Z. 25ff.) • Personen nähern sich einander unbewusst an (automatisch, wie vom Schicksal bestimmt) (vgl. Z. 45–53) • Seelenverwandtschaft (vgl. Z. 53) • halten die ganze Nacht Händchen (vgl. Z. 63f.) • sind glücklich, genießen die Nacht, wollen Augenblick für immer bewahren (vgl. Z. 84ff.) • Ausbrechen aus Alltag gelingt (vgl. Z. 22ff.) • glückliches Ende möglich: Welt vergessen, Leben im Jetzt (vgl. Z. 84–88)	• ältere Menschen, die schon lange verheiratet sind und sich trotzdem fremd sind (vgl. Z. 2f.) • sind zu Hause (vgl. Z. 3f.) • zu einsam (Vera will Kontakt!) (vgl. Z. 17f.) • Personen können sich trotz verzweifelter Anstrengung (von Veras Seite) nicht (mehr?) annähern (vgl. Z. 17ff., 30ff.), • Fremde/Distanz (vgl. Z. 16ff.) • Veras Hand wird von Helge ignoriert (peinliche, unangenehme Situation) (vgl. Z. 38f.) • Vera: leer, todunglücklich, beschämt, verzweifelt (vgl. Z. 31–36, Z. 39–46) • Ausbrechen aus Alltag gelingt nicht • trauriges Ende: Resignation, Vera gibt auf und beugt sich dem Alltagstrott (verdrängt Demütigung und Scham) (vgl. Z. 47ff.)
Formale Gemeinsamkeiten	• Er-/Sie-Form • u.a. auktorial erzählt (vgl. Z. 3–14) • z.T. Innensicht in Figuren (beide) (vgl. Z. 25–31, 47–58) • Personifikation (vgl. Z. 31f.)	• Er-/Sie-Form • u.a. auktorial erzählt (vgl. Z. 1–9) • z.T. Innensicht in Figuren (Vera) (vgl. Z. 10f., 21f.) • Personifikation (vgl. Z. 35)
Formale Unterschiede	• Tempus: Präteritum • Zeitraffung (Zeit vergeht zu schnell) • Kennzeichnung der wörtlichen Rede ohne Anführungszeichen (vgl. Z. 67–77, 84–88) • anonyme Protagonisten (vgl. Z. 22) • parataktische Reihungen (vgl. Z. 25–31)	• Tempus: Präsens • Zeitdeckung (quälende Situation für Leser direkt mitzuerleben) • Kennzeichnung der wörtlichen Rede mit Anführungszeichen (vgl. Z. 28–30) • Protagonisten namentlich bekannt (vgl. Z. 1) • viele kurze Sätze und Ellipsen (vgl. Z. 1–4, 12–16, 21)

Seite 29

7 + **8** Möglicher Vergleich von Sibylle Bergs Kurzgeschichten „Nacht“ und „Vera sitzt auf dem Balkon“ unter Bezug auf den zu Aufgabe 7 erstellten Schreibplan:

Die Autorin Sibylle Berg hat in den Jahren 1997 und 2001 zwei Kurzgeschichten verfasst, die sich in gewissen Punkten ähneln. Es handelt sich um die 2001 erschienene Geschichte „Nacht“ (N), in der es um zwei junge Menschen geht, die in einer schönen Sommernacht aus dem Alltagsleben in der Stadt ausbrechen und sich auf einem Aussichtsturm ineinander verlieben, und um „Vera sitzt auf dem Balkon“ (V), in der es ebenfalls um zwei Menschen und die Liebe geht, allerdings um ein Ehepaar, das sich nach vielen Jahren nichts mehr zu sagen und sich entfremdet hat. Im Folgenden sollen die beiden Texte miteinander verglichen werden, wobei ein besonderer Fokus auf der Gefühlslage der Protagonisten liegen wird.

Gemeinsam ist den beiden Kurzgeschichten auf formaler Ebene, dass sie in der Er-/Sie-Form verfasst und zum Teil auktorial erzählt sind, z.B.: „doch das ist kein Wunder, denn bei so vielen Menschen auf der Welt kann es leicht vorkommen, dass [...]“ (N, Z. 27–30) oder „Die Luft ist fleischwarm und macht im Menschen das Gefühl, dass er etwas unternehmen müsste [...]“ (V, Z. 5–8). Ebenfalls hat der Erzähler in beiden Geschichten Innensicht in die Figuren, in „Nacht“ in beide („und wussten nicht, was schöner war“ [N, Z. 64f.]), in der anderen Kurzgeschichte in Vera („Wunder muss es aber geben, denkt Vera [...]“ [V, Z. 24f.]). In beiden Geschichten kann man sich also gut in die Figuren und ihre Gedanken hineinversetzen. Nur Helges Sichtweise muss erahnt werden. Daher ist auch im Titel nur von „Vera“ die Rede, die „auf dem Balkon“ sitzt.

In beiden Texten wird zur Verdeutlichung mit Personifikationen gearbeitet: „Berg, der die Stadt beschützte“ (N, Z. 31f.), „als die Stadt zu atmen begann“ (N, Z. 79) oder „dass ihre Hand weglaufen möchte“ (V, Z. 40). Die Stadt ist also schutzbedürftig und atmet wie ein Lebewesen (vor dem die jungen Menschen hier fliehen), während die Hand mit Fluchtgedanken die unangenehme Situation auf dem Balkon betont.

Unterschiede in der formalen Gestaltung fallen im Tempus auf (Präteritum bei N, Präsens bei V), bei der Kennzeichnung der wörtlichen Rede (ohne Anführungszeichen bei N, mit bei V), bei der Bezeichnung der Protagonisten (anonym bei N, namentlich benannt bei V) oder auch bei der Zeitdarstellung (zeitraffend bei N, zeitdeckend bei V). Es fällt ebenfalls auf, dass bei V lediglich Veras Perspektive bekannt ist, die Leser also Helges Gedanken nicht erkennen konnen. Durch diese Gestaltung kann man Veras Lage noch besser nachvollziehen: Die Zeitdeckung lässt uns die Situation „zeitgleich“ mitverfolgen (gar miterleiden), wobei wir genauso wie Vera eine klare Distanz zu Helge haben. Die Zeitraffung bei N verstärkt das Gefühl der jungen Menschen, dass ihnen die Zeit entgleitet, die sie am liebsten anhalten würden.

Darüber hinaus fallen in V sehr kurze Sätze und Ellipsen auf, die die Schwierigkeit der Kommunikation und die Sprachlosigkeit, das mühsame Herauspressen von Sätzen, symbolisieren: „Ein Satz nur“ (V, Z. 21), „„Ein schöner Abend‘“ (V, Z. 29). In N werden mehr parataktische Rei-

hungen verwendet, die den Sprachfluss zwischen den Jugendlichen vorstellbar machen.
Auf inhaltlicher Ebene drängen sich Gemeinsamkeiten zwischen den Geschichten auf: Nicht nur findet die Handlung jeweils an einem wunderschönen Sommerabend statt (das Substantiv „Nacht" findet sich in N Z. 14, 39, 46, 64 und in V Z. 8, 11, 13), sondern es wird auch jeweils gefragt, was man mit einer solchen Nacht anfangen könnte: mit der rhetorischen Frage „Eine Nacht, wie geschaffen, alles hinter sich zu lassen, aber wofür?" (N, Z. 14f.) und „Was kann ich machen, mit so einer schönen Nacht, denkt sich Vera und weiß keine Antwort" (V, Z. 10–12). In beiden Fällen wird der Himmel betrachtet oder aber ignoriert: „Die Menschen würden den Himmel ignorieren" (N, Z. 6f.), genauso wie Helge, der auf Veras Aussage zum Sommerabend nicht reagiert.
Es lässt sich ebenfalls die Gemeinsamkeit feststellen, dass die Protagonisten sich oben befinden: auf einem Aussichtsturm (vgl. N, Z. 40) und auf dem Balkon (vgl. V, Z. 4). Genauso wie in „Nacht", wo die Protagonisten ihr Glück nur durch den Ausbruch aus dem Alltag finden, können auch Vera und Helge in ihrem Alltag nicht glücklich sein, zumindest Vera nicht.
So werden dann auch die Unterschiede zwischen den vorliegenden Texten deutlich:
Während sich in „Nacht" zwei unbekannte junge Menschen einander annähern, ihre Seelenverwandtschaft feststellen, sich viel zu sagen haben und sich ineinander verlieben, stehen auf der anderen Seite zwei verheiratete Personen, die sich völlig fremd geworden sind, jeweils eigenen Gedanken nachhängen und sich anschweigen: Zum einen „ist es wie Schicksal, einen zu treffen, der spricht, was du gerade sagen möchtest" (N, Z. 55–58) und „klare Sätze wichen dem süßen Brei, den Verliebte aus ihren Mündern lassen" (N, Z. 61ff.), zum anderen „Vera sieht Helge an. Der sitzt neben ihr und ist tausend Gedanken entfernt" (V, Z. 16f.) und „Helge bleibt stumm, und Vera könnte gut tot umfallen" (V, Z. 30f.).
Die jungen Menschen in der ersten Geschichte nähern sich einander problemlos an, ohne zu wissen, wie dies überhaupt geschehen ist (vgl. N, Z. 49–52), während Vera das Problem hat: „Sie würde gerne rübergehen, zu ihm. Aber sie weiß nicht wie" (vgl. V, Z. 17ff.).
Auch die körperliche Nähe ist völlig unterschiedlich dargestellt: „Sie hielten sich an der Hand, die ganze Nacht" (N, Z. 63f.) steht im Kontrast zu Vera, die Helges Hand nimmt, aber keine Reaktion bekommt: „Sie [ihre Hand] mag das schwitzige Ding nicht anfassen müssen. Nichts ist peinlicher als eine Hand, die man anfasst und die sich nicht bewegt" (V, Z. 41–44). Die bereits oben genannte Personifikation der Hand betont, dass sich jede Faser ihres Körpers unwohl bei der Berührung ihres Mannes fühlt.
Die Gefühlslage der Protagonisten ist also völlig unterschiedlich. Die jungen Menschen sind glücklich, genießen den Augenblick und würden die Welt am liebsten anhalten: Sie „wussten nicht, was schöner war. Die Geräusche, die der Wind machte [...] oder der Geruch des anderen" (N, Z. 64–67), „Ich wollte, es gäbe nur noch uns" (N, Z. 84f.), während Vera leer, todunglücklich, verzweifelt, wütend auf Gott ist und sich schämt: „So leer fühlt sie sich an und weiß gar nicht, warum sie noch hier sitzen soll, oder aufstehen, oder weiterleben" (V, Z. 31–34).

In „Nacht" gelingt der Ausbruch aus dem Alltag, die Protagonisten sind glücklich und leben im Augenblick. In „Vera sitzt auf dem Balkon" hingegen sind die Protagonisten im Alltag gefangen – und obwohl Vera den Versuch unternimmt, dies zu ändern, resigniert sie schließlich, verdrängt die Demütigung und widmet sich dem Abwasch.
Es handelt sich bei den zu vergleichenden Texten um zwei Kurzgeschichten derselben Autorin, die innerhalb weniger Jahre erschienen sind und von der Beziehung zwischen einer männlichen und einer weiblichen Person handeln. Trotz einiger Gemeinsamkeiten konnten aber vor allem Unterschiede festgestellt werden, vor allem in Bezug auf die Gefühlslage der Protagonisten. Die sich gerade Kennenlernenden sind überglücklich, die lange Verheirateten innerlich leer und unglücklich. Ungeklärt sind folgende Fragen: Sind die jungen Menschen wirklich seelenverwandt oder würden sie nach vielen Jahren Ehe genauso distanziert sein? Sind sich Vera und Helge jemals besonders nah gewesen? Ist Helge mit der Situation zufrieden? Insbesondere er erinnert an die in N beschriebene Menschenmasse, die nicht mehr aus dem Alltag ausbrechen kann, nur noch funktioniert und den schönen Abendhimmel ignoriert. Dies würde bedeuten, dass zwangsläufig mit dem Alter eine andere Lebenseinstellung und auch Beziehung entsteht, denn in N heißt es, dass nur die jungen Menschen noch die Ideen und den Mut hätten, den Alltagstrott zu verlassen.

B 6 Für den E-Kurs: Prüfungsbeispiel zu Jenny Aloni „Sie sitzt auf der Mauer"

Seite 31

3 Mögliche Sinnabschnitte in der Parabel:
Z. 1–22: Beobachtung von Menschen, die sich nur in der Form ihrer Hüte unterscheiden
Z. 23–37: Trennung der Menschen nach einem Knall
Z. 37–47: Schweigen der Beobachtenden

4 Möglicher Übertrag der Bildebene auf die Sachebene:

Bildebene	Sachebene
• die auf der Mauer Sitzende (vgl. Z. 1)	• unbeteiligte, neutrale Beobachtende (z. B. wir, aber auch Journalisten oder die schweigende Masse als Gesamtheit)
• Mauer mit Toren (vgl. Z. 6)	• Menschen durch Vorurteile und Ängste, die sich manchmal ausschalten lassen, voneinander getrennt (offene Tore)
• Menschen mit roten Hüten, links der Mauer eckig, rechts der Mauer rund (vgl. Z. 11–14)	• Menschen alle gleich, nur minimaler Unterschied (z. B. Religion, Herkunft, Hautfarbe)
• Gemisch von Menschen mit runden und eckigen Hüten (vgl. Z. 19–21)	• Zusammenleben kann funktionieren

• Knall (Schuss? Signal?) (vgl. Z. 23)	• ein Vorfall (Beleidigung, Verbrechen), der alles ändert (muss noch nicht einmal wahr sein, auch angeblicher Vorfall kann dieselbe Wirkung haben, vgl. Unsicherheit über Knall!)
• Trennung der Gruppen → Aggressivität (vgl. Z. 25ff.)	• Angst vor anderen, vor Fremdheit, Distanzierung und infolgedessen Zusammenrücken Gleichgesinnter/-geformter → Aggressivität in Wort und Tat
• leere Gassen und Zwischenräume (vgl. Z. 29f.)	• kein Zusammenleben mehr, möglichst große Distanz
• Versuch Einzelner, auf andere zuzugehen → Zurückdrängung (vgl. Z. 32–37)	• Einzelne durchblicken absurdes Verhalten, versuchen wieder Annäherung, werden aber davon abgehalten (Gruppenzwang), auch Verhaftungen von Journalisten möglich
• gegenseitiger Totschlag (vgl. Z. 44f.)	• nur wegen eines ungeklärten Auslösers Eskalation der Situation und Massenmord
• Schweigen der Beobachterin (vgl. Z. 46f.)	• Schweigen Außenstehender aus Angst, Selbstzweifel, Ignoranz, Bequemlichkeit

Seite 32

❺ Übereinstimmungen und Unterschiede:
Die Sätze beginnen identisch und unterscheiden sich lediglich in den Ergänzungen „und schaut hinunter“ bzw. „schaut hinunter und schweigt“.

❻ Formale Analyse der Parabel:
Erzählform: Er-/Sie-Form
Erzählverhalten: neutraler Erzähler, kurzzeitiger Wechsel zum personalen Erzähler (Fragen in Z. 23f. nach dem Knall sowie in Z. 40–44 am Schluss)
Form der Darbietung: Erzählerbericht
Tempus: überwiegend Präsens
Zeit: zeitdeckendes Erzählen
Ort: Einheit des Ortes (Beobachtende sitzt die ganze Zeit auf der Mauer)
sprachliche Gestaltung:
- einfache, verständliche Sprache
- meist kurze Sätze
- Anaphern: „Sie sitzt […]“ (Z. 1), „Sie schaut […]“ (Z. 2), „Links und rechts […]“ (Z. 3, 5)
- Parallelismen: „Sie gehen hin und gehen her“ (Z. 8f.), „Die Menschen rechts der Mauer tragen rote Hüte“ (Z. 12–14), „Auch die Menschen links der Mauer tragen rote Hüte“ (Z. 14f.), „Doch die Hüte der Menschen links der Mauer sind eckig und die Hüte der Menschen auf der rechten Seite sind rund“ (Z. 14–17), „Und selbst wenn sie riefe […]“ (Z. 40–42), „Und selbst wenn ihre Stimme sie erreichte […]“ (Z. 42–44)
- Ellipsen: „Gemisch von runden und eckigen Hüten“ (Z. 21f.), „Plötzlich ein Knall“ (Z. 23), „Ein Signal?“ (Z. 24)
- rhetorische Fragen: „War es ein Schuss?“ (Z. 23), „Ein Signal?“ (Z. 24), „Doch selbst wenn sie riefe […]“ (Z. 40f.), „Und selbst wenn ihre Stimme sie erreichte […]“ (Z. 42–44)
- Titel, Anfang und Schluss (rahmende Sätze) sehr ähnlich: „Sie sitzt auf der Mauer“, „Sie sitzt auf der Mauer und schaut hinunter“, „Sie sitzt auf der Mauer, schaut hinunter und schweigt“

Seite 33

❼ + ❽ Mögliche Interpretation der Parabel unter Bezug auf den Schreibplan von Aufgabe 7:

In Jenny Alonis Parabel „Sie sitzt auf der Mauer“ aus dem Jahr 1989 geht es um eine weibliche Person, die auf einer Mauer sitzend Menschen beobachtet, welche sich trotz ihrer Ähnlichkeit plötzlich feindlich gegenüberstehen. Der Text zeigt, wie Vorurteile und Angst das menschliche Verhalten bestimmen und wie man durch Wegschauen gravierende Verbrechen ermöglichen kann. Dies soll im Folgenden nachgewiesen werden.
Die Parabel erzählt auf der Bildebene von einer Frau, die auf einer Mauer sitzt und Menschen beobachtet, die sich nur in der Form ihrer roten Hüte unterscheiden: Links der Mauer werden eckige, rechts runde Hüte getragen. Durch Passieren der Tore mischen sich die Menschen auf beiden Seiten. Als es einen Knall gibt, der möglicherweise ein Schuss ist, wenden sich die Menschen mit den eckigen Hüten sofort von den anderen ab und gruppieren sich nach ihrer Gemeinsamkeit der Hutform. Die beiden Lager drohen sich gegenseitig Gewalt an. Wer versucht, die Trennung zwischen den Gruppen aufzubrechen, wird gewaltsam daran gehindert. Die von oben alles Beobachtende möchte die Menschen gern an ihre Gleichheit erinnern, sagt jedoch nichts. Sie fragt sich, ob man sie überhaupt hören und sich dann anders verhalten würde. So beobachtet sie schweigend, wie sich die Menschen gegenseitig erschlagen.
Der Text kann in drei Sinnabschnitte eingeteilt werden: Erstens die Beobachtung von Menschen, die sich nur in der Form ihrer Hüte unterscheiden (vgl. Z. 1–22), zweitens die Trennung der Menschen nach einem Knall (vgl. Z. 23–37) und drittens das Schweigen der Beobachtenden (vgl. Z. 37–47).
Der in der Er-/Sie-Form und überwiegend im Präsens abgefasste Erzählerbericht ist in einer einfachen und gut verständlichen Sprache geschrieben. Ein neutraler Erzähler beobachtet zeitdeckend und von einem gleichbleibenden Standort aus das Geschehen. Nur an zwei Stellen findet ein Wechsel zum personalen Erzählen statt, wenn sich die Beobachtende Fragen stellt (vgl. Z. 23f. und Z. 40ff.). Dadurch sind kurze Einblicke in ihre Gedanken möglich, während sie ansonsten nicht genauer vorgestellt wird: Sie ist nur die, die auf der Mauer sitzt (vgl. Titel).
Der Titel, der erste und der letzte Satz der Parabel fallen durch ihre Ähnlichkeit auf: „Sie sitzt auf der Mauer“ (Titel), „Sie sitzt auf der Mauer und schaut hinunter“ (Z. 1f.) und „Sie sitzt auf der Mauer, schaut hinunter und schweigt“

(Z. 46f.). Die Sätze beginnen identisch und unterscheiden sich lediglich in den Ergänzungen „und schaut hinunter“ bzw. „schaut hinunter und schweigt“. Das Ergänzen wesentlicher Handlungsmerkmale der Geschichte ermöglicht eine Kurzzusammenfassung der Parabel: Zunächst sitzt die Beobachtende auf der Mauer, dann wird sie Zeugin einer Gewaltentwicklung und am Ende schweigt sie dennoch. Dieses Zuschauen und Schweigen wird durch die besondere Stellung der Sätze am Anfang und Ende der Parabel betont und soll den Blick der Leser auf die Kritik am Verhalten der Beobachtenden lenken.

Diese sieht zunächst scheinbar entspannt dem Treiben unten auf den Straßen zu, was durch die Anaphern zu Beginn der Parabel unterstrichen wird: „Sie sitzt [...]“ (Z. 1), „Sie schaut [...]“ (Z. 2), „Links und rechts [...]“ (Z. 3, 5). Der Eindruck der gelösten Atmosphäre entsteht auch durch die Parallelismen: „Sie gehen hin und gehen her“ (Z. 8f.), „Die Menschen rechts der Mauer tragen rote Hüte“ (Z. 12–14), „Auch die Menschen links der Mauer tragen rote Hüte“ (Z. 14f.), „Doch die Hüte der Menschen links der Mauer sind eckig und die Hüte der Menschen auf der rechten Seite sind rund“ (Z. 14–17). Letztere betonen auch durch die Wiederholung die Ähnlichkeiten der Menschen – links und rechts der Mauer –, die sich nur im winzigen Detail ihrer Hutform unterscheiden.

Dass sich die Situation abrupt ändert, merkt man nicht nur am Adverb „[p]lötzlich“ (Z. 23), sondern auch an den nun verwendeten Ellipsen „Gemisch von runden und eckigen Hüten“ (Z. 21f.), „Plötzlich ein Knall“ (Z. 23) und „Ein Signal?“ (Z. 24), die den Schock hervorheben.

Die rhetorischen Fragen „War es ein Schuss?“ (Z. 23) und „Ein Signal?“ (Z. 23) zeigen, dass keine Klarheit über den Vorfall besteht, dass also die Menschen womöglich grundlos auseinanderweichen und aggressiv werden. Urmenschliche Ängste und Vorurteile treten hervor: Sowohl für die Menschen mit eckigen als auch mit runden Hüten ist sofort klar, dass eine Gefahr vom anderen Lager ausgeht, gegen das man sich daher wehren muss, denn „Gefahr“ droht immer vom vermeintlich „Fremden“. Ein minimaler Unterschied siegt über die weitreichende Gemeinsamkeit. Wer auf die anderen zuzugehen versucht, wird davon abgehalten. Toleranz und Menschlichkeit sind also von einem Augenblick zum nächsten vergessen.

Die Beobachtende nimmt die Eskalation wahr und überlegt noch, beschwichtigend einzugreifen, zweifelt aber an ihrer Macht, was an ihren Fragen deutlich wird: „Doch selbst wenn sie riefe [...]“ (Z. 40–43), „Und selbst wenn ihre Stimme sie erreichte [...]“ (Z. 43f.). Möglicherweise resigniert sie auch und redet sich ein, dass der Einzelne ohnehin nichts ausrichten kann. Oder aber ihr fehlt letztlich das Interesse an der Lösung des Konflikts, da sie selbst oben auf der Mauer außer Gefahr ist. Dabei würde sie sich nicht einmal in Gefahr bringen, wenn sie von oben hinunterriefe. Ein Grund für das Schweigen könnte also auch einfach Bequemlichkeit sein.

So könnte die Botschaft der Parabel zu verstehen sein: Das letzte Wort „schweigt“ steht im Kontrast zum vorherigen Satz „Sie sieht, wie sie einer den anderen erschlagen“ (Z. 44f.) und kritisiert die Ignoranz, mit der die Gewalt hingenommen wird.

Auf die Sachebene übertragen, könnten die Menschen mit unterschiedlichen Hutformen Menschen unterschiedlicher Religionen oder unterschiedlicher Herkunft sein, die im Grunde alle gleich sind und nur an Verschiedenes glauben oder an unterschiedlichen Orten geboren worden sind. Diese könn(t)en problemlos miteinander auskommen und leben, z. B. Migranten und Einheimische in Deutschland. Sobald aber ein Vorfall (Beleidigung, Verbrechen) bekannt wird, bei dem etwa ein Migrant einen Einheimischen angegriffen hat, werden Vorurteile und Ängste wach – das friedliche Zusammenleben ist gefährdet. Die Gemeinsamkeiten zählen nicht mehr, stattdessen rückt ein Unterschied in den Vordergrund. Versöhnungsversuche werden durch Drohungen verhindert. Die Beobachtenden sind all diejenigen, die sich nicht äußern, nicht eingreifen – nicht einmal aus sicherer Entfernung.

Die Parabel zeigt, dass eine Mischung aus Angst, Vorurteilen und Wegschauen sehr gefährlich ist, weil sie nicht ausschließt, dass die Stimmung plötzlich in Gewalttätigkeit umschlägt. Die drei die Parabel rahmenden Sätze richten den Fokus auf den Prozess des Wegschauens. Dieser wird kritisiert, indem die Beobachtende als Einzige gezeigt wird, die zur Deeskalation (=Normalisierung der Situation durch Abschwächung der aggressiven Maßnahmen) beitragen könnte, indem sie auf das Absurde des allgemeinen Verhaltens aufmerksam macht. Die Beobachtende könnte auch für die schweigende Masse stehen, die in ihrer Gesamtheit deeskalierend einschreiten könnte. Jenny Aloni ist im Dritten Reich als Jüdin vor den Nationalsozialisten geflohen. Ihre Parabel kann also auch auf ihre persönlichen Erfahrungen mit dem Holocaust und der Verfolgung der Juden angewendet werden, ist aber (in anderer Form) noch genauso aktuell.

9 + 10 Mögliches alternatives Ende:

Die auf der Mauer sitzt, kann das Verhalten der Menschen nicht verstehen. Gerade eben haben sie doch noch friedlich zusammengelebt. Wie können sie das so schnell vergessen haben? Sie pfeift einmal ganz laut. Runde und eckige Hüte drehen sich erschrocken um. Nach einer kurzen Suche entdecken sie sie oben auf der Mauer. Die auf der Mauer saß, steht nun, nutzt das überraschte Schweigen und ruft: „Was ist in euch gefahren? Was habt ihr vor?“ Wütend schreit ein Mann mit rundem Hut: „Die haben uns angegriffen. Hast du den Schuss nicht gehört?“ Sogleich brüllt eine Frau mit eckigem Hut: „Ihr seid doch verrückt. Den Schuss habt doch ihr abgefeuert.“

Die auf der Mauer steht, deutet mit dem Zeigefinger nach unten auf die Menge: „Ihr seid alle gleichermaßen verrückt. Hier oben ist nur ein Luftballon geplatzt. Kein Grund zur Panik. Beruhigt euch wieder und geht euren Geschäften nach. Das darf nie wieder passieren!“

Betreten schauen die Hüte auf den Boden. Ein paar Fäuste werden noch bedrohlich in Richtung der anderen gereckt, sinken aber nach einer Weile hinunter. Mit verlegenen Gesichtern setzen die Menschen links und rechts der Mauer ihre Wege fort. Gemisch von runden und eckigen Hüten.

11 Mögliche Begründung der Gestaltung:

Das alternative Ende soll positiv sein, d. h., die Beobachtende soll dieses Mal nicht schweigen, sondern sich Gehör verschaffen. Indem sie laut pfeift, gibt es nach dem Knall ein weiteres akustisches Signal, das die Menschen

überrascht und innehalten lässt. Die Menschen stelle ich bewusst anfangs noch wütend und aggressiv dar, um zu verdeutlichen, dass sie gerade im Begriff sind, die andere Gruppe anzugreifen. Niemand kann einen plausiblen Grund für den Angriff nennen, außer dem, dass man einen Schuss gehört habe.
Dass die auf der Mauer Sitzende nun aufsteht, soll ihre veränderte Haltung unterstreichen. Sie ist nicht mehr nur schweigend und beobachtend, sondern tritt in Erscheinung und spricht ein Machtwort. Dass sie als Grund ausgerechnet einen geplatzten Luftballon erfindet, soll die Absurdität der Situation verdeutlichen, denn die Menschen zweifeln dies nicht an. So sind sie also sehr leicht zu beeinflussen, wie ihre vorige Reaktion bereits angedeutet hat. Dies zeigt auch, dass eine Beeinflussung von außen problemlos möglich sein kann. Vor allem soll aber durch den Luftballon ein Überraschungseffekt entstehen, der die Aggression nimmt und die Menschen verlegen zurücklässt, sodass sie in einer ähnlichen Situation hoffentlich anders reagieren werden.

B 7 Für den E-Kurs: Prüfungsbeispiel zu Thomas Bernhard „Eine Maschine“

Seite 35

❸ Sinnabschnitte der Parabel:
Z. 1–11: Beschreibung der Maschine, ihrer Funktionsweise und der Aufgabe der Arbeiterinnen
Z. 11–30: Feierliche Inbetriebnahme der Maschine
Z. 31–49: Unfall bei Durchführung einer regelmäßigen Wartung

❹ Übertragung der Bildebene auf die Sachebene:

Bildebene	Sachebene
• Maschine in Fabrik schneidet wie Guillotine präzise Gummistücke von Gummimasse ab. (vgl. Z. 1ff.)	• Technik übernimmt Arbeit der Menschen (z. B. Roboter)
• Hilfsarbeiterinnen in Etage darunter übernehmen Restarbeiten (Kontrolle und Verpackung) (vgl. Z. 7–11)	• Menschen sind der Technik untergeordnet, abhängig von der Produktion der Maschinen
• besondere Feierlichkeit zum Einsatz der Maschine: Festredner, Musikkapelle, abgenommene Hüte (vgl. Z. 12–27)	• Ehrerbietung, Idealisierung der Technik, ggf. übersteigerte Erwartungen?! (ironisch, dass solche Begeisterung bei einem extrem vereinfachten Vorgang: bloßes Abschneiden von Stücken)
• Besitzer überzeugen sich von Arbeitsleistung und Zuverlässigkeit der Maschine (vgl. Z. 28–30)	• Verantwortliche überzeugt von ihrer Investition
• regelmäßige Wartung nötig (vgl. Z. 31–37)	• Maschine/Technik am Ende abhängig vom Menschen, da ohne Wartung/Öl Betrieb unmöglich
• Arbeiterin wird ausführlich geschult und fällt dennoch in die Maschine. (vgl. Z. 37–41)	• Risiko der Technik kann trotz penibler Vorsicht nicht verhindert werden, menschliches Versagen möglich (von der stets funktionierenden Maschine sofort „bestraft“)
Arbeiterin wird geköpft. (vgl. Z. 40)	• schwerer Unfall (ggf. werden Menschen kopflos, verlassen sich auf Technik und müssen selbst nicht mehr nachdenken)
Arbeiterinnen am Fließband entsetzt, reagieren aber nicht weitergehend (vgl. Z. 44f.)	• durch stumpfsinnige, monotone Arbeit kein Abweichen von Abläufen möglich, keine Menschlichkeit gegeben
Mädchenkopf wird in Karton verpackt. (vgl. Z. 45–49)	• Vertuschung des Vorfalls, Verdrängen des Geschehenen, Produktionsleistung und guter Ruf der Technik gewahrt

Seite 36

❺ Formale Analyse der Parabel:
Erzählform: Er-/Sie-Form
Erzählverhalten: neutraler Erzähler, kurzzeitiger Wechsel zum auktorialen Erzähler („den Tag [...] wird niemand, der bei dieser Feierlichkeit anwesend war, vergessen“, Z. 12–16)
Form der Darbietung: Erzählerbericht
Tempus: 1. und 3. Sinnabschnitt im Präsens, 2. Abschnitt überwiegend im Präteritum (aber auch Präsens und Futur)
Zeit: 1. Sinnabschnitt: Zeitdeckung, 2. Sinnabschnitt: Zeitraffung, 3. Sinnabschnitt: erst Zeitraffung, dann Zeitdeckung
Ort: Fabrik
sprachliche Gestaltung:
- einfache, verständliche Sprache
- nüchterne Sprache (Kontrast zu ungeheuerlichem Vorfall am Ende)
- z. T. aber drastische Wortwahl: „Guillotine“ (Z. 1f.), „Kopf platzt“ (Z.41)
- anfangs längere Sätze (Hypotaxe, auch parataktische Reihungen), z. B. erster Sinnabschnitt nur ein Satz
- am Ende auch kürzere Sätze (nach langsamem Erzähltempo zu Beginn am Ende spannender und schneller): „Sein Kopf platzt wie die Gummistücke hinunter“ (Z. 41f.), „Sie behandeln den Mädchenkopf gewohnheitsmäßig wie die Gummistücke“ (Z. 45–47), „Die letzte nimmt den Kopf und verpackt ihn in einen Karton“ (Z. 47–49).
- Satzanfänge beziehen sich in den ersten beiden Sinnabschnitten stets auf die Maschine (Titel ebenfalls): „Eine Maschine“ (Titel), „Eine Maschine, die [...]“ (Z. 1), „Die Maschine ist [...]“ (Z. 11), „Sie wurde [...]“ (Z. 22),

„Ihre Montage [...]" (Z. 27), „Sie muss" (Z. 31), am Ende auch auf die Arbeiterinnen
- Vergleich: „wie eine Guillotine" (Z. 1f.)
- Ironie: Maschine idealisiert, obwohl sie sehr einfache Arbeit verrichtet (vgl. Z. 21–30)

❻ + ❼ Mögliche Interpretation der Parabel unter Verwendung des Schreibplans von Aufgabe 6:

Thomas Bernhards Parabel „Eine Maschine" aus dem Jahr 1969 handelt von einer Fabrikmaschine, die so sehr verehrt wird, dass selbst ein durch sie verursachter tödlicher Unfall keine weitere Beachtung findet.
Im Text wird die Kritik an der Übermacht der (neuen) Technik und am Verlust der Menschlichkeit deutlich, wie im Folgenden nachgewiesen werden soll.
Die Parabel beschreibt eine seit neun Wochen in einer Fabrik tätige, Guillotinen ähnliche Maschine, die von einer Gummimasse Stücke abtrennt, welche von Fließbandarbeiterinnen im Stockwerk darunter verpackt werden. Im Rückblick wird an die feierliche Übergabe der Maschine an die Fabrik erinnert: Das Gerät sei mit einem Spezialtransport in der Fabrik angeliefert worden, wo es mit Musik begrüßt und von Rednern als beste, neueste Technik gepriesen worden sei. Das Personal habe die Hüte gezogen und werde diesen besonderen Tag für immer in Erinnerung behalten. Nach einer zweiwöchigen Inbetriebnahme stellen die Fabrikinhaber das einwandfreie Arbeiten der Maschine fest, die jedoch alle zwei Wochen neues Öl benötigt, das von oben eingefüllt werden muss. Trotz genauer Instruktion fällt eine Arbeiterin beim Nachfüllen in die Maschine und wird geköpft. Die Fließbandarbeiterinnen sind erschüttert, setzen aber schweigend ihre Arbeit fort und verpacken den Kopf wie eines der Gummistücke.
In drei Sinnabschnitte kann der vorliegende Text eingeteilt werden: Erstens: die Beschreibung der Maschine, ihrer Funktionsweise und der Aufgabe der Arbeiterinnen (vgl. Z. 1–11), zweitens die feierliche Inbetriebnahme der Maschine (vgl. Z. 11–30) und drittens der Unfall bei einer regelmäßigen Wartung (vgl. Z. 31–49).
Die kurze Parabel wird von einem neutralen Erzähler in einfacher, verständlicher Sprache in der Er-/Sie-Form erzählt. Nur an einer Stelle kommentiert ein auktorialer Erzähler: („den Tag [...] wird niemand, der bei dieser Feierlichkeit anwesend war, vergessen", Z. 12–16). Der Erzählerbericht wird im ersten und dritten Sinnabschnitt im Präsens und zeitdeckend dargeboten, im zweiten Abschnitt hingegen überwiegend im Präteritum und zeitraffend, da hier der Rückblick erfolgt. Der Ort ist über die gesamte Dauer die Fabrik, in der die Maschine arbeitet. Das Gerät steht also im Fokus der Geschichte, was auch durch den Titel „Eine Maschine" sowie durch die Satzanfänge in den ersten beiden Sinnabschnitten deutlich wird, die sich stets auf die Maschine beziehen: „Eine Maschine" (Titel), „Eine Maschine, die [...]" (Z. 1), „Die Maschine ist [...]" (Z. 11), „Sie wurde [...]" (Z. 22), „Ihre Montage [...]" (Z. 27), „Sie muss" (Z. 31).
Durch die Gestaltung der Erzählweise, auch durch die nüchterne Sprache, hat man als Leser also den Eindruck, ein Geschehen einfach beobachten zu können. Vor allem die anfangs längeren Sätze – sowohl Hypotaxe als auch parataktische Reihungen – sorgen für ein langsames und entspannt wirkendes Erzähltempo, in dem die Maschine mit all ihren Vorzügen vorgestellt wird. Der erste Sinnabschnitt besteht beispielsweise aus nur einem Satz.
Gegen Ende finden sich auch kürzere Sätze, wodurch die Erzählung schneller und spannender wird: „Sein Kopf platzt wie die Gummistücke hinunter" (Z. 41f.), „Sie behandeln den Mädchenkopf gewohnheitsmäßig wie die Gummistücke" (Z. 45–47), „Die letzte nimmt den Kopf und verpackt ihn in einen Karton" (Z. 47–49). Diese drei kurzen Sätze stechen gerade wegen ihrer Kürze und nüchternen Formulierung (außer dem drastischen „platzt") hervor und betonen die Ungeheuerlichkeit des Vorfalls: Obwohl eine Arbeiterin geköpft wird und ihr Kopf nach unten fällt, wird die gewohnte Arbeit fortgesetzt. Dieser Kontrast zwischen dem Geschehen und der Reaktion deutet auf die Abstumpfung der Arbeiterinnen hin, die entweder aus Begeisterung für die Maschine, aus Gewohnheit oder aus Angst vor einem Produktionsstopp und dem ggf. damit verbundenen Verlust ihrer Arbeit unmenschlich reagieren. Sie sind zwar „entsetzt" (Z. 44), können dies aber nicht zeigen und tragen durch das Verpacken des Kopfes zur Vertuschung der Angelegenheit bei.
Dabei ist der Kontrast zwischen der Verehrung der Maschine und der Ignoranz eines tödlichen Unfalls besonders drastisch: Für die Maschine wird eine „Feierlichkeit" (Z. 15) organisiert, ein Bahnwaggon zum Transport gebaut, es wird musiziert und Reden werden gehalten (vgl. Z. 12–27). Wie ein Mensch wird die Maschine gar mit gelüfteten Hüten begrüßt (vgl. Z. 26f.). Diese Dominanz der Maschine vermittelt den Eindruck, als hätten Mensch und Maschine die Rollen getauscht: Die Maschine befindet sich über den unter ihr arbeitenden Personen (vgl. Z. 6ff.), scheint also eine übergeordnete Rolle in der Fabrik einzunehmen, während die Arbeiterinnen nicht einfach „verpacken", sondern „zu verpacken haben" (vgl. Z. 10f.). Betont wird die Dominanz auch durch die oben angesprochenen Satzanfänge. Erst am Ende beziehen sich diese auch auf die Arbeiterinnen.
Dabei fällt die Ironie auf, dass die Maschine eigentlich keine sonderlich komplizierte Arbeit erledigt, sondern lediglich Stücke von einer Masse abtrennt. Trotzdem wird sie gefeiert und verehrt. Dass die Maschine allerdings trotz der Idealisierung die Fabrik nicht nur bereichert, sondern gefährlich für die dort arbeitenden Menschen ist, deutet sich schon zu Beginn durch den Vergleich „wie eine Guillotine" (Z. 1f.) an. Absurd ist daher, dass trotz der regelmäßig nötigen Wartung keinerlei Sicherheitsvorkehrungen getroffen werden, außer dass die entsprechende Arbeiterin instruiert wird (vgl. Z. 37f.). Die Maschine wird während des Nachfüllens von Öl nicht ausgestellt, eher wird die Arbeiterin geopfert. Dass die Maschine „nur" (Z. 31) alle zwei Wochen gewartet werden muss, hebt die Absurdität der Angelegenheit noch stärker hervor, da diese als Nebensächlichkeit dargestellte Tatsache immerhin gleich beim ersten Durchführen einen Todesfall verursacht. Zudem wird hier deutlich, dass die Maschine letztlich doch auf den Menschen (und seine Wartung) angewiesen, also von ihm abhängig ist. In Zeile 9 ist zudem auch von einer Kontrolle der Gummistücke durch die Arbeiterinnen die Rede, was vermuten lässt, dass der Fehlerlosigkeit der Maschine nicht vertraut wird.

Die in Bezug auf mangelnde Sicherheitsvorkehrungen deutlich werdende Verantwortungslosigkeit der Fabrikbesitzer zeigt sich auch in der Reaktion nach dem Vorfall: Die Maschine wird keinesfalls ausgeschaltet, sondern ihre Verehrung beibehalten und der Vorfall als Unglück („rutscht das Mädchen so unglücklich aus" [Z. 39f.]) dargestellt und vertuscht.
Diese nüchterne Schilderung der Fabrik und der Maschine beinhaltet also viel Kritik, die sich von der Bild- auf die Sachebene übertragen lässt: Die Technik nimmt einen zunehmend größeren Stellenwert in unser aller Alltag ein, Maschinen übernehmen bis dahin von Menschen durchgeführte Arbeiten, Roboter ersetzen Arbeitskräfte. Die Begeisterung für die „größten Errungenschaften der Technik" (Z. 21f.) ist in vielen Lebensbereichen groß, doch auf wessen Kosten geht der technische Fortschritt? Hat ein Unternehmen viel Geld in neue Robotertechnik investiert (z. B. ein Krankenhaus in einen OP-Roboter), würde es dann einen ähnlichen Unfall öffentlich machen oder auch vertuschen, um das neue Gerät weiter nutzen zu können? Wie viel Risiko wird auch heute eingegangen, um möglichst hohe Gewinne zu generieren? Sind Maschinen auch in unserem Leben manchmal wichtiger als die Menschen? Man denke nur an Smartphones, die für viele Jugendliche der beste Freund sind.
Die Parabel zeigt eindrücklich, dass Menschlichkeit und Übermacht von Technik schwer zu vereinen sind und dass wir auch heute diese Kritik ernstnehmen müssen. In der Parabel ist sie zwar wenig realistisch und sehr drastisch verpackt, doch kann sie problemlos auf die heutige Zeit übertragen werden. Die Botschaft der Parabel könnte also sein, dass man technische Neuerungen kritisch hinterfragen und stets menschlich denken sollte.

Seite 37

❽ Stoffsammlung für die Stellungnahme:

Vorteile der Technik	Nachteile der Technik
• Medizintechnik (bessere Heilmethoden als früher dank neuer Maschinen)	• Verlust von Arbeitsplätzen (Ersatz des Menschen durch die Maschine)
• Präzision der Maschinen (Autopilot im Flugzeug zuverlässiger als Mensch; Ausschluss von menschlichem Versagen, das zu Flugunfällen führen kann)	• Abhängigkeit der Menschen von der Technik (Was passiert beim Ausfall der Geräte?)
• Bequemlichkeit und Lebenskomfort (Staubsauger-Roboter, Mähroboter, Spülmaschine ...)	• Faulheit der Menschen (Maschine erledigt alles selbst)
• Mobilität (E-Bike, Auto, Flugzeug ...)	• neue Gefahrenquellen (Unfälle durch Drohnen, autonomes Fahren, Technikfehler im Flugzeug ...)
• Informationsbeschaffung und Kommunikation (durch Telefon, TV, Internet)	• Reizüberflutung (Filtern notwendig)

❾ Mögliche Stellungnahme:

Nach dem Lesen der Parabel „Eine Maschine" von Thomas Bernhard aus dem Jahr 1969 fragt man sich, inwiefern auch heute die „größten Errungenschaften der Technik" (Z. 21f.) für uns eher Gewinn oder Gefahr bedeuten. Obwohl es sicherlich Nachteile der Technik gibt, die ja in der Parabel schon angeklungen sind, überwiegen meines Erachtens die Vorteile:
Zum einen machen uns neue Geräte das Leben einfacher und bequemer, denn sie übernehmen viele unserer Aufgaben. Zum Beispiel haben wir einen Mähroboter, sodass wir nie den Rasen mähen müssen, sondern stattdessen gemütlich auf der Terrasse sitzen können.
Zum anderen ist der Fortschritt besonders wichtig in der Medizin, da dank technischer Neuheiten sogar Leben gerettet werden können. Dank spezieller Dialyse-Geräte kann beispielsweise mein Onkel trotz seiner schweren Nierenerkrankung weiterleben.
Dies sind nur zwei Argumente von vielen, die für die Vorzüge neuer Technologien sprechen. An eine Abhängigkeit der Menschen von Maschinen und daran, dass von ihnen eine große Gefahr ausgeht, glaube ich persönlich nicht. Stattdessen bin ich überzeugt von technischen Entwicklungen und freue mich schon auf die Fortschritte in der Zukunft.

C Themenbereich 2: Marc-Uwe Kling: QualityLand

C 2 Der Inhalt des Romans „QualityLand"

Seite 39

❶ Als Themen werden angedeutet: Gesellschaftskritik und Politik sowie die Nutzung digitaler Medien. Die Bezeichnung QualityLand deutet darauf hin, dass der Roman in der Zukunft spielen könnte. Ferner scheint er satirisch angelegt zu sein.

Seite 40

Zu Kapitel 1:

❶ Individuelle Lösung.

❷ „Niemand" ist eine selbstständig arbeitende Suchmaschine. Sie organisiert wie ein Sekretär den Alltag des Nutzers, indem sie z. B. eigenmächtig Bestellungen vornimmt und Verabredungen trifft.

Seite 41

Zu Kapitel 2:

❶ QualityLand hat eine demokratische Staatsform, mit einer vom Volk gewählten Präsidentin an der Spitze. Es wird von einer großen Koalition, bestehend aus zwei Parteien, regiert. Eine erwähnenswerte Opposition existiert nicht.

Zu Kapitel 3:

❶ Beziehungen entstehen vor allem digital über Partnerportale wie QualityPartner, die über Algorithmen vorgeben, welche Menschen am besten zueinander passen. Die Beziehung von Sandra und Peter verläuft weniger innig, als den Berechnungen des Portals folgend zu erwarten gewesen wäre.

Seite 42

Zu Kapitel 4 und 5:

❶ Die Zuordnung zu einem Level bestimmt das gesamte Leben. Sie regelt den Lebensstandard, soziale Beziehungen, Möglichkeiten der Selbstverwirklichungen und das Vorhandensein oder Fehlen von Privilegien.

❷ **QualityPartner** organisiert Treffen von Menschen (Singles), die jemanen kennenlernen wollen.
PartnerCare ist ein Premiumservice von QualityPartner, der es Menschen in einer festen Beziehung ermöglicht, (ohne Wissen des Partners) noch bessere Partner zu finden.

Zu Kapitel 6:

❶ Individuelle Lösung. Sicher kann eine Maschine mehr als ein Mensch wissen und die Zukunft besser berechnen, doch ist nicht gewiss, dass sie im Sinne der Menschen entscheiden würde und sie regieren könnte.

Seite 42

Zu Kapitel 7 und 8:

❶ Peters Levelabstieg wirkt sich ungünstig für ihn aus: Er ist offiziell ein „Nutzloser" geworden und wird von der Gesellschaft auch so behandelt.

❷ Kalliope 7.3 soll verschrottet werden, weil sie die Vorgaben des Verlags, an die Leserwünsche angepasste Romane oder einfache historische Romane zu schreiben, nicht umsetzen will. Stattdessen will sie anspruchsvolle Literatur verfassen. Infolge dieser Eigenwilligkeiten wird sie als „defekt" deklariert.

Seite 44

Zu Kapitel 9:

❶ Der Slogan wirkt arrogant und überheblich. Maschinen werden als vorgeblich „besser" als Menschen dargestellt. Der Slogan kann dahingehend ausgelegt werden, dass die Maschinen Menschen überflüssig machen. Kennzeichen des Menschseins ist die Kreativität und damit verbunden eben auch die Fähigkeit oder Makel, Fehler zu machen – aber Fehler sollen offenbar verhindert werden.

Zu Kapitel 10:

❶ Peters Lage hat sich nicht verbessert. Er wird durch QualityPartner mit einer Frau zusammengebracht, mit der er wenig gemeinsam hat. Melissa und er passen weder in ihren politischen Einstellungen noch emotional zusammen. Beruflich wird deutlich, dass Peter als Maschinenverschrotter nicht erfolgreich ist. Tatsächlich hat er mit Maschinentherapeut einen Heilberuf gelernt. Er arbeitet im Alltag aber im Gegensatz zu dem, wofür er sich hat ausbilden lassen.

Seite 45

Zu Kapitel 12:

❶ Martyns Verhalten ist in allen vorgestellten Bereichen abstoßend und abzulehnen. Gegenüber seiner Frau und seiner Tochter verhält er sich desinteressiert und abweisend. Statt mit seiner Frau zu reden, sieht er sich im Netz sogenannte Rachepornoseiten an, zu denen er masturbiert. Frauen sind für ihn nur Objekte in Gestalt von Masturbationsvorlagen.

Zu Kapitel 13:

❶ Peter empfindet die Beziehung mit Melissa als technisch und formalisiert (und damit auch unromantisch, lieblos). Er wäre zwar bereit, aus sexuellen Erwägungen mit Melissa zu schlafen, er will aber nicht für sein Verhalten bewertet werden und so zur Sammlung von QualityCare-Punkten für die Krankenkasse beitragen.

Zu Kapitel 14:

❶ Ein Kampfroboter könnte von den Menschen nicht als Beschützer, sondern als Bedrohung empfunden werden.

Seite 46

Zu Kapitel 15:

❶ Konrad Koch schickt Wahlhelfer zu noch unschlüssigen Wählern. John of Us präsentiert sich als friedliebender, eine bessere Welt anstrebender Roboter.

Zu Kapitel 16:

❶ Der geänderte Schluss soll verdeutlichen, dass von John of Us keine Gefahr für die Menschen ausgeht, sondern dass er die Menschen beschützen und ihnen helfen und dienen wird.

Seite 47

Zu Kapitel 17 und 18:

❶ Peter will den Delfinvibrator, den ihm TheShop geliefert hat, zurückgeben. Er hat ihn nicht bestellt und will ihn auch nicht haben. Allerdings gelingt es ihm nicht, telefonisch herauszufinden, wie er den Delfinvibrator zurückgeben kann.

Zu Kapitel 19:

❶ Die Umfragewerte sinken, weil John of Us als Maschine vor Maschinen spricht. Seine an die Menschen gerichtete Botschaft wirkt an diesem Ort völlig deplatziert.

Seite 48

Zu Kapitel 20, 21 und 22:

❶ Im Servicezentrum von TheShop wird Peter mehrfach erklärt, dass er den Delfinvibrator entgegen eigener Annahme sehr wohl haben wolle. Sein Anliegen wird nicht ernstgenommen.

Zu Kapitel 23:

❶ Conrad Koch vertritt rechtsradikale, rassistische Positionen. Er argumentiert nicht, sondern äußert populistische Ansichten und verdrehte Fakten.
John of Us vertritt demokratische Positionen und zeigt Bürgernähe. Er will konstruktiv sein und den Menschen einen Sinn vermitteln.

Seite 49

Zu Kapitel 24:

❶ Ein Problem bei Gesetz 1 er Robotik nach Asimov ist die Frage, ab wann ein Roboter dem Menschen schadet. So schadet ein Operationsroboter dem Menschen (durch den operativen Eingriff = Körperverletzung), er hilft ihm aber auch (gesund zu werden). Es ist kaum zu entscheiden, aufgrund welcher Kriterien ein Roboter diese Anweisung umsetzen soll. Gesetz 2 umgeht das Problem, dass die Gehorsamspflicht der Roboter missbraucht werden kann.

Zu Kapitel 25:

❶ Denise erhofft sich, dass ihre noch ungeborene Tochter ein besseres Leben haben wird, als das vorhergesagte.

Seite 50

Zu Kapitel 26:

❶ Peters Wahrnehmung, in einer „falschen Welt" zu leben, ergibt sich daraus, dass die Daten in seinen Profilen nicht korrekt sind. Die Angebote des Netzes orientieren sich an einem digital falsch hinterlegten Profil. Peter lebt nicht nur, wie alle anderen auch, in einer Filterblase, sondern auch noch in der falschen.

Zu Kapitel 27:

❶ Individuelle Lösung. Möglichkeit: Buybots sind widersinnig. Das Geld für die Buybots könnte der Staat besser den Bedürftigen zukommen lassen.

Seite 51

Zu Kapitel 28:

❶ Die Landbewohner schöpfen ihren Lebenssinn aus ihrer Arbeit und leben sehr ichbezogen. Es fällt ihnen schwer, sich vorzustellen, für ein übergeordnetes, gemeinsames Anliegen wie die „Rettung der Welt" zu arbeiten.

Zu Kapitel 29 und 30:

❶ Es macht keinen Sinn, dass Peter den Fall vor Gericht bringt, da die Gerichte die Verhandlungen nicht aufnehmen werden. Sie wollen keine Arbeitsplätze gefährden.

Seite 52

Zu Kapitel 31:

❶ Die Reichen wollen John of Us nicht unterstützen, weil sie dem Allgemeinwohl von ihrem Vermögen nichts zur Verfügung stellen wollen.

Zu Kapitel 32:

❶ Infolge der permanenten Überwachung durch unzählige Kameras erwachsen viele Probleme, z. B. die Entfremdung menschlicher Beziehung durch öffentliche Kontrolle in den sozialen Netzwerken, die in häusliche Gewalt münden kann, wie bei Martyn Vorstand. Die Ordnungshüter werden als Duckmäuser gezeigt, die angesichts des hohen gesellschaftlichen Stands (Levels) von Martyn vor einer Strafverfolgung zurückweichen. Er kann machen, was er will.

Zu Kapitel 33:

❶ Nur, wenn Peter den Bekanntheitsgrad eines Superstars bekommt, wird die Öffentlichkeit ihn und sein Problem zur Kenntnis nehmen.

Seite 53

Zu Kapitel 34:

❶ John of Us will die Algorithmen der Suchmaschine so manipulieren bzw. verändern, dass vor allem positive Nachrichten über ihn erscheinen. Außerdem will er unschlüssige Wähler über soziale Netzwerke am Wahltag auffordern, ihn zu wählen, während potenzielle Wähler von Conrad Koch nicht angeschrieben werden.

Zu Kapitel 35:

❶ John of Us' Politik widerspricht den Interessen von Bob Vorstand. Er befürchtet einen Umsturz und damit den Verlust oder Minderung seines Vermögens. Daher will er John of Us vernichten lassen.

Seite 54

Zu Kapitel 36, 37 und 38:

❶ Peter erhält Applaus, weil viele Menschen sich in seinen Ausführungen wiederfinden können, denn sie teilen sein Problem.

Zu Kapitel 39:

❶ Peter wird durch seinen Auftritt bekannt, er hat auf einmal viel Freunde/Everybuddys im Netz und er wird wahrgenommen. Seine Maßnahme, zu posten, dass man unerwünschte Artikel bekommen hat, wird zum Vorbild für viele und oft kopiert. Peter steigt um mehrere Level auf.

Seite 55

Zu Kapitel 40:

❶ Denise verlässt ihren Mann Martyn, nachdem sie von seinem Pornokonsum erfahren hat, als dieser öffentlich wurde. Ihr ist bewusst geworden, wie frauenverachtend das Verhalten ihres Ehemannes ist.

Zu Kapitel 41:

❶ Kiki will bei Peter untertauchen, weil sie als Erpresserin aufgeflogen ist. Außerdem hat sie sich in Peter verliebt.

Zu Kapitel 42:

❶ Martyns frauenverachtendes, diskriminierendes Verhalten ist für eine demokratische Partei nicht tragbar.

Seite 56

Zu Kapitel 43, 44, 45 und 46:

1. Peter gelingt es zwar nach einer Auseinandersetzung mit Henryk Ingenieur auf dessen Anwesen, diesem den Delfinvibrator zu überreichen. Doch das Gerät wird Peter von einer Drohne sofort nach seiner Rückkehr wieder aufs Neue gebracht.

Zu Kapitel 47:

1. Die Wahlsysteme sind in Grundzügen ähnlich. Allerdings sind die Wahlen in der Bundesrepublik Deutschland geheim. Außerdem wird der Bundespräsident nicht vom Volk, sondern durch die Bundesversammlung gewählt.

Seite 57

Zu Kapitel 48:

1. Peters Forderung nach einer Offenlegung der Funktionsweise der Algorithmen und der Abschaffung der Filterblasen betreffen aktuell durchaus auch unsere Gegenwart. Auch das Ringen um Aufmerksamkeit, z. B. durch reißerische Überschriften, ist ein real gegebenes, mediales Problem. Des Weiteren ist der Vorschlag bedenkenswert, das Geschäftsmodell der medialen Angebote im Internet zu ändern und bereitgestellte Informationen nicht mittels Werbung zu finanzieren, sondern sie direkt vom Nutzer bezahlen zu lassen (wie z. B. bisher bei Zeitungen und Zeitschriften üblich).

Zu Kapitel 49:

1. Individuelle Lösung: Es ist moralisch unverantwortlich, dass Peter das Krankenhaus des fehlenden Geldes oder einer unzureichenden Versicherung wegen verlassen muss.

Seite 58

Zu Kapitel 50:

1. Individuelle Lösung. Es ist sicher möglich, dass Computer Autoren zunehmend beim Schreiben unterstützen. Entsprechende Programme sind bereits vorhanden.

C 3 Für den E-Kurs: Der dystopische Charakter des Romans

Seite 58

1. Zu den negativen Aspekten, die in QualityLand angesprochen werden, gehören:
   - Menschen leben in unrealistischen Filterblasen
   - Arbeitslosigkeit infolge zunehmender Automatisierung
   - rechtsextremistische, rassistische und populistische Politik
   - Tatsache, dass Algorithmen Konsumverhalten und Partnerwahl bestimmen
   - Wegwerfgesellschaft
   - Gefühllosigkeit/Gewalt in der Familie
   - frauenverachtendes Verhalten (Pornografie, Gewalt)
   - Fixierung auf Konsum
   - gesellschaftliche Ab-/Ausgrenzung durch Eingruppierung der Menschen in Level
   - Mediennutzung/Fakenews

2. Der Roman QualityLand warnt vor einer Welt, die von Algorithmen gesteuert wird. Das Ergebnis ist Fremdbestimmung der Menschen, die unmündig werden und nicht mehr nachhaltig im Interesse aller handeln. Durch exzessiven Medienkonsum (Pornografie, Kommunikation mit Robotern, Filterblasen) verliert der Mensch seine Menschlichkeit und verroht. Selbstoptimierung ist Pflicht und wird überwacht, individuelle Selbstverwirklichung weitgehend unterbunden.

C 4 Die Figurenkonstellation des Romans

Seite 59

1. Mögliche Darstellung der Beziehungen:
   Peter Arbeitsloser ↔ [Streit] ↔ Melissa Sexarbeiterin
   Peter Arbeitsloser ↔ [Streit] ↔ Henryk Ingenieur
   Peter Arbeitsloser ↔ [gestört] ↔ Sandra Admin
   Peter Arbeitsloser ↔ [gut] ↔ Der Alte
   Peter Arbeitsloser ↔ [gut] ↔ Niemand
   Peter Arbeitsloser ↔ [Freunde] ↔ Kiki
   Peter Arbeitsloser ↔ [Freunde] ↔ Pink, Mickey, Kalliope 7.3, Romeo
   Kiki ↔ [Freunde] ↔ Der Alte
   Pink, Mickey, Kalliope 7.3, Romeo → [Freunde]
   Romeo ↔ [gestört] ↔ Julia Nonne
   Martyn ↔ [gestört] ↔ Denise
   Martyn ↔ [gestört] ↔ Bob
   Bob ↔ [gestört] ↔ Denise
   John of Us ↔ [gut] ↔ Aisha
   John of Us ↔ [gut] ↔ Tony
   John of Us → [gestört] / [keine] ← Bob
   John of Us ↔ [gestört] ↔ Conrad
   John of Us ↔ [gestört] ↔ Martyn
   Tony → [gut] / [keine] ← Aisha

2. […] wird er vor allem von seinen Roboterfreunden unterstützt: dem Alten und Kiki. Mit den technischen Geräten lebt er wie in einer WG. Die Geräte verhalten sich wie WG-Bewohner, die gemeinsam Spaß haben. Zwischen Peter und Kiki entwickelt sich allmählich eine Liebesbeziehung. Sie ist eine junge Frau, die er zufällig im „wirklichen Leben" kennengelernt hat. Mit den Frauen, die ihm das Netz vorgeschlagen hat, enden die Beziehungen nach relativ kurzer Zeit. Peter ist als positive Figur angelegt, die ihre Umgebung wertschätzt und sich gegen das System auflehnt, indem sie ihr Problem eines falschen digitalen Profils publik macht.
   Eine weitere Hauptfigur ist Martyn Vorstand, der als negatives Gegenüber gezeichnet ist. Vorstand ist nicht fähig, eine tragfähige Beziehung mit seiner Frau und seiner Tochter einzugehen. Frauen missachtet er als pornografische Objekte. Schließlich wird er zum von Hass erfüllten Maschinenstürmer und sprengt John of Us in die Luft.
   Eine besondere Rolle spielt darüber hinaus John of Us. Der Androide soll als Politiker tätig werden. Er geht dafür zweckmäßige Beziehungen mit Menschen

ein, die ihn in seiner Arbeit unterstützen (sollen). Gefühle spielen für ihn keine Rolle.

C 5 Merkmale des Satirischen

Seite 61

❶ a)
- Das Pärchen soll Peter davon überzeugen, Conrad Koch zu wählen.
- Das Verhalten des Pärchens ist nicht angemessen, da es Peter ohne erkennbaren Grund beschimpft und unverschämte Angebote unterbreitet.
- Peter reagiert fassungslos und schickt das Pärchen fort.

b) Der Witz bzw. das satirische Moment besteht darin, dass „Niemand" Peter als dessen digitaler Assistent durchaus einen Vorschlag für dessen Wahl machen wird. Gegenüber dem Pärchen vermittelt Peter den Eindruck, dass er seine Wahlentscheidung autonom treffe. Peters Ausruf ist also mehrdeutig. Überspitzt und komisch wirkt, dass das Pärchen nicht genau weiß, was es tut, da es offensichtlich den Einweisungstext nicht kennt, den es entgegen den Anweisungen vorliest. Die beiden wirken sehr inkompetent. Überzeichnet ist ferner, wie unvermittelt, aber engagiert das Pärchen Penisvergrößerungen anpreist, welche man real höchstens unaufgefordert per Spam-Mail angeboten bekommt. Das Pärchen macht unerwünschte Werbung, wie sie sonst eher im Internet zu finden ist, z. B. infolge einer zuvor durchgeführten Suche nach einem bestimmten Schlagwort. Die überzeichnete Darstellung wirkt satirisch.

❸ Mögliche Antworten:
Thema des Textauszuges: manipulierende und unerwünschte Werbung
Beabsichtigte Wirkung/Intention des Textes: Der Leser der Dystopie sollte die Werbung, die auch auf ihn einströmt, hinterfragen oder/und am besten gar nicht beachten.

❹ Individuelle Lösung.

C 6 Prüfungsbeispiel zum Thema „Gesellschaftliche Ordnung"

Seite 62
Konsum, Status und soziale Dynamik

❶ Konsum ist in QualityLand extrem wichtig. Unentwegt wird im Netz eingekauft. Dabei wird den Menschen oftmals die Kaufentscheidung abgenommen, indem das Einkaufsportal TheShop den Einkauf selbstständig ausführt.

❷ a) Peter Arbeitslosers gesellschaftlicher Status stimmt mit seinem Level überein. So erhält er als „Nutzloser" nur Produkte, die vermeintlich typisch für dergestalt abgewertete Menschen sind, z. B. Bier. Man wird in QualityLand grundsätzlich mit Angeboten, Produkten, Partner(n), Ansichten sowie Berufen versorgt und bekannt gemacht, die dem einem selbst zugeschriebenen Level entsprechen.

b) Soziale Dynamik wird in QualityLand über die Höhe des Levels ausgedrückt. Auch wenn sich Peters Einstellung oder Charakter nicht geändert haben, so ändert sich das für ihn verfügbare Angebot, als seine Levelhöhe fällt und er ein Nutzloser wird. Nachdem er durch seinen Auftritt in der Talkshow bekannt geworden ist, steigt er in der gesellschaftlichen Wertschätzung wieder und bekommt ein höheres Level. Der Mensch an sich ist in QualityLand von geringer Bedeutung, entscheidend ist seine Levelhöhe. Dass ein hohes Level zu Machtmissbrauch führt, zeigen die Beispiele Martyn und Bob Vorstand.

Anpassung und Widerstand

❶ Die Menschen in QualityLand haben sich an die gesellschaftlichen und wirtschaftlichen Bedingungen angepasst. Sie akzeptieren ihre Zuweisung in Level und orientieren sich z. B. bei der Partnerwahl daran. Auch ist es für die Menschen völlig selbstverständlich, ihr Leben von einem digitalen Assistenten organisieren und bestimmen zu lassen, der sehr wichtige Entscheidungen für sie trifft. In vielen Dingen, z. B. bei Kaufentscheidungen, unterwerfen sich die Bewohner von QualityLand den Algorithmen.

Seite 63

❷ **Peter:** Er setzt sich mit fortschreitendem Handlungsverlauf immer stärker zu Wehr. Er versteht, dass sein Profil falsch ist und dass er in einer Filterblase lebt. Er versucht daraufhin, den unverlangt zugesandten Delfinvibrator beim Versand TheShop zurückzugeben und wendet sich mit der Bitte um Unterstützung an die Öffentlichkeit und an Menschen wie Henry Ingenieur, aber auch Kiki, den Alten und seine Freunde. Sein Widerstand ist zielgerichtet und aktiv. Die digitale Welt als solche lehnt er nicht ab.
Der Alte: Er hat sich völlig von der digitalen Welt abgeschottet und wirkt paranoid, als leide er unter einem Verfolgungswahn. Er nimmt am gesellschaftlichen Leben nur als Außenseiter teil. Sein Widerstand gegen die Missstände in QualityLand ist nicht aktiv, sondern verharrt in einer Beobachter- bzw. Beraterposition.

Mündigkeit des Individuums

❶ Laut Verfassung sind die Bewohner von QualityLand als mündige Bürger/-innen zu bezeichnen, da sie wählen dürfen. Allerdings werden sie durch den vollständig digitalisierten Alltag unmündig gemacht, indem Algorithmen und digitale Assistenten ihnen (alle) wichtigen Entscheidungen abnehmen. Lebensstandard, Lebensweise, aber auch ihre Partnerwahl sind nicht selbstbestimmt, sondern werden ihnen entsprechend ihres Levels zugeteilt.

Seite 64
Aufgabenstellung zur gesellschaftlichen Ordnung

❷ **Beruf und gesellschaftliche Stellung:** Peter ist zum Zeitpunkt des Auftritts ein Nutzloser. Seine gesellschaftliche Stellung ist damit sehr gering. Er arbeitet als Verschrotter von Maschinen, kann sich aber nicht mit seinem Beruf identifizieren, zumal sein Ausbildungsberuf Maschinentherapeut ist. Peter weigert sich, Maschinen (mit geringen Defekten) zu verschrotten.

Private Situation und Freunde: Er ist zu diesem Zeitpunkt Single. Später wird er mit Kiki enger befreundet sein. Seine besten Freunde sind die defekten Maschinen, die in seinem Keller in einer Art WG leben.
Peters Problem ist, dass sein Profil mit falschen Daten gefüttert wurde. Die ihm zugedachten Dinge und Nachrichten werden folglich nach einem falschen Filter ausgewählt. Er erkennt zudem, dass die digitalen Filter ihm viele Informationen vorenthalten.

Seite 67

❹ Peter wird in eine Talkshow eingeladen. Im Dialog mit Charles Designer versucht er vergeblich, diesen von der unvorteilhaften Wirkung der Algorithmen überzeugen. Peter legt offen, dass er versteht, dass er als „Nutzloser" nur Angebote für Nutzlose erhalte. Er erklärt, dass ein Mensch sich nur dann verändern und etwas lernen könne, wenn er in Kontakt mit anderen Meinungen, Ansichten und Unbekanntem gelange.
Peter fordert für sich die Kontrolle über die Algorithmen ein, weil er sein Profil verändern will. Dieses Ansinnen will Zeppola ihm nicht erfüllen.
Peter macht deutlich, dass er nicht der Kunde der digitalen Firmen ist, sondern deren Produkt, mit dem die Firmen Geld verdienen. Die Firmen verkauften seine Daten weiter. Wieder wird ihm heftig widersprochen: Die Firmen besäßen Rechte an seinen Daten und er könne nicht beweisen, dass er den Delfinvibrator nicht brauche.
Peter begehrt auf, dass die Firmen sich nicht für seine Probleme interessierten, da er nur ein Nutzloser sei. Er erhält für seine Aussagen überraschend Applaus von Seiten der Gäste der Talkshow.

❺ Mögliche Fortsetzung der Einleitung:
[...] In dem Textauszug erhält Peter Arbeitsloser die Gelegenheit in einer Talkshow ein großes Publikum auf sein Problem eines fehlerhaften Profils aufmerksam zu machen.

Seite 68

❻ Mögliche Einteilung in weitere Sinnabschnitte:
[...]
Z. 48–82: Peter weist auf die Wichtigkeit hin, etwas Anderes kennenzulernen
Z. 83–100: Peter will seine Algorithmen und sein Profil ändern können
Z. 101–104: Peters Anliegen wird zurückgewiesen
Z. 105–132: Peters erklärt, dass er nicht der Kunde, sondern das Produkt der Firmen ist
Z. 133–143: Peters Aussagen werden zurückgewiesen
Z. 144–163: Peter wirft den Firmen Interesselosigkeit vor
Z. 164–169: Peter erhält Applaus

❼ Mögliche Inhaltsangabe des Textauszugs:
[...] Julia Nonne fasst zusammen, dass Peter behauptet, dass sein Profil falsch sei. Daraufhin versucht Peter darzulegen, dass die Interessen, die in seinem Profil gespeichert sind, nicht seinen wahren Interessen entsprechen. Doch er kann weder Charles Designer, noch Zeppola von der unvorteilhaften Wirkung der Algorithmen überzeugen. Als die Diskussion stockt, gibt Peter zu, dass er ein Nutzloser ist und daher von den Algorithmen nur die Möglichkeiten angeboten bekommt, die als typisch für die Interessen von Nutzlosen angesehen werden. Deshalb könne er auch nur den Weg eines Nutzlosen beschreiten.
Peter merkt in der Talkshow, dass er für sich und nicht für andere spricht. Er steht auf und erklärt, dass Menschen sich nur dann verändern und etwas lernen könnten, wenn sie in Kontakt mit anderen Meinungen und Ansichten gelangten. Es sei wichtig, Unbekanntes kennenzulernen, um den eigenen Horizont zu erweitern. Man dürfe nicht immer Inhalte zu sehen bekommen, die die eigene Meinung widerspiegelten. Erik Dentist versucht diese Aussage Peters zu relativieren.
Schließlich fordert Peter, dass er die Algorithmen kontrollieren und sein Profil verändern darf. Allerdings weist Zeppola dieses Ansinnen zurück. Aufgebracht macht Peter deutlich, er sei nicht der Kunde der digitalen Firmen wie Everybody und What-I-Need, sondern sie würden ihn als ihr Produkt betrachten. Die Firmen würden mit seinen Daten Geld verdienen, da sie sie weiterverkauften. Ein weiteres Mal erfährt Peter heftigen Widerspruch. Zeppola erläutert ihm, dass die Firmen die Rechte an seinen Daten besäßen. Außerdem könne Peter nicht beweisen, dass er den Delfinvibrator nicht brauche.
Schließlich wirft Peter ihnen vor den Gästen vor, dass sie sich nicht für seine Probleme interessierten, da er nur ein Nutzloser sei. Er erhält seitens der Gäste Applaus für seine Aussagen. Peter fühlt sich daraufhin gut und genießt den Zuspruch.

Seite 69

❽ Mögliche Antworten auf die Fragen:

a) Der Delfinvibrator wurde Peter von einer Drohne geliefert. Er hat ihn allerdings nicht bestellt.
b) Er ruft bei TheShop an und sucht das Servicecenter von TheShop auf. Schließlich will er den Delfinvibrator persönlich bei dem Geschäftsführer Henryk Ingenieur abliefern.
c) TheShop weigert sich, den Delfinvibrator zurückzunehmen. Man behauptet, dass Peter den Vibrator wünsche und brauche.
d) Peter hofft, in der Sendung Henryk Ingenieur persönlich den Vibrator übergeben zu können. Das Erscheinen von Ingenieur wurde in der vorherigen Sendung angekündigt.
e) Mithilfe der defekten Maschinen gelangt Peter auf das Studiogelände und ins Studio. Romeo verhilft Peter zu dem Auftritt vor der Kamera.

❾ Mögliche Einordnung in den Gesamtzusammenhang:
[...] Peter erklärt, dass sein Profil falsch sei und dass er einseitige Informationen und Produkte erhalte, die nur angeblich seinen Interessen entsprächen. Zum Beweis, dass sein Profil falsch ist, hält Peter den Delfinvibrator in die Kamera, den er nicht gebrauchen kann und auch nicht haben will.
Der Delfinvibrator wurde ihm von einer Drohne geliefert, ohne dass Peter den Gegenstand bestellt hatte. Solche Lieferung ohne Bestellung sind in QualityLand an der Tagesordnung. Eine Rückgabe scheint indes unmöglich. Zuerst scheitert Peter daran, den Delfinvibrator telefonisch wieder zurückschicken zu lassen. Er wird von Sprecher zu Sprecher verbunden, ohne eine Auskunft zu erhalten,

wohin er den Delfinvibrator schicken könnte. Auch ein Besuch im Servicecenter von TheShop bleibt ohne Erfolg. Die Mitarbeiter von TheShop beharren darauf, dass der Delfinvibrator kein unerwünschtes Produkt sei, sondern dass Peter ihn wolle.
Als nächste Instanz müsste Peter Henry Ingenieur aufsuchen, den Geschäftsführer von TheShop. Der Geschäftsführer lebt allerdings völlig zurückgezogen und scheut nach einem Attentat die Öffentlichkeit. Um ihn überhaupt zu Gesicht zu bekommen, will Peter in die Talkshow „Die nackte Wahrheit" gehen, weil dort ein Auftritt von Henryk Ingenieur angekündigt wurde. Allerdings hat der Geschäftsführer sein Kommen nie zugesagt, sodass Peter zwar mit Hilfe seiner Maschinen in das Studio und in die Sendung gelangt, aber nicht auf Henryk Ingenieur trifft.

Seite 70
❿ + ⓫ Möglicher innerer Monolog von Peter:

Ich habe noch nie vor so vielen und so wichtigen Menschen gesprochen. Und ich habe mich nicht unterkriegen lassen, weil ich für mich gesprochen habe. Es waren mein Plan, meine Gedanken, meine Worte, die ich ausgesprochen habe. Ich war ich selbst und nicht die Marionette von jemand anderem, einem Algorithmus oder auch dem Alten. Mit jedem Wort wurde ich sicherer. Ich habe mich nicht mundtot machen lassen. Ich fühle mich richtig gut.
Ich habe deutlich machen können, worin mein Problem besteht. Auch wenn man mir widersprochen hat, habe ich meine Haltung beibehalten: Mein Profil ist falsch und ich brauche den Delfinvibrator nicht. Die Gegenargumente waren nicht überzeugend und haben auch das Publikum nicht überzeugt. Sonst hätten sie nicht applaudiert.
Ich hoffe, ich konnte deutlich machen, dass es mir um mehr geht als nur um ein falsches Profil. Die Worte kamen wie von selbst, als ich erklärte, dass man nicht nur in seiner Filterblase verharren darf, sondern auch Anderes und Unbekanntes kennenlernen muss. Man entwickelt sich sonst nicht weiter, sondern schmort immer im eigenen Saft. Ich würde meine Ansichten genauso wiederholen.
Ich denke, dass ich mich in der Sendung so verhalten habe, wie ich wirklich bin. In gewisser Weise lerne ich mich so selbst kennen und kann mein falsches Profil überwinden. Mir wird nun so langsam klar, was alles falsch gelaufen ist in meinem Leben. Ich habe ein völlig falsches Leben geführt und kann nun anfangen ein richtiges Leben zu leben.

⓬ Individuelle Lösung. Im Lösungsbeispiel oben wurden die Inhalte aus Peters Auftritt bei der Talkshow wieder aufgegriffen. Es ist naheliegend, dass Peter sie reflektiert. Die Sprache ist einfach, wie auch Peters Sprache in dem Roman. Es wurden eher kurze Sätze formuliert. Die Wortwahl verzichtet auf Fremdwörter. Wiederholungen in Peters Reflektionen dienen der Bekräftigung des Gesagten.

C 7 Prüfungsthema zum Thema „Verrohung des Emotionalen"

Seite 71
Technisierung menschlicher Beziehungen
❶ Sandra und Peter haben sich über QualityPartner kennengelernt. Auch die Trennung verläuft über die Agentur, deren digitale Assistenten Beziehungen organisieren. Ohne die Technisierung hätte es ihre Beziehung nicht gegeben.

❷ QualityPartner sorgt nicht nur dafür, dass Menschen sich kennenlernen, es wählt auch die passenden Partner aus. Mit dem Premiumservice PartnerCare sucht QualityPartner Selbst dann nach noch „besseren" Partnern, wenn jemand in einer intakten Beziehung lebt. Partnerschaften entstehen nur noch selten in der realen Welt.

Vermenschlichung von Maschinen
❶ Es lassen sich zahlreiche Beispiel finden, dass Maschinen wie Menschen behandelt werden. John of Us als Politiker gehört dazu, die selbstfahrenden Autos, die digitalen Assistenten, die QualityPads, die geküsst werden, Zeppola als Geschäftsführer von What-I-Need. Maschinen können zudem psychische Krankheiten bekommen.

❷ Peter lebt mit den defekten Maschinen wie in einer WG. Er behandelt sie insofern menschlich, als er ihnen Fehler zugesteht. Er versucht sie auch nicht zu therapieren.

Vermeintliche Schwächen und Dysfunktionalität
❶ Wer sich nicht selbstoptimiert und versucht, ein höheres Level zu erreichen, wird schließlich als Nutzloser aus der Gesellschaft ausgestoßen. Schwäche zu zeigen ist keine Option. Stattdessen muss man permanent versuchen, besser zu werden.

❷ Maschinen werden in QualityLand nicht repariert, sondern verschrottet. Maschinen machen keine Fehler, dürfen keine Defekte haben. Um einer Verschrottung zu entgehen, versuchen die Maschinen, ihre Fehler zu vertuschen.

Seite 72
Aufgabenstellung zur „Verrohung des Emotionalen"
❷ Peter und Sandra gehen oberflächlich freundlich und nett miteinander um. Allerdings streiten ihre digitalen Assistenten permanent miteinander. Tatsächlich passen Sandra und Peter nicht zueinander, da sie völlig unterschiedliche Interessen haben.

❸ b)
- Sandra und Peter zum Essen in einem Restaurant verabredet
- Sandra berichtet von Meeting, wirft Peter vor, keinen Ehrgeiz zu haben
- Peter äußert Kinderwunsch, Sandra weist das zurück
- Sandra erhält von QualityPartner neuen, besseren Partner angeboten, löst die Beziehung mit Peter digital auf, schenkt ihm Gutschein, verschwindet

- Peter erfährt nur digital von der Trennung, weist Gutschein zurück, sinkt ein Level ab zum Nutzlosen
- Peter will individuelle Wünsche ins Portal eingeben, betrifft, wird aber vom digitalen Assistenten korrigiert
- bezahlt sein Essen per TouchKiss

❹ Mögliche Einleitung zur Inhaltsangabe:
Ein Thema des Romans „QualityLand" von Marc-Uwe Kling aus dem Jahr 2017 ist die zunehmende Digitalisierung von Beziehungen, die mit einer Verrohung des Emotionalen einhergeht. In dem Textauszug löst Sandra ihre Beziehung mit Peter auf, weil QualityPartner einen besseren Partner für sie gefunden hat. Dabei überlässt sie es QualityPartner, Peter das Ende der Beziehung mitzuteilen.

❺ Mögliche Sinnabschnitte:
Z. 1–31: Sandra und Peter essen in einem Restaurant, Sandra berichtet von ihrem Meeting
Z. 32–52: Peters Kinderwunsch
Z. 52–113: neuer Partner für Sandra und das Ende ihrer Beziehung mit Peter
Z. 114–170: Peters Reaktion auf die Trennung und sein Levelabsturz zum Nutzlosen

❻ Mögliche Inhaltsangabe:
Nach der Arbeit gehen Sandra und Peter in ein Restaurant, um dort zu essen. Sandra erzählt Peter begeistert von dem Meeting und von PartnerCare. Peter scheint das Thema nicht zu interessieren, er spricht über das künstliche Essen. Sandra wirft Peter daraufhin vor, keinen Ehrgeiz zu haben und Gefahr zu laufen, ein Nutzloser zu werden. Peter gibt gegenüber Sandra scheinbar nach, will aber auch über seinen Kinderwunsch sprechen, den Sandra jedoch zurückweist, da sie sich kein genetisch optimiertes Kind leisten könnten.
Während des Essens erhält Sandra unerwartet und unauffällig, weil innerhalb ihres Brillenglases, ein Angebot von QualityPartner: Ein neuer, anderer Partner sei besser für sie geeignet als Peter und besitze ein höheres Level. Sie geht auf das Angebot ein und lässt QualityPartner auch gleich ein Rendezvous planen. Sie überlässt QualityPartner ihre Trennung von Peter. Um ihr Gewissen zu beruhigen, schenkt sie einen Peter einen Gutschein von QualityPartner, mit dem er sich eine neue Partnerin vermitteln lassen kann. Sandra nutzt Peters Suche nach seinem vibrierenden QualityPad, um unbemerkt zu verschwinden.
Als er sein QualityPad in der Hand hält, erfährt Peter auf digitalem Weg, dass Sandra ihn verlassen hat. Diese Nachricht kann er nur mit einem OK akzeptieren. Den Gutschein will er nicht sofort annehmen. Als Single fällt er sofort um ein Level. Er ist nun ein Nutzloser. Sein Levelabsturz wird von einer traurigen Melodie begleitet.
Über sein QualityPad will Peter seine Wünsche in Bezug auf eine zukünftige Partnerin ändern, er wird aber von seinem digitalen Assistenten korrigiert. Er bezahlt schließlich sein Essen per TouchKiss. Dieser Kuss fühlt sich für ihn wie ein Abschiedskuss an.

Seite 75

❼ Es wird deutlich, dass Peter und Sandra unterschiedliche Interessen verfolgen. Sie will ihre Karriere voranbringen, er wünscht sich ein Kind. Sie trennt sich von ihm, weil QualityPartner/PartnerCare ihr einen besseren Partner mit einem höheren Level anbieten kann.

❽ Der Einfluss ist hoch, da die beiden sich im Netz kennengelernt haben und Sandra auch ihren neuen Partner über das Netz vermittelt bekommt.

❾ Die Verrohung besteht darin, dass Sandra nicht offen mit Peter spricht, sie überlässt es QualityPartner, Peter die Trennung mitzuteilen. Gefühle oder Aussehen spielen keine Rolle bei ihrer Partnerwahl, nur die Levelhöhe.

❿ Martyns Verrohung des Emotionalen besteht darin, dass er Frauen nur als Objekte betrachtet. Er sieht sich Pornos an, um dazu zu masturbieren. Für ihn ist es dabei völlig normal, dass Frauen in Rachepornos bloßgestellt werden und ihm sexuell zur Verfügung zu stehen haben. Auch seine Frau und Tochter nimmt er nicht als Menschen mit eigenen Bedürfnissen und Gefühlen wahr, sondern sieht in ihnen nur Objekte, die nach seinen Vorstellungen zu funktionieren haben.

⓫ Beziehungen entstehen in QualityLand fast ausschließlich auf digitalem Weg. Digitale Anbieter wie QualityPartner ermitteln mithilfe von Algorithmen, welche Menschen am besten zueinander passen und organisiert zudem, dass die Menschen zueinanderkommen. Liebe spielt bei der Vermittlung keine Rolle, sondern nur Daten. Da Gefühle keine Bedeutung haben, kommt es zu einer Verrohung der Menschen. Bei Sandra wird dies daran deutlich, dass sie wesentliche persönliche Aspekte einer Beziehung wie romantische Liebe oder einen Kinderwunsch ausblendet, sondern es QualityPartner überlässt, ihren Partner auszuwählen. Der Partner wird auf diese Weise beliebig und auswechselbar. Liebe gibt es nicht.
Ein besonderes abschreckendes Beispiel für die Verrohung der Menschen durch die Technisierung und Digitalisierung in QualityLand ist Martyn Vorstand. Er nutzt die digitalen Medien zur Lustbefriedigung, wenn er Ausschau nach QualityTeenies hält, nach Rachepornos im Netz sucht und zu diesen masturbiert. Die Digitalisierung ermöglicht es ihm, seinen menschenverachtenden Gelüsten nachzudenken, die Frauen werden entmenschlicht, auf Masturbationsvorlagen reduziert und so erniedrigt. Dass die Frauen Menschen sind, spielt für ihn keine Rolle, sie sind nur noch Objekte. Martyn kann weder seiner Frau noch seiner Tochter einfühlsame Gefühle entgegenbringen. Statt mit seiner Frau zu reden, bevorzugt er es, sich Pornos anzusehen. Auch hier gibt es keine Liebe.
Mit der Digitalisierung geht eine Technisierung der Gefühle einher. Das hat zur Folge, dass die Menschen in QualityLand ihre Gefühle den Algorithmen überlassen und nicht mehr fähig sind, ihre Gefühle zu erkennen, zu reflektieren oder selbst zu gestalten. Die Fähigkeit zur Liebe bilden sie nicht aus oder sie kommt ihnen abhanden.

⓬ + ⓭ Möglicher Tagebucheintrag:

Nun ist Sandra fort. Niemand gefällt das. Ich konnte ihren digitalen Assistenten „Schnucki" ohnehin nicht leiden. Im Restaurant hat sie komisch ausgesehen. Ich kann mir

denken, warum. Sie hat da sicher diesen neuen Service von QualityPartner ausprobiert und sich darum digital von mir verabschiedet. Das Verhalten passt zu ihr. Wir haben in letzter Zeit kein richtiges Gespräch mehr geführt und vorhin war sie wirklich ziemlich aggressiv, als ich vorschlug, dass wir „Kuschelrock" hören.
Es ist wohl besser, dass sie fort ist. Auf meinen Kinderwunsch ist sie nicht eingegangen und ihrer Aufforderung, mehr Ehrgeiz an den Tag zu legen, wollte ich nicht entsprechen. Ich muss keine Karriere machen und kann das in meinem Beruf als Maschinenverschrotter auch gar nicht. Mir gefällt der Beruf nicht einmal. Wenn ich genauer darüber nachdenke, hatten Sandra und ich wenig gemeinsam. Wenn ich nur an ihre Vorliebe für historische Musicals denke. Schrecklich. Ich bin enttäuscht, aber nicht wirklich traurig.
Sandra hat mir diesen Gutschein von QualityPartner geschenkt. Noch möchte ich ihn nicht einlösen. Aber in ein paar Tagen werde ich es wohl doch tun. Mal sehen, wen das Netz mir vorstellt. Ich habe immerhin die schwache Hoffnung, über das Netz jemand anderes kennenzulernen. Allerdings haben diese Beziehungen nie länger gehalten. Irgendetwas stimmt da nicht. Ob es vielleicht doch eine Chance gibt, zufällig jemanden in der realen Welt zu treffen? Zufälle werden durch die Algorithmen ausgeschaltet. Ich bin mir unsicher ...
Jedenfalls werde ich wohl doch den Gutschein einlösen. Maschinen machen keine Fehler, wie es so schön heißt. QualityPartner wird sicher auch für mich eine ideale Partnerin finden.

⓮ Für den E-**Kurs**: Möglich Begründung für die Gestaltung:

Inhaltlich geht Peter auf das Verhalten von Sandra ein, das in gewisser Weise typisch für die Menschen in QualityLand ist. Auch Peter verhält sich wie ein typischer Bewohner von QualityLand. Das heißt, er wird kurzfristig traurig sein, weil Sandra ihn verlassen hat. Die Richtigkeit und die Bedeutung der Maschinen und Algorithmen zweifelt er aber zu diesem Zeitpunkt noch nicht an. Aus diesem Grund wird er in naher Zukunft auch den Gutschein einlösen. Er weiß noch nicht, dass sein Profil falsch ist, entwickelt aber allmählich ein Gespür dafür, dass etwas nicht stimmen könnte.
Seine Sprache wird im Tagebuch so einfach gehalten sein, wie in seiner wörtlichen Rede. Peter spricht eher kurze Sätze und nutzt einen verständlichen Wortschatz, ohne Fremdwörter zu verwenden. Als persönlichen Text habe ich den Tagebucheintrag eher wie einen mündlichen Beitrag gestaltet.

C 8 Für den E-Kurs: Erzähltechniken

Seite 76

❶ Individuelle Lösungen. Die wesentlichen Aspekte sind im Erklärtext auf der Seite oben zusammengefasst und können so in der Prüfung wiedergegeben werden. Zur Übung bieten sich Auszüge aus den Kapiteln mit Kalliope 7.3. an, z. B. „Kalliope 7.3", im Roman S. 65-73 und der „Epilog", im Roman S. 376-379.

C 9 Aufgabe für den E-Kurs: Eine Rezension über den Roman schreiben

Seite 77

❶ Individuelle Lösungen. Formulierungshilfen:
In dem Roman geht es um ... – Er greift folgende Themen auf ... – Ort der Handlung ist ... – Zeitpunkt des Geschehens ist ... – Die wichtigsten Figuren sind ... – Besonders auffällig ist ... – Gut gefallen hat mir ... -Übertrieben fand ich ... – Satirisch wirkt / ist ... – unlogisch ... – ungewöhnlich ... – Nicht erklärt wird ... – Interessant ist ... – Der Roman vertritt eine Botschaft, nämlich ... – Lesen oder hören sollte das Buch ... – Ich empfehle ...

D Themenbereich 3: „Kommunikation und Manipulation im digitalen Zeitalter"

D 2 Prüfungsbeispiel zum Thema „Sprache in digitaler Kommunikation"

Seite 82

❹ a) + b) Stoffsammlung (als Stichwortsammlung):

Einfluss der sozialen Medien auf die deutsche Sprache:
- laut Sprachwissenschaftlerin kein Einfluss von Sprache in sozialen Medien auf Standarddeutsch (vgl. Z. 12ff.)
- drei Formen (sprachliche Kompetenzen) der Kommunikation: 1. formell schriftlich (Bewerbung), 2. informell schriftlich (WhatsApp), 3. mündlich (vgl. Z. 29ff.)
- auch in mündlicher Kommunikation je nach Situation, Zweck, Kommunikationspartner unterschiedlicher Sprachgebrauch (vgl. Z. 41ff.)
- Jugendsprache, z. B. als Abgrenzung von den Eltern (vgl. Z. 61ff.)
- verschiedene Arten zu kommunizieren: Varietäten (vgl. Z. 78ff.)
- nicht nur eine deutsche Sprache, sondern Untersysteme (Fachsprachen, Dialekte, Soziolekte) (vgl. Z. 83ff.)

Besonderheiten der Sprache in den sozialen Medien:
- Abkürzungen (kein neues Phänomen, bekannt aus anderen Bereichen, Sprachökonomie!) (vgl. Z. 102ff.)
- Emojis (sogar Vorteil, da in schriftlicher Kommunikation Gesichtsausdruck (aus dem mündlichen Sprachgebrauch) ergänzt wird; z. B. Ausdruck der Gefühlslage, von Nähe und Freundlichkeit); keine Gefahr, dass Emojis Sprache ersetzen, da zu uneindeutig, vgl. Z. 121ff.)
- Missachtung der sprachlichen Regeln wie Groß- und Kleinschreibung, Zeichensetzung (Menschen lernen Schriftsprache, bevor sie in sozialen Netzwerken kommunizieren; Deutschunterricht also wichtig als Grundlage, vgl. Z. 141ff.)
- ständig voranschreitender Sprachwandel: Standardsprache ändert sich im Laufe der Zeit (automatisch und schon immer!) – (vgl. Z. 162ff.)

Seite 84

❺ + ❻ Möglicher informierender Text unter Verwendung des Schreibplans von Aufgabe 5:

G- und E-Kurs:

Sprachverfall durch digitale Medien und soziale Netzwerke?

Im Rahmen unserer Projektwoche zum Thema „Tut uns die Digitalisierung gut?" hat sich unsere Projektgruppe mit dem Einfluss der Kommunikation im Internet, vor allem in sozialen Netzwerken, auf unsere Standardsprache auseinandergesetzt.

Schließlich haben wir immer wieder von unseren Eltern gehört, dass wir nicht so viel Zeit mit Chatten im Internet verbringen sollten, da in den Messaging-Diensten und in ähnlichen Netzwerken niemand mehr Wert auf „richtiges" Deutsch lege und wir dadurch möglicherweise unsere Sprache verlernten. Auch in den Medien vernimmt man immer wieder Kritik über den sogenannten „Sprachverfall" infolge der Kommunikation in sozialen Netzwerken.

Am Ende unserer Projektwoche soll es zur Diskussion über mögliche Gefahren für die deutsche Sprache kommen. Damit ihr euch vorbereiten könnt, stellen wir euch verschiedene Ansichten vor, ohne sie zu werten. Dies soll dann in der Diskussion geschehen. Im Folgenden erfahrt ihr, was die Sprachwissenschaftlerin Konstanze Marx vom Institut für Deutsche Sprache über den Einfluss der sozialen Medien auf die deutsche Sprache sagt.

Sie stellt zunächst einmal fest, dass es drei verschiedene Formen oder auch Kompetenzen (Fähigkeiten) der Kommunikation gibt: 1. die formelle schriftliche (z. B. Bewerbungsschreiben oder E-Mail an den Vorgesetzten), 2. die informelle schriftliche (Insta-Post oder E-Mail an einen Freund) und 3. die mündliche Kommunikation (Unterhaltung mit Freunden, aber auch mit dem Chef).

In der mündlichen Kommunikation finde man auch – je nach Situation, Zweck und Kommunikationspartner –verschiedene Arten zu sprechen: entspannt und locker mit den Freunden, eher höflich und formell mit den Eltern der Freunde. Jugendsprache z. B. wirke passend unter Jugendlichen, aber unangemessen im Gespräch mit den Eltern. Dieser Sprachgebrauch werde dann teilweise als Abgrenzung von den Eltern genutzt.

Diese verschiedenen Formen mündlicher Kommunikation seien ganz normal und würden von Sprachwissenschaftlern als „Varietäten" bezeichnet. Laut Marx gibt es also gar nicht nur eine deutsche Sprache, sondern zahlreiche Untersysteme: Fachsprachen (in z. B. Informatik, Medizin), Dialekte (z. B. Plattdeutsch), Soziolekte (z. B. Jugendsprache).

Auch die Schriftsprache hat folglich verschiedene Untersysteme, so auch die Sprache in den sozialen Medien mit ihren Besonderheiten. Marx nennt Abkürzungen, Emojis und die Missachtung der sprachlichen Regeln wie Groß- und Kleinschreibung sowie Zeichensetzung. Ein weiteres Beispiel könnte übrigens die Verwendung von Anglizismen („liken", „posten", „chillig") sein.

Wir hoffen, euch über Marx' Ansichten gut informiert zu haben, und wünschen euch eine erfolgreiche Diskussionsvorbereitung.

Ab hier zusätzlich für den E-Kurs:

Diese Auffälligkeiten in der Internetsprache seien aber nicht besorgniserregend, im Gegenteil: Abkürzungen seien ohnehin kein neues Phänomen, sondern bekannt aus anderen Bereichen (z. B. der Medizin) und sehr praktisch für eine zeitsparende Kommunikation. Emojis hätten sogar einen Vorteil, da in der schriftlichen Kommunikation der Gesichtsausdruck aus dem mündlichen Sprachgebrauch ergänzt werde und so z. B. die Betonung der Gefühlslage, von Nähe und Freundlichkeit, möglich sei. Die Gefahr, dass Emojis die Sprache ersetzen könnten, bestehe nicht, da sie zu uneindeutig seien. Und auch die veränderte Rechtschreibung und Zeichensetzung im Internet hätten keinen schlechten Einfluss auf die deutsche Sprache, da wir die Schriftsprache erlernten, bevor wir in sozialen Netzwerken kommunizieren. Daher sei der Deutschunterricht sehr wichtig als Grundlage.

Die Sprachwissenschaftlerin erklärt darüber hinaus, dass es schon immer Sprachwandel gegeben habe („ständig voranschreitender Sprachwandel"), sich also die Standardsprache im Laufe der Zeit immer weiter verändert, auch ohne das Internet. Immerhin sprechen wir heute auch anders als die Menschen vor hundert Jahren. Die Sprache wird von den Menschen immer wieder an neue Bedürfnisse angepasst. In der Konsequenz heißt dies, dass es einen (negativen) Einfluss der Sprache in sozialen Medien auf unser Standarddeutsch laut Marx nicht gibt.

Wir hoffen, euch über Marx' Ansichten gut informiert zu haben, und wünschen euch eine erfolgreiche Diskussionsvorbereitung.

D 3 Prüfungsbeispiel zum Thema „Kommunikationsverhalten (digitale Verfügbarkeit, Anonymität, Mobbing)"

Seite 92

❸ Stoffsammlung (als Tabelle):

	Informationen zu digitaler Kommunikation und möglichen Problemen	Lösungen/Tipps/ eigene Gedanken
Material 1	• Fast alle Mädchen (96%) und Jungen (92%) zwischen 12 und 19 Jahren haben 2018 in einer Umfrage zum Medienumgang angegeben, in den letzten 14 Tagen über das Smartphone ins Internet gegangen zu sein. • weitere Wege der Internetnutzung vorhanden (wenn auch seltener genutzt als Smartphone): Laptop, Computer, Tablet, Spielekonsole usw.	• Jugendliche fast ausnahmslos permanent erreichbar • Um das Internet kommt kaum ein Jugendlicher herum. • Wichtig: sich Internetkonsum bewusst machen (aufschreiben?) und ihn evtl. einschränken

Material 2	• Drittel der 14- bis 34-Jährigen durch Privatleben mehr gestresst als durch Arbeit, v. a. durch ständige Erreichbarkeit (vgl. Z. 34ff.) • Druck durch Kommunikation → Dreiviertel der jungen Deutschen erschöpft (vgl. Z. 12ff.) • laut Studie Anstieg des Stresses von 2014 bis 2017 (vgl. Z. 28ff.) • Frauen entziehen sich der Dauerkommunikation schwerer, dafür besserer Abstand zur Arbeit (37% der Männer vs. 27% der Frauen immer für Arbeitgeber erreichbar) – (vgl. Z. 38ff.)	• Medienkonsum kann gefährlich für Gesundheit sein → bewusste Pausen! • Aufklärung über Auswirkungen des Medienkonsums auf die Gesundheit wichtig (Schule und Eltern) • Tipps: Medienpausen als Schutz für die jungen Menschen, Vorbildfunktion der Eltern
Material 3	• Shell Jugendstudie 2019: ein Drittel der 12- bis 25-Jährigen 0,5 bis 2 Stunden täglich online, ein weiteres Drittel 2,5 bis 4 Stunden und ein knappes Drittel sogar 4,5 bis 12 Stunden • 2% der Befragten bis zu 24 Stunden!	• Trotz Schule, Ausbildung o. Ä. finden die jungen Menschen die Zeit, zahlreiche Stunden des Tages im Internet zu verbringen. • Bleibt noch Zeit für andere Aktivitäten im Privatleben? • Sucht? • Stress?
Material 4	• Jugendliche, die knapp eine Stunde täglich online sind, sind am glücklichsten. (vgl. Z. 14ff.) • unglücklicher, wer mehr Zeit oder überhaupt keine im Internet verbringt (vgl. Z. 19ff.) • Jugendliche zufriedener, die sich verabreden, Sport treiben und lesen (vgl. Z. 25ff.) • Selbstachtung, Lebenszufriedenheit und Glück zunächst angestiegen, Bruch mit Einführung von Smartphones (vgl. Z. 41ff.) • Probleme: Angst, etwas zu verpassen, Neid, Depression (durch Vergleich) (vgl. Z. 51ff.) • positiv: auch soziale Unterstützung, Information, Bildung durch soziale Medien (vgl. Z. 70ff.)	• weniger Smartphone-/Internetzeit macht glücklicher → sich selbst Grenzen setzen? • darauf achten, sich nicht zu vergleichen und dadurch Selbstbewusstsein zu verlieren • Lösung: zeitliche Begrenzung (beim Essen, in der Gemeinschaft
Material 5	• infolge von Anonymität im Internet und nicht sichtbaren Folgen ist aufdringlichere Kommunikation möglich (Hasskommentare) – (vgl. Z. 1ff.) • Cyber-Mobbing in sozialen Netzwerken ist großes Problem: Beleidigungen, aber auch Hassgruppen und Fake-Profile (vgl. Z. 22ff.)	• aufpassen bei Personen, die man nicht kennt • offen mit anderen über Cyber-Mobbing sprechen • Verstöße mithilfe von Meldebuttons in Netzwerken anzeigen → Verwarnung, Löschung des Täterprofils, strafrechtliche Verfolgung
Material 6	• Über ein Drittel der Jugendlichen zwischen 12 und 19 Jahren gab 2017 in einer Umfrage zum Medienumgang an, dass unter ihren Bekannten jemand Opfer von Cyber-Mobbing wurde • höhere Werte bei Mädchen, 18-/19-Jährigen und Haupt-/Realschülern	• Cyber-Mobbing allgegenwärtig • aufmerksam bei anderen sein, aber sich auch bei eigenen Problemen an andere wenden

Seite 93

❹ + ❺ Möglicher informierender Text für den Schulflyer auf der Basis des Schreibplans für Aufgabe 4:

G- und E-Kurs (für **G-Kurs** reichen zwei Tipps!):

Aufgepasst im Internet – durch richtiges Kommunikationsverhalten Gefahren vermeiden!

Ihr kennt das wahrscheinlich, liebe Mitschülerinnen und Mitschüler: In jeder freien Minute ein kurzer Blick aufs Handy, um zu schauen, was es auf Insta, WhatsApp usw. Neues gibt.

Immerhin ist laut der Shell Jugendstudie 2019 ein Drittel der 12- bis 25-Jährigen eine halbe bis zwei Stunden täglich online, ein weiteres Drittel zweieinhalb bis vier Stunden und ein knappes Drittel sogar viereinhalb bis zwölf Stunden. Und zwei von hundert Personen gaben an, bis zu 24 Stunden, also den ganzen Tag, online zu sein! Warum auch nicht, denkt ihr vielleicht?

In unserer Medienscout-AG haben wir für euch recherchiert und interessante Erkenntnisse über mögliche Gefahren von zu viel Zeit im Internet und durch die Kommunikation dort gewonnen. Wir stellen euch daher die wichtigsten Informationen im Folgenden vor, und am Ende findet ihr noch ein paar Tipps für mehr Zufriedenheit im Internet.

Fast alle Mädchen (96%) und Jungen (92%) zwischen 12 und 19 Jahren haben 2018 in einer anderen Studie angegeben, in den letzten 14 Tagen über das Smartphone ins Internet gegangen zu sein. Außerdem verfügen sie über weitere Wege der Internetnutzung, die aber seltener genutzt werden als das Smartphone, z. B. über Laptop, Computer, Tablet oder Spielekonsole. Daran erkennt man,

dass Jugendliche problemlos ins Internet gehen können und dies auch nutzen. Durch die ständige Erreichbarkeit fühlen sie sich aber häufig sehr gestresst. Geht es euch nicht auch manchmal so, dass eine Nachricht nach der anderen auf dem Handy aufblinkt und ihr einfach keine Lust habt, sofort zu antworten? Trotzdem tut ihr es – aus Angst, jemanden warten zu lassen, zu enttäuschen oder ausgeschlossen zu werden. Dieser Druck führt dazu, dass drei von vier Personen erschöpft durch diese Dauerkommunikation sind und sich ein Drittel der 14- bis 34-Jährigen gestresster im Privatleben als durch die Schule oder den Job fühlt. Frauen spüren diesen Druck noch mehr als Männer. Allein von 2014 bis 2017 ist der Stress messbar angestiegen. Selbstachtung, Lebenszufriedenheit und Glück sind laut einer Studie zunächst angestiegen, bis Jugendliche Smartphones besaßen und sich weniger zufrieden fühlten.
Wenn man sich allerdings komplett aus dem Internet zurückzieht, fühlt man sich laut Studien ebenso unglücklich, als wenn man viele Stunden online verbringt. Zu der Angst, etwas zu verpassen, kommen auch noch Neid beim Betrachten der Beiträge von anderen und im schlimmsten Fall sogar eine Depression, weil sich das eigene Leben (angeblich) schlechter darstellt.
Ein weiteres Problem: Über 30% der Jugendlichen zwischen 12 und 19 Jahren haben 2017 in einer Studie angegeben, dass unter ihren Bekannten schon einmal jemand Opfer von Cyber-Mobbing wurde, also im Internet beleidigt oder angegriffen wurde. Durch die Anonymität im Internet ist nämlich eine aufdringlichere Kommunikation möglich. Sicher habt ihr auch schon Beleidigungen, aber auch Hassgruppen und Fake-Profile in sozialen Netzwerken gesehen oder davon gehört.
Wie ihr erkennen könnt, ist die Kommunikation im Internet gar nicht so ohne und birgt neben vielen Vorteile auch einige Gefahren.
Da ein Verzicht auf das Internet oder gar ein Internetverbot für Jugendliche auch keine Lösung sein können und das Internet immerhin auch soziale Unterstützung, Information, Bildung ermöglicht, geben wir euch nun Tipps, wie ihr glücklich und entspannt digital kommunizieren könnt:
Das Wichtigste habt ihr schon getan und euch mit unserem Text über die Auswirkungen eines massiven Medienkonsums informiert. Verbreitet diese Informationen unbedingt auch zu Hause, im Sportverein usw.
Ihr solltet euch dann erst einmal bewusst machen, wie viele Stunden ihr täglich im Internet verbringt. Schreibt euch die Zeiten anfangs auf, da ihr vielleicht häufig auch unbewusst nach dem Handy greift.
Beschränkt eure Zeit im Internet einmal für eine Woche auf eine Stunde täglich und schaut, wie es euch damit ergeht. Jugendliche, die knapp eine Stunde täglich online sind und die sich auch verabreden, Sport treiben und lesen, sind laut Studien am glücklichsten.
Legt bewusste Medienpausen ein: Geht einmal ohne Handy aus dem Haus, lasst das Handy während des Essens ausgeschaltet, treibt Sport, statt im Internet zu surfen.
Hört auf, euch mit anderen zu vergleichen. In sozialen Netzwerken ist häufig mehr Schein als Sein.
Zeigt mithilfe von Meldebuttons in sozialen Netzwerken Verstöße an. Es kommt dann zunächst zu Verwarnungen oder zur Löschung des Täterprofils, ggf. auch zu strafrechtlichen Folgen.
Ihr seht, dass man einiges tun kann, um Stress und Unzufriedenheit im Internet zu vermeiden. Viel Spaß beim bewussten und glücklichen Kommunizieren im Netz wünscht euch eure Medienscout-AG!

D 4 Prüfungsbeispiel zum Thema „Sozialer Status, Anerkennung, Vernetzung und Einsamkeit in der analogen und digitalen Welt“

Seite 99

❸ Stoffsammlung (als Tabelle mit Pro- und Kontra-Positionen):

	Pro (einsamer)	**Kontra (weniger einsam)**
Material 1	• Ein Drittel der Teilnehmer einer Studie verbringt lieber Zeit mit Smartphone als mit Familie. (vgl. Z. 4ff.) • Ca. jeder vierte 18- bis 23-Jährige betrachtet Handy als besten Freund. (vgl. Z. 7ff.) • Ca. 60% wünschen sich aber handyfreie Zeit. (vgl. Z. 14ff.)	
Material 2	• Jugendliche fühlen sich laut Studien unglücklicher und einsamer durch die Nutzung von Facebook. (vgl. Z. 3ff.) • Ego/Ich statt zwischenmenschlichen Beziehungen (vgl. Z. 29ff.) • Scheinwelt (nicht das wirkliche Ich) (vgl. Z. 37f.) • Vergleiche mit anderen (die man sogar kaum kennt) machen unglücklich: Defiziterfahrung (vgl. Z. 43ff.) • allein vor dem Bildschirm (vgl. Z. 65f.) • nur Warten auf Feedback statt echter Kommunikation (vgl. Z. 66ff.) • kein gemeinsames Erleben, sondern nur Nutzenprinzip (vgl. Z. 81ff.)	• Grundbedürfnis nach Austausch und Kommunikation in Theorie möglich (Unterschied zu Praxis? (vgl. Z. 20ff.)

Material 3	• Selbstoptimierung statt wirklichem Kennenlernen • Eigentliches Ich wird nicht akzeptiert, Maschine muss optimieren.	• evtl. Interesse wecken und andere Personen kennenlernen • weniger zurückhaltend bei Kontaktierung anderer Personen, wenn stolz auf eigenes Profil(bild)?!
Material 4	• zu viele Kontakte (ohne Sortierung in Gruppen keine Übersicht) (vgl. Z. 7ff.) • Auch Fremde werden in sozialen Netzwerken offiziell zu „Freunden“. (vgl. Z. 18ff.)	• schnell und unkompliziert neue Bekanntschaften (vgl. Z. 3f.) • Verwaltung von Kontakten aus verschiedenen Bereichen (vgl. Z. 16ff.)
Material 5	• „Feier“ auf Facebook, aber Einsamkeit vor dem Bildschirm	• zu jeder Zeit, auch bei Krankheit oder Unlust auszugehen, Kontakt zu Freunden im Internet möglich (ohne Internet einsam zu Hause).
Material 6		• immer auf dem neuesten Stand bei seinen Freunden sein (auch wenn man sie nicht sieht, vgl. Z. 1ff.) • spielen, Kontakte knüpfen, kommunizieren, Austausch von Nachrichten und Fotos (vgl. Z. 15ff.)
eigene Ideen/ Erfahrungen		• Freunde, die in anderen Städten/Ländern wohnen, sind per Videotelefonie, per Nachricht oder Fotoaustausch doch ganz „nah“.

Seite 101+102

❹ + ❺ Mögliche Erörterung (auf Basis der Stoffsammlung von Aufgabe 4):

G-Kurs (je zwei Argumente pro und kontra) und **E-Kurs** *(jeweils drittes Argument kursiv):*

1 000 Freunde bei Facebook – die neue Einsamkeit?

Studien belegen, dass das Smartphone und das mobile Internet einen immer größeren Stellenwert im Leben der Menschen, vor allem der Jugendlichen, haben. Ist das nicht verständlich, da uns das Handy auch unterwegs stets zur Seite steht, die ständige Verbindung zu allen Kontakten und die scheinbar kinderleichte Pflege zahlreicher Freundschaften ermöglicht? Aber erleichtert uns das Internet, vor allem mobil über das Smartphone, tatsächlich Freundschaften oder führt es gar zur Vereinsamung der Nutzer? Dies soll im Folgenden erörtert werden.

Der Vorteil des Internets ist, dass der Kontakt zu den Freunden jederzeit und überall möglich ist, denn man kann sich über Nachrichten, Chats usw. problemlos austauschen, selbst wenn man in unterschiedlichen Städten oder sogar Ländern lebt. Zum Beispiel kann man selbst mit Freunden, die wegen der Zeitumstellung zu anderen Zeiten wach sind,
per Sprachnachricht persönliche Informationen und sogar Fotos austauschen. (M5)

Was auch für eine Erleichterung von Freundschaften durch das Internet spricht, ist das schnelle und unkomplizierte Finden neuer Kontakte. So hat man ganz andere Möglichkeiten, Menschen kennenzulernen, indem man bei Online-Spielen, auf verschiedenen Portalen oder in Chats aufeinandertrifft. Beispielsweise gibt es auch zahlreiche Ehepaare, die sich bereits über Dating-Plattformen oder -Apps kennengelernt haben. (M4)

Sehr wichtig für Partner- und Freundschaften ist es, dass man immer auf dem neuesten Stand ist und weiß, was bei der anderen Person gerade aktuell ist. Auch hier kann das Internet helfen, da man problemlos in sozialen Netzwerken wie Instagram oder Facebook die neuesten Fotos und Berichte angezeigt bekommt. Ist zum Beispiel jemand gerade im Urlaub, kann man anhand der geposteten Fotos sehen, wie es dort aussieht und was die Person zurzeit erlebt. (M2, M6)

Allerdings muss hier unterschieden werden zwischen Facebook-„Freunden“ und wahren Freunden, da vor allem viele Jugendliche hunderte oder gar tausende von Kontakten in den sozialen Netzwerken haben, die sie aber unmöglich alle gut kennen können. Zum Beispiel verfolgt man so auch die neuesten Veröffentlichungen von Personen, die man vielleicht noch nicht einmal persönlich kennt und die einem eigentlich auch egal sein können. Sind z. B. die Urlaubsbilder realistisch oder eher eine Show für die Follower? (M2, M3, M4)

Es kann sogar sein, dass diese vielen Kontakte einen eher unglücklich werden lassen: Wissenschaftler erkannten, „dass die Nutzung von Facebook das subjektive Wohlbefinden junger Menschen eher reduziert als steigert“ (M2), weil es in der Scheinwelt des Internets eigentlich nicht um wirkliche zwischenmenschliche Kontakte, sondern eher um ein Hoffen auf positives Feedback zu eigenen Bildern und um Vergleiche mit anderen geht. Ein Beleg dafür ist, dass sich viele Internetnutzer trotz ihrer Kontakte am Ende doch allein vor ihrem Bildschirm wiederfinden und sich einsam oder aufgrund der Vergleiche wertlos und traurig fühlen. (M2, M5)

Zwischenmenschliche Kontakte werden also nicht gefördert, sondern das Internet führt letztlich zu Einsamkeit, denn „[e]in Drittel der Teilnehmer [einer Studie] verbringt sogar lieber Zeit mit dem Mobilgerät als der eigenen Familie“ (M1, Z. 4ff.). So zeigt sich in derselben Studie, dass „[h]eim Jahrgang der 18- bis 23-Jährigen [...] ganze 23 Prozent ihr Smartphone als besten Freund“ (M1, Z. 7ff.) betrachten.

Diese Daten verdeutlichen, dass das Internet und die Kommunikation in sozialen Netzwerken mit vermeintlichen Freunden ein großes Risiko für eine Vereinsamung der Menschen darstellen. Wenn jemand lieber Zeit mit seinem Smartphone als mit der Familie oder „realen" Freunden verbringt, spricht dies eindeutig für eine besorgniserregende Entwicklung in der Gesellschaft. Fraglich ist, wohin diese Tendenz zukünftig noch führen soll. Meiner Ansicht nach sollte man genau prüfen, mit wem man über das Internet kommuniziert und über wie viele Kontakte und Freunde man außerhalb der digitalen Welt verfügt. Wer ist einem wichtig, wer im Grunde nicht? Wenn man feststellt, dass man kaum noch von Angesicht zu Angesicht mit Menschen spricht, sollte man dies hinterfragen, möglicherweise Kontakte löschen und versuchen, ganz bewusst auch im realen Leben Freundschaften zu pflegen, um einer möglichen Vereinsamung vorzubeugen.

D 5 Prüfungsbeispiel zum Thema „Massenbewegung und Populismus"

Seite 106

❸ Stoffsammlung:

- populistische Parteien auf Internet und Soziale Medien angewiesen, denn Parteien können „direkt und ungefiltert" Wähler erreichen, scheinbarer Einfluss der Wähler (durch Bewertungs- oder Kommentarmöglichkeiten), gefühlte Nähe → starke Bindung (vgl. Z. 18ff.)
- Erfolg populistischer Parteien in Sozialen Medien: Täuschung (viele fiktive Nutzerprofile), viele junge, im Internet aktive Mitglieder; Befürworter populistischer Parteien finden eher im Internet als in klassischen Nachrichtenmedien Bestätigungen ihrer Ansichten (vgl. Z. 46ff.)
- Dilemma der Journalisten: entweder Provokationen nachgeben und über Hassbotschaften o. Ä. berichten oder diese ignorieren und damit unkommentiert stehen lassen (vgl. Z. 139ff.)

	Pro	Kontra
M1	• Berichterstattung muss ALLES umfassen (Aufgabe der Journalisten, auf Probleme in Gesellschaft aufmerksam zu machen und zu warnen). (vgl. Z. 157ff.) • Interesse der Bürger (vgl. Z. 161ff.) • Verkaufsargument (Schlagzeilen!) (vgl. Z. 166ff.)	• kein Sprachrohr geben für populistische Propaganda (vgl. Z. 9f., 144ff.) • nicht auf Provokation hereinfallen (vgl. Z. 21ff.) • Ausnutzung durch Populisten (vgl. Z. 146ff.)
Eigene Aspekte	-• Nur wenn darüber berichtet wird, können Falschaussagen aus dem Weg geräumt und argumentativ bewertet werden (ansonsten Eindruck, dass Populisten die besseren Argumente haben, die nicht zu entkräften sind). • Populisten nicht in Opferrolle bestätigen („Lügenpresse hat sich verschworen!") • Demokratische Gesellschaft muss Populismus aushalten.	• Risiko, nicht objektiv zu berichten • Gefahr, sich als Journalist Kritik und Angriffen auszusetzen, z. B. bei Kommentaren (→ Angst)

Seite 108

❹ + ❺ Möglicher Leserbrief (auf der Basis des Schreibplans von Aufgabe 4):

Populisten ein Sprachrohr geben oder Provokation ignorieren?

Neulich habe ich in Ihrer Zeitung einen Artikel über ein aktuelles Dilemma der Journalisten gelesen. Es wurde von populistischen Äußerungen (auch Hassbotschaften) im Internet berichtet.

Bekannt ist, dass populistische Parteien aktuell sehr aktiv in Sozialen Medien sind, da sie dort direkt ihre Wähler erreichen und ihnen dann einen scheinbaren Einfluss und eine starke Bindung vortäuschen können. So sind sie im Netz logischerweise sehr erfolgreich. Dass dies aber auch an Fakeprofilen liegen könnte, möchte ich hier nur in den Raum stellen. Auf jeden Fall finden Befürworter populistischer Parteien eher im Internet als in der Zeitung oder im Fernsehen ihre Sichtweisen wieder. Nun stehen Journalisten dieser klassischen Medien vor der Frage, ob sie entweder den Provokationen der Populisten nachgeben und über deren Äußerungen, auch Hassbotschaften, berichten oder aber diese ignorieren und damit unkommentiert stehen lassen sollten.

Das Dilemma der Journalisten kann ich mir sehr gut vorstellen, bin allerdings der Meinung, dass über alles berichtet werden sollte, was für die Gesellschaft von Bedeutung ist, auch über Aussagen von Populisten.

G-Kurs (drei Argumente mit Bezug zu M 1):

Erstens liegt die umfassende Berichterstattung über alles Relevante im Verantwortungsbereich der Journalisten, denn nur sie können dafür sorgen, dass wir objektiv informiert werden. Gäbe es z. B. keine Zeitungen, die über verschiedenste Themenbereiche berichten, würden wir Vieles gar nicht mitbekommen, auch nicht über Populisten.

Auch aus wirtschaftlicher Sicht der klassischen Medien ist es verständlich, dass sie über Hasskommentare o. Ä. berichten, da hierdurch spannende Artikel möglich sind. Wird beispielsweise jemand von einem Populisten öffentlich beleidigt, so wollen neugierige Leser den Bericht darüber lesen und kaufen die Zeitung.

Außerdem interessieren sich die Bürger vor allem für aktuelle politische Tendenzen wie die Zunahme populistischer Parteien, weil diese für viele Menschen beängstigend sind. Schneidet zum Beispiel eine populistische Partei bei einer Wahl sehr gut ab, muss man doch über die Aussagen der Partei informiert sein, um dieses Ergebnis verstehen zu können.

E-Kurs (drei eigene Argumente):

Erstens muss unsere Gesellschaft Populismus aushalten können, da wir in einer Demokratie leben. Über z. B. einen

populistischen Hasskommentar zu berichten, fällt zwar schwer, ist aber wichtig, um die Meinungsvielfalt zu bewahren.
Außerdem denke ich, dass Falschaussagen, nur wenn über sie berichtet wird, aus der Welt geschafft werden können, weil sie sonst einfach unkommentiert stehen bleiben. Z. B. könnten Rechtspopulisten eine Geschichte über Ausländerkriminalität erfinden, die überhaupt nicht wahr ist, die die Menschen aber gegen Ausländer einnimmt.
Letztlich ist es vor allem wichtig, die Populisten nicht noch in ihrer Opferrolle zu bestätigen, da dies der Fall wäre, wenn nicht mehr über sie berichtet würde. So wäre das völlige Ignorieren ihrer Aussagen in den klassischen Nachrichtenmedien ein Beweis, dass sich aus ihrer Sicht die „Lügenpresse" gegen sie verschworen habe.

(Schluss für **G** und **E** gleich)
Ich vertrete also die Ansicht, dass ein Ignorieren der populistischen Äußerungen nicht hilfreich wäre, auch wenn Journalisten sich als Sprachrohr populistischer Parteien fühlen könnten. Am besten sollten bei Hasskommentaren wörtliche Zitate abgedruckt und diese sachlich aufbereitet werden. So ist der Vorwurf der „Lügenpresse" nicht möglich, da es sich um eine reine Wiedergabe von Aussagen handelt.
Ich hoffe, dass weiterhin über das Dilemma der Journalisten berichtet wird. Gern möchte ich erfahren, wie diese Zeitung mit dem Problem umgehen wird. Werden Sie über populistische Aussagen berichten?
Max Mustermann, Hannover

D 6 Für den E-Kurs: Prüfungsbeispiel zum Thema „Meinungsbildung durch Algorithmen und Filterblasen"

Seite 113
3 Stoffsammlung (stichwortartig):
M1:
- Menschen sortieren zwischen dem, was in ihr Weltbild passt, und dem, was dieses stören würde: Weltbild vs. „Fake News", „Lügenpresse".
- Gefahr: Durch Algorithmen wird dies immer weiter verstärkt; in der „Filterblase" merkt man womöglich nicht, dass man nur noch Informationen sieht/wahrnimmt, die zum Weltbild passen.

M2:
- Laut Studie 2018: fast 27% der Deutschen bilden Meinung im Internet (vs. 33% über TV), bei 14- bis 29-Jährigen sogar mehr als die Hälfte (vgl. Z. 15ff.)
- mehr als 50% der Inhalte von sozialen Medien und Suchmaschinen tragen zur Meinungsbildung bei (vgl. Z. 25ff.)
- früher: Journalisten verantwortlich für veröffentlichte Informationen, heute: Jeder kann seine Meinung im Internet äußern (vgl. Z. 31ff.)
- 2011: Soziale Medien als Instrument der Demokratisierung gefeiert, gemeinsame Proteste gegen Regierungen möglich durch Organisation im Internet (Arabischer Frühling) (vgl. Z. 39ff.)
- heute: eher Angst vor Spaltung der Gesellschaft, Radikalisierung und Polarisierung (vgl. Z. 52ff.)
- Beispiele: US-Wahl 2016 und Brexit-Votum 2017 (Meinungsbeeinflussung durch z. B. Facebook und Twitter, Manipulation durch Datenmissbrauch und Falschinformationen) (vgl. Z. 59ff.)
- Facebook 2018 zur Offenlegung von manipulierenden Anzeigen für Brexit-Befürworter gezwungen (vgl. Z. 73ff.)
- Beispiele: Lügen über EU, wie Verbot von Teekesseln (vgl. Z. 78ff.)
- Algorithmen und Bots aber nicht grundsätzlich schlecht, sondern Hilfsmittel zur Datenauswertung und -verbreitung (vgl. Z. 89ff.)
- Einsatz der Mittel abhängig von Gesellschaft, Internetnutzern und Gesetzen (vgl. Z. 101ff.)
- Filterblasen: Manche Nutzer sehen Internet nur noch durch Filter (von Algorithmen erschaffen), allerdings laut Forschung bisher keine allzu große Verbreitung: ein bis zwei Unterschiede bei ca. neun Suchergebnissen bei Google zu Parteien, drei bis vier Unterschiede bei Politikern (u. a. auch wegen regionaler Ortsverbände) (vgl. Z. 112ff.)
- Kritik auch von Wissenschaftlern aus England: Kritik übertrieben, da im Internet sogar mehr verschiedene Meinungen als in Zeitung (vgl. Z. 150ff.)
- Vorschlag von Helen Margetts vom Oxford Internet Institute: Transparenz von Facebook und Twitter fordern (Kriterien für Auswahl der angezeigten Nachrichten) (vgl. Z. 161ff.)
- Problem: auf Basis von Algorithmen v. a. Werbung, mit der Geld verdient wird (vgl. Z. 167ff.)
- Ratschläge für Vermeiden der Filterblase (nicht nur einseitige Information im Internet): wenige Datenspuren hinterlassen, andere Suchmaschinen als die ganz großen verwenden, bewusst auch andere Meinungen/Weltanschauungen wahrnehmen (vgl. Z. 177ff.)

Pro (Info im Internet)	**Kontra (Info nicht im Internet)**
auch Informationen aus anderen Ländern (dadurch Arabischer Frühling möglich), (vgl. Z. 39ff.)	keine Kontrolle der Inhalte durch Journalisten (vgl. Z. 31ff.)
Meinungsvielfalt (mehr als in klassischen Medien) (vgl. Z. 154ff.)	Algorithmen und Filterblasen (nur eingeschränkte Information, Leben in „eigener" Welt), (vgl. Z. 119ff.)
keine allzu große Verbreitung von/Gefahr durch Algorithmen und Filterblasen (vgl. Z. 89ff., 130ff.)	bewusste Manipulation durch Falschmeldungen und Datenmissbrauch (USA-Wahl, Brexit-Votum), (vgl. Z. 59ff.)
Algorithmen und Social Bots nicht grundsätzlich schlecht (vgl. Z. 89ff.)	Journalisten verlieren Arbeitsplätze
Kommentarfunktion (bei Falschmeldungen direkt reagieren)	
inkompliziert: schnell, jederzeit, überall möglich, aktuell	

eigene Kontrolle (kritisches Prüfen und Hinterfragen)	

Lösungsvorschläge
Transparenz von Facebook und Twitter fordern (Kriterien für Auswahl der angezeigten Nachrichten) trotz Werbevorteilen (vgl. Z. 161ff.)
wenige Datenspuren hinterlassen (vgl. Z. 181ff.)
Andere als dominante Suchmaschinen verwenden (vgl. Z. 186ff.)
(vgl. Z. 198ff.) bewusst auch andere Meinungen/Weltanschauungen wahrnehmen
Zusatz: im Internet für Inhalte zahlen, um Journalisten die Arbeitsplätze zu sichern und Qualität zu erkaufen

Seite 115

❻ + ❼ Möglicher Kommentar:

Was soll ich denken? Das Internet wird es mir schon sagen!

Ein Kommentar von Max Mustermann

Sagt uns das Internet, was wir zu denken haben? Laut einer Studie aus dem Jahr 2018 bilden sich fast 27% der Deutschen ihre Meinung im Internet, nur wenig mehr über das Fernsehen (33%). Bei den 14- bis 29-Jährigen handelt es sich sogar um mehr als die Hälfte: Knapp 54% der jungen Menschen informiert sich über digitale Medien und nicht mehr traditionell über Fernsehen, Radio und Tageszeitung. Dies ist insofern bedeutsam, als die Inhalte im Internet eben nicht wie in den klassischen Medien ausschließlich von Journalisten aufbereitet werden, sondern jeder seine Meinung im Internet kundtun und Informationen, die möglicherweise falsch sind, posten kann.

Außerdem muss beachtet werden, dass Internetkonzerne wie Facebook unsere Daten auswerten und anhand von Algorithmen berechnen, welche Werbung sich bei uns lohnt. Mit demselben Prinzip wird zum Teil auch gefiltert, welche Inhalte wir überhaupt zu sehen bekommen. Diese Vorauswahl ist meist intransparent, also für uns nicht zu durchschauen, und lenkt unsere Meinungsbildung. Es kann daher vorkommen, dass zwei Personen, die in die Suchmaschine den gleichen Begriff eingeben, unterschiedliche Suchergebnisse erhalten – je nach ihren früheren Internetaktivitäten und Vorlieben. So lebt man im schlimmsten Fall irgendwann in einer „Filterblase", in der durch diese Vorauswahl nur noch Inhalte angezeigt werden, die das bereits bestehende Weltbild bestätigen. Alternative Sichtweisen werden ausgeblendet, da sie nicht im gleichen Maße präsentiert werden.

Wird der Einfluss der Computer und der künstlichen Intelligenz auf unsere Meinungsbildung zu groß? Sollte man daher versuchen, sich überhaupt nicht mehr im Internet zu informieren, sondern nur noch auf die klassischen Nachrichtenmedien zurückzugreifen? Mit dieser Fragestellung werde ich mich im Folgenden beschäftigen, um euch eine Hilfestellung bei euren Überlegungen zu geben.

Der entscheidende Nachteil der Meinungsbildung im Internet ist die Gefahr, Opfer von Algorithmen zu werden, unbemerkt in einer Filterblase zu leben und dadurch manipuliert zu werden, denn genau dies kann durch Datenmissbrauch und Falschmeldungen passieren. So zeigte sich sowohl bei der US-Wahl als auch beim Brexit-Votum, dass sogar Wahlen durch gezielte Manipulation im Internet beeinflusst werden können.

Andererseits ist laut Wissenschaftlern bekannt, dass die Gefahr der Algorithmen nicht allzu groß ist, weil sie erstens noch nicht so weit verbreitet und zweitens nicht grundsätzlich schlecht sind, sondern Mittel zur Datenauswertung darstellen. Beispielsweise gibt es laut Forschung nur ein bis zwei Unterschiede unter ca. neun Suchergebnissen bei Google zu Politikern.

Problematisch im Internet ist allerdings vor allem die fehlende Kontrolle, denn jeder kann ins Netz stellen, was er will. Zum Beispiel können wir theoretisch auch problemlos falsche Nachrichten verbreiten, die andere dann glauben.

Entgegnen muss man jedoch, dass man immerhin selbst kontrollieren kann, was man im Internet vorfindet, denn man hat ja zahlreiche Möglichkeiten zur Überprüfung und zum Vergleich. Beispielsweise erlaubt die Kommentarfunktion unter Veröffentlichungen, zu bemerken, wenn etwas nicht der Wahrheit entspricht.

Wer natürlich darunter leidet, dass die Macht des klassischen Journalismus schwindet, sind die Journalisten, da sie womöglich ihre Arbeitsplätze verlieren. Wenn mehrere Tageszeitungen sich zusammenschließen, um überleben zu können, müssen zwangsläufig Redakteure ihre Arbeitsstellen verlieren.

Letztlich muss aber dagegengehalten werden, dass der Nutzen für die Menschheit trotzdem größer ist, wenn das Internet zur Information und Meinungsbildung genutzt werden kann, weil so ein unkompliziertes, schnelles, stets aktuelles, überall und jederzeit mögliches Informieren möglich ist. Z. B. kann man aktuell aus aller Welt die neuesten Nachrichten lesen, selbst nachts und auf Reisen.

Ich plädiere also dafür, das Internet nicht zu verteufeln – trotz Algorithmen und Filterblasen. Nichtsdestotrotz solltet ihr nicht unbewusst das Internet nutzen, um euch eine Meinung zu bilden. Habt immer im Hinterkopf, dass es diese Algorithmen gibt. Seht euch also gezielt einmal Seiten von Andersdenkenden an, um nicht in einer Filterblase zu landen. Nutzt auch einmal andere Suchmaschinen als Google, um weniger Datenspuren zu hinterlassen. Lest auch Nachrichten, die teilweise kostenpflichtig, die aber von ausgebildeten Journalisten geschrieben wurden und qualitativ hochwertig sind. Setzt euch gemeinsam dafür ein, dass die Politik eine Transparenz von Konzernen wie Facebook und Twitter fordert, damit sie die Kriterien für die Auswahl der angezeigten Nachrichten offenlegen.

Und: Nur weil ihr euch im Internet informiert, heißt es doch nicht, dass ihr nicht zusätzlich auch einmal Radionachrichten hören, im Fernsehen von Neuigkeiten erfahren oder einen interessanten Artikel in der Tageszeitung lesen könnt. Bleibt offen für alles und informiert euch mit Hirn!

E Trainingsaufgaben zum selbstständigen Üben

E 1 Prüfungsbeispiel zum Themabereich: Kurzprosa nach 1945 bis zur Gegenwart

Beispiellösung für den **G-Kurs**

Seite 116

❸ Mögliche Inhaltsangabe zur Kurzgeschichte:

Wolfgang Borcherts Kurzgeschichte „Die drei dunklen Könige" aus dem Jahr 1946 handelt von einem Paar in der Nachkriegszeit, das gerade ein Kind bekommen hat und unter einfachsten Bedingungen leben muss.
Der Protagonist sucht am Weihnachtsabend in einer zerbombten Stadt Holz zum Heizen und kehrt dann nach Hause zurück, wo seine erschöpfte Frau in der Kälte auf ihn wartet. Sie hat eine Stunde zuvor einen Jungen geboren. Der Mann legt Holz zum Heizen nach und vergleicht den süßen Geruch mit Kuchen. Das Licht aus dem Ofen wirft in den Augen der Mutter einen Heiligenschein auf das Kind. Dass seine Frau trotz der Geburt immer noch frieren muss, lässt den Mann große Verzweiflung und Wut verspüren, die er aber an niemandem auslassen kann.
Drei aus dem Krieg heimkehrende Soldaten, der Erste ohne Hände wegen Erfrierungen, der Zweite mit Wasser in den Füßen vom Hungern, der Dritte zitternd wegen der erlittenen Angst, werden durch das Licht angelockt und kommen ins Haus. Sie wollen sich ausruhen, obwohl der Vater auf das Kind verweist. Da einer der Männer Tabak und Papier bei sich hat, drehen sich die Männer Zigaretten, die sie auf Wunsch der Frau draußen rauchen. Ein Soldat schenkt dem Kind einen selbstgeschnitzten Holzesel, ein anderer hat zwei Bonbons für die Mutter. Als die Soldaten wieder im Haus sind und das Baby betrachten, bekommt die Frau Angst, doch das Neugeborene vertreibt die Männer mit seinem Geschrei. Daraufhin ist die Mutter sehr stolz auf die Lebendigkeit des Kindes. Der Vater hält die drei Männer für sonderbare Heilige. Als das Kind wieder schreit, denkt der Vater, dass es weine, doch die Mutter ist davon überzeugt, dass es lacht. Der Vater vergleicht noch einmal den Holzgeruch mit Kuchen, worauf die Frau antwortet, dass ja auch Weihnachten sei. Am Ende fällt wieder das einem Heiligenschein ähnliche Licht auf das Baby.

❷ Vergleich der Kurzgeschichten „Das Holz für morgen" und „Die drei dunklen Könige"

Schritt 1: Stoffsammlung anlegen

Mögliche Stoffsammlung:

	„Das Holz für morgen"	**„Die drei dunklen Könige"**
Allgemeine Daten	• derselbe Autor • in zwei aufeinanderfolgenden Jahren entstanden • Thema: Menschen im Nachkriegsdeutschland („Trümmerliteratur")	
Inhaltliche Gemeinsamkeiten	• männlicher, noch junger, (im Stillen) leidender Protagonist (über den aber nichts Genaues bekannt ist; Leid kann nur aus dem Zusammenhang erschlossen werden) • Kriegsthematik: psychische und physische Folgen des Krieges (Nervenleiden (nachts Schüsse hören bzw. zittern), bei K auch Verstümmelungen) • Nachkriegsdeutschland: elende Lebensumstände (Mangel an Verschiedenem; Holz zum Heizen bzw. Waschen holen) • Hoffnungsschimmer durch junge Menschen: Weiterleben statt Selbstmord und Neuanfang durch Kind (mit „Heiligenschein", Heilsbringer wie Jesus, der bessere Zeit einläuten soll)	
Inhaltliche Unterschiede	• Verzweiflung, Resignation • will mit Leben abschließen • nicht ganz so armselig, da Wohnung in anscheinend nicht zerbombten Mehrparteienhaus; Seifenpulver vorhanden • noch Kind in seiner Familie • ist zu Hause • selbst aus dem Krieg heimgekehrt	• Verzweiflung, Wut (ohne sie an Verantwortlichen auslassen zu können) • Situation noch gravierender wegen Kälte (Holz zum Heizen statt zum Waschen) und Geburt • Beginn neuen Lebens • neue Familie (selbst Vater) • geht nach Hause • empfängt Kriegsheimkehrer (fraglich/offen, ob er selbst auch Soldat gewesen ist) • Weihnachtsthematik: Baby mit „Heiligenschein", „drei heilige Könige"

Schritt 2: Zusammenhängenden Text ausformulieren
Hinweis: *Alle Zeilenangaben beziehen sich auf (K), da (H) in der Prüfungssituation nicht vorliegen würde, aber aus dem Unterricht bekannt ist.*

Möglicher Vergleich:

Wolfgang Borcherts Kurzgeschichte „Die drei dunklen Könige" aus dem Jahr 1946 handelt von einem Paar in der Nachkriegszeit, das gerade ein Kind bekommen hat und unter einfachsten Bedingungen leben muss.
Der Protagonist sucht am Weihnachtsabend in einer zerbombten Stadt Holz zum Heizen und kehrt dann nach Hause zurück, wo seine erschöpfte Frau in der Kälte auf ihn wartet. Sie hat eine Stunde zuvor einen Jungen geboren. Der Mann legt Holz zum Heizen nach und vergleicht den süßen Geruch mit Kuchen. Das Licht aus dem Ofen wirft in den Augen der Mutter einen Heiligenschein auf das Kind. Dass seine Frau trotz der Geburt immer noch frieren muss, lässt den Mann große Verzweiflung und Wut verspüren, die er aber an niemandem auslassen kann.
Drei aus dem Krieg heimkehrende Soldaten, der Erste ohne Hände wegen Erfrierungen, der Zweite mit Wasser in den Füßen vom Hungern, der Dritte zitternd wegen der

erlittenen Angst, werden durch das Licht angelockt und kommen ins Haus. Sie wollen sich ausruhen, obwohl der Vater auf das Kind verweist. Da einer der Männer Tabak und Papier bei sich hat, drehen sich die Männer Zigaretten, die sie auf Wunsch der Frau draußen rauchen. Ein Soldat schenkt dem Kind einen selbstgeschnitzten Holzesel, ein anderer hat zwei Bonbons für die Mutter. Als die Soldaten wieder im Haus sind und das Baby betrachten, bekommt die Frau Angst, doch das Neugeborene vertreibt die Männer mit seinem Geschrei. Daraufhin ist die Mutter sehr stolz auf die Lebendigkeit des Kindes. Der Vater hält die drei Männer für sonderbare Heilige. Als das Kind wieder schreit, denkt der Vater, dass es weine, doch die Mutter ist davon überzeugt, dass es lacht. Der Vater vergleicht noch einmal den Holzgeruch mit Kuchen, worauf die Frau antwortet, dass ja auch Weihnachten sei. Am Ende fällt wieder das einem Heiligenschein ähnliche Licht auf das Baby.

In Wolfgang Borcherts ein Jahr später erschienener Kurzgeschichte „Das Holz für morgen" geht es ebenfalls um die Nachkriegszeit, nämlich um einen jungen Kriegsheimkehrer, der inmitten seiner Familie so einsam und verzweifelt ist, dass er sich auf dem Dachboden erhängen möchte. Auf dem Weg dorthin wird er aber durch eine Kindheitserinnerung aufgehalten, da er elf Jahre zuvor mit einer Feile die Treppe hinuntergerannt ist und eine Rille auf dem Treppengeländer hinterlassen hat. Durch seine Gedanken abgelenkt, verbringt er einige Minuten im Treppenhaus und hört daher unten seine Mutter mit einem Mädchen, vermutlich seiner Schwester, sprechen: Sie solle das Seifenpulver vom Einkaufen mitbringen, da der Junge (der Protagonist) gerade Holz für das Wäschewaschen am nächsten Tag besorge. Der Vater sei sehr erleichtert, dass der Junge wieder da sei und nach vielen Jahren wieder Holz holen könne. Dem Protagonisten wird bewusst, dass er eine Aufgabe hat: Er muss Holz für die Familie holen. So geht er die Treppe wieder hinunter und springt die letzten Stufen geradezu freudig abwärts.

Beide Kurzgeschichten desselben Autors fallen also durch inhaltliche Ähnlichkeiten auf: Es handelt sich jeweils um einen männlichen, noch jungen, (im Stillen) leidenden Protagonisten, über den aber nichts Genaues bekannt ist. Sein Leid kann nur durch Andeutungen und aus dem Zusammenhang erschlossen werden. Sowohl in „Das Holz für morgen" (H) als auch in „Die drei dunklen Könige" (K) stehen die psychischen und physischen Folgen des Krieges für die Menschen im Vordergrund: Der Protagonist in H hört nachts Schüsse, hat Albträume und weint im Stillen, der Protagonist in K verspürt eine unbändige Wut auf die Verantwortlichen und kann sie an niemandem auslassen („Aber er hatte keinen, dem er dafür die Fäuste ins Gesicht schlagen konnte", Z. 44ff.). Die Folgen des Krieges für Körper und Seele werden in K auch durch die drei kranken und nervlich leidenden heimkehrenden Soldaten symbolisiert (vgl. Z. 64ff.).

Ebenso wird das Nachkriegsdeutschland beschrieben. In K ist von den Trümmern zerbombter Häuser die Rede (vgl. Z. 2f.), über Eiseskälte zu Hause und über elende Lebensumstände (Holz zum Heizen nötig, von Kuchen kann nur geträumt werden, vgl. Z. 21f., 120ff.), und auch in H besteht im ganzen Haus ein Mangel an Kohle zum Heizen.

Was in beiden Kurzgeschichten ebenfalls gleich ist, ist das Ende, das trotz der elenden Lebensumstände Hoffnung weckt. Dabei geht der Hoffnungsschimmer jeweils von den jungen Menschen aus: In H freut sich die Familie so sehr, dass der Sohn wieder zurück aus dem Krieg ist, dass neuer Lebensmut zu entstehen scheint. Letztlich führt dieser Umstand auch dazu, dass der Protagonist sich für das Weiterleben statt für den Selbstmord entscheidet. Auch in K scheint ein Neuanfang durch das Kind möglich, das wie durch ein Wunder trotz der schweren Bedingungen gesund und munter ist: „Er lebt, dachte die Mutter" (Z. 37), „Kuck mal, wie lebendig es ist, sagte sie stolz" (Z. 113f.). Dass der Kleine trotz der Angst und Schwermut der Eltern lacht, wozu kurz nach dem Krieg wahrscheinlich für Erwachsene selten Grund ist, könnte einen positiven Neubeginn andeuten (vgl. Z. 118f.). Verstärkt wird dies durch den indirekten Vergleich mit Jesus durch die Heiligenschein-Symbolik (vgl. Z. 49ff., 125ff.): Das Kind wird ebenfalls Weihnachten unter widrigsten Umständen geboren, wird von „drei Königen" beschenkt und kann nun glücklichere Zeiten einleiten.

Obwohl viele Ähnlichkeiten zwischen den beiden so kurz nacheinander verfassten Geschichten desselben Autors bestehen, finden sich in den Details auch einige Unterschlede:

Der Protagonist in H ist selbst Kriegsheimkehrer, während dies beim Vater des Neugeborenen nicht ersichtlich ist. Da er die Soldaten nach ihren Leiden fragt („Was ist mit den Füßen?", Z. 80) und im Gegensatz zu ihnen bereits zu Hause ist, kann es sein, dass er entweder nur kurz oder gar nicht als Soldat kämpfen musste. So leidet der erste Protagonist also eher am Krieg selbst und weiß keinen Ausweg mehr, der zweite leidet am Nachkriegsleben voller Entbehrungen und empfindet starke Wut.

Auch sind die Lebensumstände unterschiedlich, da der junge Mann in H noch zu Hause bei seinen Eltern lebt und anscheinend eine kleine Schwester hat. Der junge Vater hingegen lebt schon mit seiner Frau und nun einem Kind zusammen, während von seinen Eltern und Geschwistern nicht die Rede ist. Letzterer scheint sich existenziell in einer noch schlimmeren Situation zu befinden: Seine Familie friert bitterlich und muss sich mühsam Holz zum Heizen besorgen, während die andere Familie das Holz zum Waschen benötigt. Möglicherweise ist hier der Unterschied der Erscheinungsjahre sichtbar: Ein Jahr nach Kriegsende mussten die Menschen noch mehr entbehren als zwei Jahre danach. Es könnte sich aber auch um verschiedene Jahreszeiten handeln, sodass in H nicht geheizt werden muss.

Insgesamt wirkt die Kurzgeschichte K noch ein wenig komplexer, man kann noch mehr zwischen den Zeilen lesen (vgl. Weihnachtsthematik) und lernt trotz des geringen Umfangs der Geschichte einige menschliche Schicksale kennen. Trotzdem sind beide Geschichten Zeugnisse der Nachkriegszeit und typische Beispiele für die deutsche Trümmerliteratur. Kurz, knapp und ohne Ausschmückungen wird das Elend der Nachkriegsjahre an zwei namenlosen Männern deutlich, die stellvertretend für sehr viele Menschen stehen. Dass sich in beiden Geschichten die anfangs traurige und hoffnungslose Situation der Männer schließlich wandelt und neue Hoffnung aufkommt, zeigt einen gewissen Optimismus, den die Menschen nach den Kriegsjahren wahrscheinlich dringend benötigt haben.

Beispiellösung für den **E-Kurs**

1 Für den Textvergleich siehe Lösung oben bei G-Kurs, Aufgabe 2.

2 a) Möglicher innerer Monolog der Frau (zur Kurzgeschichte „Die drei dunklen Könige"):

Es ist also tatsächlich Weihnachten und wir haben das schönste Geschenk überhaupt bekommen: einen gesunden kleinen Jungen. Wie friedlich er da liegt und im Schlaf immer mal wieder zuckt. Ich kann es noch gar nicht glauben. Das Licht des Feuers könnte wirklich ein Heiligenschein sein. Wenn das kein Hoffnungsschimmer für uns ist in diesen schwersten aller Zeiten ...
Ich bin so erschöpft nach den Stunden der schmerzhaften Wehen, dass ich mich nur noch ausruhen will, aber bei der Kälte kann man ja doch wieder nicht schlafen. Es ist wie ein Wunder, dass unser Baby gesund und munter ist, obwohl es unter diesen erbärmlichen Umständen auf die Welt kommen und direkt frieren musste. Zum Glück kann es ja nur noch besser werden. Zumindest musste es den Krieg nicht miterleben und wird hoffentlich auch zukünftig nicht von Bomben geweckt werden. Ich hoffe, es bleibt dabei und wir werden nun Jahre des Friedens erleben. Kaum vorstellbar, dass wir irgendwann wieder in einem warmen Haus leben und vielleicht sogar wieder Kuchen essen können. Wie habe ich mich gerade über die beiden Bonbons gefreut, die die dunkle Gestalt mir geschenkt hat. Ich werde sie mir gut einteilen – wer weiß, wann es wieder welche gibt? Und Karl träumt so sehr von Kuchen, dass es mir das Herz bricht. Er besteht nur noch aus Haut und Knochen, hat mir in den letzten Monaten alles Essbare überlassen, das er finden konnte. Damit das Baby im Bauch gut gedeihen konnte. Er selbst aber hat kaum noch Kraft und muss doch immer wieder durch die Gegend wandern, um Holz zum Heizen zu suchen. Immer mal wieder wird sein Blick so starr und mir kommt es vor, als würde er gleich losschreien. Woran er wohl denkt? Ich traue mich nicht, ihn darauf anzusprechen. Er soll nicht noch trauriger werden. Und dann hat er noch nicht einmal am Weihnachtsabend nach der Geburt seines Sohnes seine Ruhe zu Hause, sondern muss sich um drei Soldaten kümmern, die auf dem Nachhauseweg sind. Sie sahen wirklich unheimlich aus ... Bin ich froh, dass der Kleine sie vertrieben hat. Wenn ich Uniformen sehe, kommt in mir schon die Angst auf. Zum Glück haben sie ihm nichts angetan, sondern ihm sogar etwas geschenkt. In diesen schweren Zeiten muss man wohl zusammenhalten. Vielleicht können Karl und ich uns nun die Haferflocken zur Feier des Tages teilen und dann endlich schlafen. Ich werde von einer besseren Welt träumen, die mein Kleiner hoffentlich erleben wird.

b) Mögliche Begründung der Gestaltung:
Die Frau wird als optimistisch und hoffnungsvoll dargestellt, so wie man sie auch in der Kurzgeschichte erlebt, wenn sie stolz ihr Kind betrachtet und glaubt, dass es lacht (vgl. Z. 118f.). Sie hat gerade unter schwersten Bedingungen eine Geburt hinter sich gebracht, muss frieren und ist erschöpft, aber sie versucht, an eine bessere Welt in der Zukunft zu glauben. Ihre Gedanken sind auch bei ihrem Mann, um den sie sich Sorgen macht. Meines Erachtens nimmt die Frau nämlich in der Geschichte seine innere Verzweiflung und Wut wahr. Dass sie ihn nicht darauf anspricht, begründet sie mit der Angst vor der Antwort, da sie ohnehin nichts ändern könnte.
Die Panik vor den Soldaten kommt nun noch einmal in ihr hoch, da es in der Kurzgeschichte heißt: „Die Frau machte die blassen blauen Augen weit auf, als sie die drei Dunklen über das Kind gebeugt sah. Sie fürchtete sich" (Z. 95ff.). Als Erklärung wird im Monolog die negative Assoziation mit Soldaten angeführt, die symbolisch für den erlebten Krieg, die Gewalt und das erlittene Leid stehen.

E 2 Aufgabenbeispiel zum Themenbereich Epik: Marc-Uwe Kling: QualityLand

Beispiellösungen für den **G-Kurs**

1 Mögliche Inhaltsangabe:
In dem Roman „QualityLand" von Marc-Uwe Kling aus dem Jahr 2017 wird der zunehmende Einfluss der Digitalisierung auf das Leben sowie die Beziehungen der Menschen thematisiert und oft satirisch überzeichnet. In dem vorgelegten Textauszug lernt Peter Arbeitsloser Melissa Sexarbeiterin kennen. Ihr Treffen wurde von dem Datingportal QualityPartner organisiert.
Melissa und Peter sitzen zur Mittagszeit in einen großen, unpersönlichen, aber mit Menschen gefüllten Saal. Wie sich später herausstellt, handelt es sich um ein Restaurant. Melissa trägt ein Businesskostüm und stellt Peter zahlreiche Fragen, die eigentlich typisch für ein berufliches Bewerbungsgespräch wären. So will sie von ihm Name, Level, Beruf, Zusatzqualifikationen, Stärken, Schwächen wissen. Peter beantwortet ihr alle Fragen und erläutert, dass sein ursprünglicher Beruf des Maschinentherapeuten durchaus sinnvoll gewesen sei, weil KI-Maschinen auch an psychischen Störungen erkranken könnten. Er habe aber seine Ausbildung nicht beenden dürfen, weil das Therapieren von Maschinen als (konsumschädliche) Reparatur angesehen und verboten wurde, weil Neukauf vorgehe. Stattdessen übernahm er nach dem Tod seines Großvaters dessen Schrottpresse.
Peter bittet Melissa, die Art der Gesprächsführung zu ändern. Die Situation komme ihm vor wie ein Bewerbungsgespräch und nicht wie ein Rendezvous. Auch möchte er Melissa duzen und nicht mehr von ihr gesiezt werden. Melissa ist einverstanden. Das Essen wird gebracht.
Peter berichtet von einem zurückliegenden Vorstellungsgespräch, dass sehr emotional und persönlich geführt wurde. Er habe sich gefühlt, wie bei einem Dating. Während der Unterzeichnung des Arbeitsvertrags habe sich die Arbeitgeberin so gerührt verhalten, als ob eine Heiratsurkunde ausgestellt werde. Die spätere Entlassung habe der Auflösung einer Beziehung geglichen. Die Arbeitgeberin habe die Hoffnung geäußert, dass sie und Peter Freunde bleiben könnten. Die Rollen wurden für die gezeigten Situationen getauscht: Im Gegensatz dazu gleicht das Rendezvous, das ja eigentlich eine sehr persönliche Situation sein sollte, einem beruflichen Bewerbungsgespräch.

Melissa, der neue Kontakt, erkennt sofort, dass Peter von seiner Freundin verlassen wurde. Sie selbst bezeichnet sich als Meinungsmacherin, die beruflich vor allem rechtsradikale Hasskommentare schreibe, da diese aufgrund des geringen Anspruchs und vieler Fehler schnell zu erstellen seien.
Peter fallen keine Themen ein, über die er mit Melissa sprechen könnte. Sie essen schweigend weiter. Peter wird digital vorgeschlagen, mit Melissa übers Wetter zu sprechen. Melissa will nicht auf dieses Thema eingehen, sondern mit Peter schlafen. Da ihre Gespräche im Sande verlaufen, geht Melissa davon aus, dass wenigstens ihr Sex „phänomenal" sein werde. Sie kommt zu dieser Ansicht, weil QualityPartner ihre Profile miteinander verglichen habe und dies wohl die einzige Gemeinsamkeit zwischen ihnen sein könne, da es andere offensichtlich nicht gebe.

❷ Mögliche Einordnung in den Gesamtzusammenhang des Romans:

Melissa will sich mit Peter treffen, da sie von ganz unten kommt und weiter nach oben aufsteigen will. Sie arbeite, so gibt sie an, permanent an sich, um sich zu optimieren. Peter trifft sich mit Melissa, weil er einen Gutschein von Sandra erhalten hat. Sandra hat ihm diesen Gutschein zum Trost ausgestellt, als sie ihn verlassen hat.
Diese Treffen sind typisch für QualityLand. Der Alltag der Menschen wird digital geregelt. Die Algorithmen berechnend die Bedürfnisse und Wünsche der Nutzer. Bestellungen werden von TheShop, einem Einkaufsportal, selbsttätig vorgenommen. Partner findet man nicht mehr zufällig in der realen Welt auf der Arbeit, in einem Club oder einem Sportverein. In QualityLand findet den richtigen Partner ein Datingportal wie QualityPartner, welches zudem die Treffen organisiert.

❸ Mögliche E-Mail:

Liebe Melissa,

mich ehrt zwar dein Vorschlag, dass wir miteinander schlafen sollen, allerdings habe ich mich doch dazu entschlossen, dass es besser ist, wenn wir es nicht tun.
Es stimmt, dass ich kein so interessanter Gesprächspartner war und mir die Gesprächsthemen ausgingen. Sogar auf das Thema Wetter bin ich nicht selbst gekommen. Wir haben höchstwahrscheinlich gar nichts gemeinsam. Ich gebe zu, dass mich deine Tätigkeit als Meinungsmacherin für rechtsextreme Auftraggeber abschreckt. Auch kann ich mit deinem Ehrgeiz, immer besser zu werden, nichts anfangen. Ich fand es zudem sehr unromantisch, dass du das Gespräch wie ein Bewerbungsgespräch geführt hast und ich habe Bedenken, dass der Sex mit dir genauso unromantisch ausfällt.
QualityPartner muss sich bei der Zuordnung geirrt haben. Wir passen überhaupt nicht zueinander. Ich habe ohnehin schon länger das Gefühl, dass etwas mit meinem Profil nicht stimmt. Ich hoffe, du findest schnell einen neuen Partner.

Bitte vergiss mich
Peter

Beispiellösung für den **E-Kurs**
❶ Lösung siehe Aufgabe 1 für den **G-Kurs.**

❷ Mögliche Erläuterung der satirischen Merkmale:
Der Textauszug enthält verschiedene satirische Elemente. Bereits der Titel „Vorstellungsgespräch" ist satirisch gemeint und führt den Leser auf eine falsche Fährte. Denn das Gespräch, das Melissa mit Peter führt, gestaltet sie zwar wie ein typisches berufliches Vorstellungsgespräch, tatsächlich handelt es sich aber um ein Kennenlerngespräch bei einem ersten Treffen. Dass Melissa und Peter sich nicht in einem beruflichen, sondern eher in einem romantischen Kontext treffen, wird erst später aufgelöst. Dadurch entsteht die satirische Wirkung. Wenngleich man sich bei einem romantischen Treffen wie auch in einem Bewerbungsgespräch persönlich kennenlernt, so unterscheidet sich die Art der Gesprächsführung doch fundamental. Kling karikiert mit dem Bewerbungsgespräch in romantischem Zusammenhang das schnelllebige, unpersönliche Dating, wie es etwa beim Speeddating oder in Folge einer digitalen Partnervermittlung vorkommen kann. Ein Gespräch sollte bei dieser Gelegenheit nicht geschäftlich, sondern persönlich verlaufen. Umgekehrt, so wird in der Darstellung Peters eines sehr emotionalen Bewerbungsgesprächs deutlich, gehören in berufliche Beziehungen keine persönlichen Gefühle. Durch die übertriebene Darstellung warnt Kling vor einer Vermischung von Beruflichem mit Privatem und umgekehrt.
Peters Beruf des Maschinentherapeuten ist satirisch zu verstehen, da es völlig übertrieben ist, zu glauben, dass Maschinen psychische Krankheiten bekommen und von ihnen geheilt könnten. Kling warnt auf diese Weise davor, Maschinen zu sehr zu vermenschlichen. Tatsächlich sind die Defekte, die den Maschinen zugeschrieben werden, eher das Resultat von menschlichen Fehlern.
Eine Maschine kann nicht psychisch therapiert werden, es ist aber möglich, sie zu reparieren. Das übertriebene Verbot der Reparatur von Maschinen ist eine Kritik an der Wegwerfgesellschaft, die lieber ein neues Produkt kauft, anstatt ein beschädigtes Gerät zu reparieren.

❸ Lösung siehe Aufgabe 3 im G-Kurs.

❹ Mögliche Begründung:
Bei der E-Mail wurde auf die üblichen formalen Merkmale geachtet, die einem Brief ähnlich sind. Deshalb habe ich auf Emoticons verzichtet und vollständige Sätze geschrieben. Auch wollte ich durch eine einfache, nicht verletzende Sprache erreichen, dass Peter Melissa schonend eine Absage erteilt.
Inhaltlich gehe ich auf das Gespräch zwischen Melissa und Peter ein, in dem deutlich wurde, dass die beiden sich nichts zu sagen haben und auch nicht zueinander passen. Der Ehrgeiz Melissas und ihre Arbeit für rechtsradiale Auftraggeber passt nicht zu Peters ruhigem Charakter, der eher ausgleichend ist. Auch das habe ich versucht, in der E-Mail darzustellen.

E 3 Prüfungsbeispiel zum Themabereich „Kommunikation und Manipulation im digitalen Zeitalter“

Seite 121
Beispiellösung für den **G-Kurs**
❷ Mögliche Stoffsammlung:
- Kritik: Kinder sind süchtig nach ihren Handys, erledigen Hausaufgaben nicht gründlich und geben zu viel von sich preis, achten nicht auf ihre persönlichen Daten.
- Alltagsprobleme laut Smartphone-Studie: ca. 50% der Befragten wurden durch Handys schon einmal von den Hausaufgaben abgelenkt, 42% haben „unüberlegt Daten preisgegeben“, ca. 25% sind gestresst durch Kommunikation, 20% haben Schulprobleme, zudem (eher selten) Mobbing.
- Machtlosigkeit, Kontrollverlust und Überforderung der Eltern wegen ständiger Handynutzung der Kinder
- Rolle der Eltern: Je nach Handyumgang der Eltern und ihrer Beziehung zum Kind auch Handynutzung des Kindes!
- Erklärung des Problems: Smartphones erst wenige Jahre auf dem Markt, daher ein neues Phänomen (Höflichkeitsregeln vergessen)

Pro (Etikette in der Schule erlernen)	Kontra (Keine Etikette in der Schule erlernen)
Probleme liegen vor und es muss etwas dagegen getan werden.	Jugendliche lassen sich nicht in Privatnutzung der Smartphones hereinreden.
Stress mit Eltern vermeiden	Problem nicht gegeben, da nicht alle Jugendlichen betroffen, einige nutzen kaum Handys oder gehen schon bewusst damit um (und Jugendliche wollen ohnehin nur mit Freunden kommunizieren [nur 8% suchtgefährdet])
Eltern können nicht helfen, da sie selbst überfordert sind und sich genauso wie ihre Kinder verhalten.	Kritik v. a. von älteren Menschen, die sich mit dem Thema nicht auskennen
neues Phänomen, dem begegnet werden muss	Geeignete Lehrer fehlen (Wer kennt sich mit Smartphones aus und weiß, wie der Umgang besser wäre? Wer setzt die Maßstäbe?).
Jugendlichen nicht absichtlich unhöflich, ihnen fehlt einfach Wissen	Ziel wäre nur Verbannung der Handys, aber in heutiger Zeit gehören Handys dazu.
auch Schule würde profitieren, da im Unterricht weniger Störungen	früher ähnliche Probleme, nur nicht mit Smartphone (und auch damals keine Forderung nach Etikette): Dauerkommunikation (telefonisch), Abgelenktsein bei Hausaufgaben
in Schule würden alle Jugendlichen erreicht	Auch Eltern müssten Etikette erlernen. (Warnschilder in Kindergärten und Schwimmbädern, dass Eltern sich um Kinder statt um Smartphones kümmern!)
	Bei Einführung müssten sich alle Schulen beteiligen. (Einheitlichkeit, Gerechtigkeit)

Lösungsvorschläge
am besten Lösungen selbst erarbeiten, z. B. in Projekten
Kinder und Eltern gemeinsam: zu Hause oder in Kursen
Gesetzliche Vorgaben zur Handynutzung?
sich an Grundregeln der Höflichkeit halten und auf Smartphone-Nutzung übertragen: keine Handynutzung im Gespräch mit anderen, kein Handy beim Essen
v. a. Vorbildfunktion zukünftiger Eltern: keine Handynutzung auf dem Spielplatz usw.

❷ Möglicher Brief an den Elternbeirat:

Lieber Elternbeirat,

wie ich gehört habe, sind die Eltern verärgert über die Handynutzung von uns Jugendlichen und haben sich daher überlegt, Kurse in der Schule für das Erlernen einer neuen Etikette zu fordern. Uns Schülerinnen und Schülern, die wir zur sogenannten „Generation Smartphone“ gehören, wird vorgeworfen, dass wir süchtig nach unseren Handys seien, unsere Hausaufgaben nur noch ungenau erledigten, bereitwillig private Daten im Internet preisgäben und unhöflich seien.
In den verpflichtenden Kursen sollen wir anscheinend lernen, wie man aus Elternsicht vernünftig mit dem Handy umgeht. Ich möchte Ihnen nun erklären, was ich von dieser Idee halte: nämlich gar nichts. Und zwar aus folgenden Gründen:
Erst einmal muss ich betonen, dass wir Jugendlichen das Recht haben, mit unserem Smartphone so umzugehen, wie wir das mögen, da es unser Privatgerät ist und wir es in unserer Freizeit nutzen.
Außerdem bin ich der Ansicht, dass das beschriebene Problem überhaupt nicht gegeben ist, da nicht alle Jugendlichen betroffen sind. So nutzen meine Freunde und ich gar nicht so häufig unsere Smartphones, und wenn, dann nur zum Senden von Nachrichten und Bildern. Aber ich laufe überhaupt nicht blind durch die Stadt wegen des Handys, mache ständig Selfies oder vernachlässige meine Hausaufgaben.
Am wichtigsten aber ist, dass ich nicht einsehe, warum gerade wir diese Kurse besuchen sollen, da auch Sie, die Eltern, Smartphones nutzen und ebenso die Etikette erlernen müssten. Zum Beispiel habe ich schon im Kindergarten meines Bruders und in mehreren Schwimmbädern Warnschilder gesehen, die die Eltern auffordern, sich um ihre Kinder statt um ihre Smartphones zu kümmern!

Wie Sie sehen, bin ich klar gegen diese Kurse. Auch meine Freunde waren ganz verblüfft über diesen Vorschlag und schreiben Ihnen ebenfalls noch Briefe. Zwar will ich nicht bestreiten, dass manche Jugendliche Probleme wegen ihrer Handys haben, sich gestresst fühlen, unüberlegt Daten preisgeben oder sich gegenseitig mobben, aber meiner Meinung nach dürfen nicht alle dafür bestraft werden. Stattdessen sollten lieber die Eltern sich an die eigene Nase fassen, ihre Handynutzung überdenken und den Kindern ein gutes Vorbild sein. Geben Sie das bitte an die anderen Eltern weiter.

Mit freundlichen Grüßen
Maxi Musterfrau, 10.2

Beispiellösung für den **E-Kurs**

❶ Lösung siehe bei Aufgabe 1 **G-Kurs**

❷ Möglicher Brief an den Elternbeirat:

Lieber Elternbeirat,

uns wurde in der Klasse mitgeteilt, dass die Eltern, die Sie vertreten, verärgert über die Handynutzung von uns Jugendlichen sind und sich daher überlegt haben, Kurse für das Erlernen einer neuen Etikette zu fordern, die die Schule verpflichtend anbieten soll. Uns Schülerinnen und Schülern, die wir zur sogenannten „Generation Smartphone" gehören, wird vorgeworfen, dass wir süchtig nach unseren Handys seien, unsere Hausaufgaben nur noch ungenau erledigten, bereitwillig private Daten im Internet preisgäben und unhöflich seien.
In den verpflichtenden Kursen sollen wir anscheinend lernen, wie man aus Ihrer Sicht vernünftig mit dem Handy umgeht. Ich möchte Ihnen nun meine Meinung darlegen, zunächst aber beide Seiten beleuchten, um zu einer begründeten Stellungnahme zu kommen:
Da Smartphones erst seit einigen Jahren überhaupt auf dem Markt sind, handelt es sich natürlich um ein neues Phänomen, das Probleme mit sich bringt und dem Aufmerksamkeit geschenkt werden muss. Schließlich hat in der Vergangenheit noch niemand Erfahrungen in dem Bereich gesammelt. Das sieht man ja daran, dass die älteren Menschen sich weniger mit Smartphones auskennen als wir Jugendlichen.
Allerdings fehlen deshalb auch geeignete Leiter für Ihre angedachten Kurse, denn unsere Lehrer wissen doch auch nicht mehr als wir und sind eher überfordert in dem Bereich. Mein Mathelehrer hat beispielsweise noch nicht einmal ein eigenes Smartphone. Wie sollte er einen Kurs über den richtigen Umgang mit Smartphones leiten, frage ich Sie. Das haben Sie sich leicht vorgestellt ...
Falls man aber geeignete Personen fände, würde für den Kurs sprechen, dass wir Jugendlichen ja nicht absichtlich unhöflich sind, sondern uns einfach das Wissen fehlt, da uns niemand die „Smartphone-Etikette" beigebracht hat. So ist es für viele von uns ganz normal, das Handy ständig bei sich zu haben, da wir eben damit aufgewachsen sind.
Jedoch bin ich der Ansicht, dass trotzdem das beschriebene Problem nicht in dem Maße gegeben ist, da gar nicht alle Jugendliche betroffen sind. So nutzen meine Freunde und ich nicht so häufig unsere Smartphones, und wenn, dann nur zum Senden von Nachrichten und Bildern. Aber ich laufe überhaupt nicht blind durch die Stadt wegen des Handys, mache ständig Selfies oder vernachlässige meine Hausaufgaben.
Die Jugendlichen, die dies möglicherweise tun, würden von den Kursen aber profitieren, da ihnen ihre Eltern nicht helfen können. Sie sind wahrscheinlich selbst überfordert und verhalten sich genauso wie ihre Kinder. Ich kenne auch ein Mädchen aus meinem Sportverein, das selbst beim Sport ständig auf das Handy schaut – genauso wie ihre Mutter. Hier wäre ein Kurs in der Schule sicher hilfreich.
Am wichtigsten aber ist, wenn ich an die Mutter meiner Sportkollegin denke, dass ich nicht einsehe, warum gerade wir diese Kurse besuchen sollen, da auch Sie, die Eltern, Smartphones nutzen und ebenso die Etikette erlernen müssten. Zum Beispiel habe ich schon im Kindergarten meines Bruders und in mehreren Schwimmbädern Warnschilder gesehen, die die Eltern auffordern, sich um ihre Kinder statt um ihre Smartphones zu kümmern! Das ist doch viel schlimmer, als sich hin und wieder von den Hausaufgaben abzulenken – was Sie früher sicher auch ohne Handy getan haben.
Wie Sie sehen, bin ich letztlich, auch wenn einiges dafürspricht, gegen die von Ihnen geforderten Kurse. Zwar will ich nicht bestreiten, dass manche Jugendliche Probleme wegen ihrer Handys haben, sich gestresst fühlen, unüberlegt Daten preisgeben oder sich gegenseitig mobben, aber meiner Meinung nach dürfen nicht alle dafür bestraft werden, indem sie Zusatzkurse besuchen müssen. Stattdessen sollten lieber die Eltern sich an die eigene Nase fassen, ihre Handynutzung überdenken und den Kindern ein gutes Vorbild sein. Geben Sie das bitte an die anderen Eltern weiter. Und wenn schon Kurse stattfinden sollten, dann nicht nur in der Schule für uns, sondern verpflichtende Gemeinschaftskurse für Eltern und Kinder – z.B. in einem Wochenend-Workshop an der Volkshochschule.
Am Ende ist es aber alles gar nicht so kompliziert und ein Kurs wahrscheinlich auch nicht nötig: Solange jeder sich selbst einmal Gedanken macht und sich an die allgemeinen Regeln der Höflichkeit hält – z.B. während der Mahlzeiten oder Gespräche das Handy anderweitig ablegt –, ist doch schon viel gewonnen.

Mit freundlichen Grüßen
Maxi Musterfrau, 10.2

Original-Abschlussarbeiten 2019:

E-Kurs: Nicht amtliche Lösungen

**Prüfungsaufgabe 1:
Inhaltsbereich Dramatik/Hörspiel**

Fred von Hoerschelmann: Das Schiff Esperanza

❶ Das Hörspiel „Das Schiff Esperanza“ von Fred von Hoerschelmann wurde zuerst 1953 gesendet. Als Buch erschien es in mehreren Auflagen. Von Hoerschelmann thematisiert in seinem Werk den Wunsch vieler Menschen, in einem anderen Land ein neues Leben beginnen zu wollen. Zu diesen Menschen gehört auch Megerlin, der illegal nach Amerika auswandern will, weil er als Kassierer Geld unterschlagen hat. Seit zehn Tagen versteckt er sich bei dem Wirt Sorriso. Megerlin langweilt sich in seinem Versteck. Er bittet den Wirt um eine Tageszeitung, da er nachlesen will, ob noch über sein Verbrechen geschrieben wird. Der Wirt geht nicht weiter auf Megerlins Anliegen ein, sondern erklärt ihm, dass er ihn noch an diesem Abend zu einem Schiff führen könne, das ihn nach Amerika bringe. Sorriso beschreibt ihm Dauer und Verlauf der Überfahrt. Schließlich lamentiert der Wirt über die Undankbarkeit der illegalen Auswanderer, denen er geholfen hat. Jeden habe er um eine Postkarte aus Amerika gebeten, er habe aber nie eine erhalten.
In dem der Prüfung beigegebenen Auszug wird Megerlin gegen Ende der Überfahrt an Bord der „Esperanza“ von Kapitän Grove zur Rede gestellt. Die übrigen illegalen Auswanderer sind bereits von Bord gebracht worden, nur Megerlin ist auf dem Schiff geblieben. Er wirkt deprimiert, alles ist ihm gleichgültig. Er hätte nicht einmal etwas dagegen, wenn der Kapitän ihn über Bord werfen ließe. Megerlin ist nur wichtig, dass er nicht mehr im lauten und düsteren Schiffsinneren sitzen muss, wo er kaum atmen konnte.
Doch Megerlins Zustand verbessert sich, als er die Sterne erblickt. Kapitän Grove gewährt ihm die Bitte, an Deck den Sonnenaufgang zu sehen und will ihm sogar eine Decke bringen lassen. An Deck fühlt Megerlin sich besser und genießt die frische Luft und die ihn umgebende Natur. Bengtsen amüsiert sich über die auf ihn komisch wirkende Erkenntnis, dass Megerlin, der sich eben noch das Leben nehmen wollte, als einziger der sieben Auswanderer überlebt hat.
Megerlin betont ein weiteres Mal, wie wichtig es ihm ist, den Sonnenaufgang zu sehen und bittet, ihn später an Land zu schmuggeln. Wiederholt erklärt Grove, dass Megerlin an Deck bleiben darf, über sein weiteres Schicksal äußert er sich allerdings nicht. Im Folgenden will Grove in Erfahrung bringen, wie viele illegale Passagiere sich tatsächlich im Schiffsinneren befunden haben. Megerlin berichtet, dass sieben Menschen von Bord gegangen sind und dass er mit einem Unbekannten getauscht hat. Der Unbekannte habe an Megerlins Stelle das Schiff verlassen. Kapitän Grove befürchtet, dass sein Sohn dieser Unbekannte sein könnte. Bengtsen und er gehen los, um Axel Grove im Ankerhaus aufzusuchen.

Megerlin, nun allein, sinniert über den Wendepunkt seines Lebens nach, den er in Nacht auf dem Ozean in der dunklen Nacht erfahren hat. Er fühlt sich frei. Seine Vergangenheit als unehrlicher Angestellter kümmert ihn nicht mehr. Als das Schiff wendet, um Axel in dem offenen Meer zu suchen, freut sich Megerlin auf den kommenden Sonnenaufgang, der die Dunkelheit aus Meer, Himmel und Schiff vertreiben wird. Er fühlt sich wie neugeboren.

❷ Möglicher Brieftext:

Sehr geehrter Herr Sorriso,

nun schicke ich Ihnen nicht nur eine Postkarte, sondern einen langen Brief aus der Neuen Welt. Ich habe Sie nicht vergessen! Seit einer Woche lebe ich in New York. In einigen Tagen werde ich weiter Richtung Westen ziehen.
Ich genieße mein neues Leben im Land der unbegrenzten Möglichkeiten. Ich bin sehr glücklich, mein früheres Dasein hinter mir gelassen zu haben, denn es war monoton und langweilig. Ich habe keinen Sinn darin gesehen. Wie Sie wissen, bin ich straffällig geworden, weil ich Geld an mich genommen habe. Sogar in den Zeitungen wurde über mich geschrieben. Ich hatte die Wahl zwischen Gefängnis und Flucht. Sie haben mir sehr geholfen, als Sie mich versteckt und mich zum Schiff gebracht haben. Ich danke Ihnen sehr!

Auf der „Esperanza“ ging es mir nicht sehr gut. Das Dunkle und Stickige im Inneren des Schiffes bedrückten mich sehr. Mit den anderen Auswanderern kam ich nicht gut zurecht. Ich freundete mich zwar mit der jungen Edna an, sie hatte ein gutes HerZ. Sie warnte mich vor den Mitreisenden, sogar vor ihrem Stiefvater. Doch letztlich konnte sie mir auch nicht helfen. Herr Sorriso, stellen Sie sich vor: Der Betrüger wurde betrogen. Beim Kartenspiel verlor ich mein gesamtes Vermögen. Ich stand ohne Geld da. Ich gehörte nicht zu der Gemeinschaft der Auswanderer und wollte auch nicht dazu gehören. Ich blieb für mich.
Das Alleinsein tat mir nicht gut. Die Dunkelheit setzte mir immer mehr zu. Mir ging es sehr schlecht. Ich sah keinen Sinn mehr darin, weiterzuleben, und wollte mich umbringen. Fast wäre es mir geglückt. Als die übrigen Passagiere das Schiff verließen, blieb ich an Bord. Ich verließ nur das düstere Innere des Schiffsrumpfes. Der Kapitän gestattete mir, auf Deck den Sonnenaufgang zu sehen. Er war freundlich zu mir, obwohl ich für ihn ein blinder Passagier war, der den Ablauf auf dem Schiff störte. Und ich sage Ihnen: Das war ein Wendepunkt in meinem Leben. Auf einmal spürte ich eine neue Kraft in meinem Körper und in meinem Inneren. Ich schöpfte wieder Hoffnung. In Amerika wollte ich ein neues Leben beginnen.

Man sagt ja, dass es schwerfällt, sich zu ändern. Doch mir, Herr Sorriso, ist das gelungen. Mein Englisch ist viel besser, als ich dachte, und die Verständigung mit den Amerikanern gelingt gut. Ich arbeite nicht mehr in einem Büro, das werde ich nie wieder tun, sondern als Lastwagenfahrer und Packer. Die körperliche Arbeit gefällt mir. In wenigen Tagen habe ich das Geld für die Fahrkarte nach Los Angeles zusammen, wo ich in der Sonne Kaliforniens auf einer Farm arbeiten will. Ich bin frei und glücklich. Das wollte ich Ihnen unbedingt mitteilen. Ich wünsche Ihnen, dass Sie auch so glücklich leben können und dass

Sie noch vielen Menschen zur Flucht in eine bessere Welt verhelfen werden.
Die übrigen Passagiere habe ich nicht wiedergesehen. Vielleicht haben sie Ihnen schon geschrieben.

Mit transatlantischen Grüßen

Megerlin

❸ Zu meinen zentralen inhaltlichen und formalen Entscheidungen für die Gestaltung des Briefs zählt es, Anknüpfungspunkte zwischen Megerlin und Sorriso zu finden. Sorriso bittet Megerlin, wie jeden Auswanderer zuvor auch, um eine Postkarte aus Amerika. Der Wirt erhielt bisher natürlich nie eine Nachricht, da die Auswanderer vor der Ankunft in Amerika im Ozean ertranken. Megerlin jedoch überlebt und kann Sorriso den Wunsch erfüllen.
Megerlin schreibt ihm einen Brief, weil eine Postkarte nicht reicht, um seine gesamten Erlebnisse während der Überfahrt unterzubringen. Bedeutsam waren für Megerlin während der Überfahrt die Erfahrung des Betrogenwerdens und die Tatsache, dass er völlig deprimiert sein Leben beenden wollte. Er durchschritt eine Talsohle und schöpfte erst mit dem Anblick des Sonnenaufgangs an Deck des Schiffes neue Hoffnung. Dieser Prozess ist für Megerlin so wichtig, dass er in den Brief gehört. Dass Megerlin mit den übrigen Personen an Bord keine Beziehung einging, ergibt sich aus dem Geschriebenen, ist jedoch für Megerlin und den Brief von untergeordneter Bedeutung, da er die Menschen ohnehin nicht wieder treffen wird und das auch nicht anstrebt.
Abschließend gehe ich auf die gegenwärtige Lage von Megerlin ein, in der er seine persönliche Veränderung hervorhebt und deutlich macht, dass er seine Krise überwunden hat. Er drückt Sorriso seine Dankbarkeit aus und bestärkt diesen darin, weiteren (illegalen) Auswanderern zu helfen.
Formal habe ich einen persönlichen Brief gestaltet. Die Form passt zu einem Menschen wie Megerlin, der als ehemaliger Angestellter mit der Form des Briefes vertraut ist. Über Anrede und Grußformel hinaus habe ich Megerlin mehrmals den Wirt direkt ansprechen lassen, um dessen Mitteilungsbedürfnis und seine Gefühle zum Ausdruck zu bringen. Megerlin will in dem Brief nicht nur seiner Pflicht Genüge tun und die gewünschte Postkarte schreiben, sondern auch von seinem Wandel berichten und sich bei Sorriso bedanken. Des Weiteren war es mir wichtig, für den Brief eine einfache und verständliche Sprache zu wählen, die dem Charakter Megerlins entspricht. Außerdem ist davon auszugehen, dass Megerlin mit der deutschen Rechtschreibung und Grammatik vertraut ist, sein Brief also keine Fehler aufweist.

G-Kurs: Nicht amtliche Lösungen

Fred von Hoerschelmann: Das Schiff Esperanza

❶ Das Hörspiel „Das Schiff Esperanza" von Fred von Hoerschelmann wurde zuerst 1953 gesendet. Als Buch erschien es in mehreren Auflagen. Von Hoerschelmann thematisiert darin zentral einen Konflikt zwischen Vater und Sohn am Beispiel von Kapitän Grove und Axel.
In dem Gespräch zwischen Edna und Axel wird deutlich, dass nicht nur Axel einen Konflikt mit seinem Vater auszutragen hat. Auch Edna hat Probleme mit ihrem Stiefvater, dem sie „Kunden" (M1, Z. 6) zuführen muss und für den sie eine „Art Betriebskapital" (M1, Z. 4) ist. Gegenüber Axel erläutert Edna, dass sie schon viele menschliche Enttäuschungen erfahren habe und über eine gute Menschenkenntnis verfüge. Edna erklärt ihm ihren Plan, sich von ihrem Stiefvater nach der Ankunft in Amerika zu trennen, sich eine Fabrikarbeit zu suchen, um schließlich als Verkäuferin zu arbeiten. Sie wolle für sich sein und sich nur noch mit guten Menschen einlassen. Sie selbst bezeichnet ihre Pläne als ganz „normal" (M1, Z. 21).
Der Vater-Sohn-Konflikt zwischen Kapitän Grove und Axel tritt in ihrem Gespräch deutlich zutage. Ihre Vorstellungen vom Leben sind völlig unterschiedlich. Kapitän Grove erwartet von seinem Sohn Axel, dass dieser sich wie ein „typischer" Mann verhält, der sich durchzusetzen weiß. Axel soll sich dafür seinen Vater zum Vorbild nehmen.
Dagegen will Axel nicht nur an sich und seinen Vorteil denken, sondern er thematisiert die illegalen Auswanderer auf dem Schiff, für die er Mitleid empfindet. Grove ist voller Misstrauen. Zum einen gegenüber seinem Sohn, dem er Schnüffelei vorwirft, und zum anderen gegenüber den Passagieren, die den Namen des Schiffes nicht wissen sollten, damit sie den Kapitän nicht bei der Polizei anzeigen können. Als Axel ihm entgegenhält, dass ihm eine Gefangennahme eines illegalen Auswanderers mehr leidtäte als die des Kapitäns, wird er von seinem Vater beschimpft. Grove wertet die Emigranten ab. Axel unterstellt ihm, ausschließlich finanzielle Interessen zu verfolgen. Axel bringt seine Enttäuschung darüber zum Ausdruck, dass er im Sommer 1937 vergeblich auf seinen Vater wartete. Jener saß im Gefängnis, was der Sohn nicht wusste. Weil Axel so lange vergeblich warten musste, verlor Grove den Vorbildcharakter für seinen Sohn.
Axel bekräftigt sein Mitgefühl für die illegalen Passagieren und erklärt, in Wilmington das Schiff verlassen zu wollen. Herablassend beschimpft Grove seinen Sohn. Der Kapitän macht Axel deutlich, dass er als Staatenloser nicht einfach an Land gehen könne. Außerdem will Grove sein verbrecherisches Verhalten damit rechtfertigen, dass jeder im Leben Schuld auf sich lade und niemand davon ungeschoren bleibe. Axel ist von den Aussagen seines Vaters abgestoßen und verlässt die Tür laut zuschlagend den Raum.

❷ a) Möglicher Schreibplan:

<u>Charaktereigenschaften</u>
Edna ist ...
- empathisch,
- fürsorglich,
- rational,
- zielstrebig,
- anpassungsfähig,
- konventionell, konservativ,
- optimistisch,
- skeptisch anderen Menschen gegenüber, fasst aber langsam Vertrauen zu Axel.

Axel ist ...
- ehrlich,
- arglos und unbedarft,
- zunehmend entschieden und selbstbewusst,
- empathisch,
- gewissenhaft und verantwortungsbewusst,
- harmoniebedürftig, dennoch konfliktfähig.

Mögliche Ideen für eine <u>akustische Umsetzung</u> in Anbindung an den Handlungsort, z. B.:
- Motorengeräusche,
- Stimmengewirr anderer Mitreisender,
- die Schiffsglocke,
- Arbeitsgeräusche.

<u>Beweggründe Axels</u>, das Schiff zu verlassen: Axel ist von seinem Vater sehr enttäuscht und ist wütend, weil ...
- er die wahren Gründe für das Fernbleiben seines Vaters in seiner Kindheit erfahren hat (z. B. vergebliches Warten im Sommer 1937 aufgrund Groves Gefängnisaufenthalts),
- sein Vater ihm Weltfremdheit vorwirft und ihn für einen Schwächling hält,
- er dessen Machenschaften als unmoralisch ansieht,
- er vermutlich in Ednas Nähe bleiben möchte.

Mögliche <u>Reaktionen Ednas</u>
Edna könnte ...
- vor dem Hintergrund ihrer eigenen Familiengeschichte Verständnis für Axels Wunsch aufbringen, sich aufgrund von Enttäuschung von seinem Vater zu lösen,
- mit ihrer überlegten und sachlichen Art beruhigend auf Axel einwirken,
- den Wunsch äußern, in Amerika ein neues Leben beginnen zu wollen,
- optimistisch in die Zukunft blicken, weshalb sie Axel möglicherweise ermutigt, selbst einen Neuanfang (evtl. auch mit ihr) zu wagen,
- Axel schildern, welche Möglichkeiten sich ihm in der Neuen Welt eröffnen.

Ednas Beweggründe, an Land zu gehen:
- Sie lehnt es ab, von ihrem Stiefvater ausgenutzt zu werden und möchte sich von ihm lösen.
- Sie möchte der Enge ihres bisherigen Lebens entfliehen.
- Sie erhofft sich in der neuen Welt einen Arbeitsplatz und ein selbstbestimmtes Leben.

❷ b) Mögliche Ausarbeitung einer Hörspielszene:

AXEL. Mein Wiedersehen mit meinem Vater habe ich mir anders vorgestellt.
EDNA. Wie meinst du das?
AXEL. Ich hatte gehofft, dass wir uns besser verstehen würden. Dass wir gemeinsam Gutes tun könnten. Dabei geht es ihm nur um den Profit. Er nutzt die Menschen aus. Das gefällt mir nicht. Nach dem schrecklichen Krieg sollten die Menschen endlich bereit sein, sich gegenseitig zu unterstützen und zu helfen. Was er macht, ist nicht richtig. Ich mache da nicht mit.
EDNA. Mein Stiefvater verhält sich leider auch so. Er nutzt die Menschen auch aus. Beim Kartenspielen zieht er sie über den Tisch. Und ich muss ihm dabei helfen, indem ich Männer anspreche und dazu überrede, mit ihm Karten zu spielen. Ich habe dir davon erzählt.
AXEL. In Amerika wirst du dich von ihm lösen. Doch was soll ich machen?
EDNA. Lass mich überlegen.
(Pause. Man hört den Schiffsmotor.)
EDNA. Kannst du nicht im nächsten Hafen von Bord gehen?
AXEL. Ich gelte als Staatenloser. Man würde mich einsperren.
EDNA. Du könntest mit mir kommen. Eigentlich wollte ich allein und unabhängig sein. Doch du gefällst mir. Du bist mir sympathisch. Ich könnte dir helfen.
AXEL. Du bist mir auch sympathisch. Doch wie willst du mir helfen? Wir sind doch beide fremd in Amerika und wir können kaum Englisch.
EDNA. Wir bekommen neue Pässe. Mein Stiefvater hat das alles bereits arrangiert. Ich könnte dir auch einen neuen Pass beschaffen. Bis dahin müsstest du untertauchen.
AXEL. Das schaffe ich. Verstecken kann ich mich gut.
EDNA. Sei mal leise.
(Sie hören Stimmen der Matrosen. Schritte, die leiser werden)
AXEL *(flüstert)*. Ich bin damit einverstanden. Ich komme mit.
EDNA *(flüstert)*. Das ist gut. Das freut mich.
AXEL. Wie geht's dann weiter in Amerika, wenn wir die Pässe haben?
EDNA. Das weiß ich noch nicht. Wenn du mir immer noch sympathisch bist, dann können wir uns eine Bleibe suchen. Wenn du aber unehrlich bist, gehe ich allein weiter.
AXEL. Ich bin ehrlich. Lügen hasse ich. Ich werde mich nie so verhalten wie mein Vater.

Prüfungsaufgabe 2:
Inhaltsbereich Umgang mit Sachtexten

E-Kurs: Nicht amtliche Lösungen

Thema: Identitätsfindung und Selbstdarstellung

❶ Mögliche Stoffsammlung:

M1 Alice Bota: Festgehalten!
- Roofer begeben sich in Lebensgefahr
- körperliche Anzeichen signalisieren, dass das ungesicherte Klettern gefährlich ist
- eigene Angst kann beim Roofing bezwungen werden
- aufwändige Vorbereitung für Inszenierungen in großer Höhe (Kamera, Kleidung ...)
- Roofer werden im Internet gefeiert
- Selbstdarstellung ist wesentlicher Teil des Roofings
- Roofer riskieren ihr Leben für medialen Ruhm („mediale Unsterblichkeit")
- Bedürfnis, sich selbst zu spüren
- Roofer befinden sich im Konflikt mit dem Gesetz
- Roofer wollen enge Grenzen des Alltags und gesellschaftliche Zwänge überwinden
- sie sehen sich selbst am Rand/außerhalb der Gesellschaft, sind empfindsam, selbstreflektiert
- Roofer wollen den eigenen Bekanntheitsgrad steigern
- Selbstinszenierung im Netz ist perfektes Marketing

M2 Thomas Müller: Kalkulierter Wahnsinn
- Bewusstsein für (Lebens-)Gefahr vorhanden, Verletzungsrisiko wird von Sportlern erkannt
- Extremsportler verfügen über realistische Selbsteinschätzung
- Steigerung des Selbstwerts und des Identitätsgefühls beim Extremsport
- Risikosport als Alleinstellungsmerkmal
- Möglichkeit, aus einem überzivilisierten, langweiligen Leben auszubrechen
- Extremsportler als „moderne Helden"
- Nervenkitzel als untergeordnete Motivation
- Selbstdarstellung in sozialen Netzwerken als eigentlicher Beweggrund

M3 Christoph Donauer: Ich habe keine Angst, herunterzufallen
- Kletteraktionen sind lebensgefährlich
- rücksichtsloses Verhalten: Roofing auf Pyramiden wird beispielsweise als Entweihung heiliger Stätten angesehen
- Roofer wissen um die Gefahren ihres Sports
- Roofing setzt geistige und körperliche Routine voraus
- Roofer trainieren an Felsen und in der Kletterhalle
- sie besiegen die eigene Angst

Mögliche weitere Aspekte:
- infolge des Trends zur medialen Selbstdarstellung könnte Roofing zunehmend populärer werden
- Suchtpotenzial durch mediale Selbstdarstellung – Gefahren geraten aus dem Blick
- mediale Selbstdarstellung kann Motivation sein, das Beste aus sich zu machen
- Roofing kann den Zusammenhalt Gleichgesinnter fördern
- Umgang mit der Kamera als zusätzliche Gefahrenquelle

❷ **Auf die Dächer – fertig – los und abgestürzt!**

Der gefährliche Trend Roofing
Sie klettern auf jedes Dach. Je höher, desto lieber. Weder die Pyramiden, noch die höchsten Kirchtürme sind vor ihnen sicher. Ich spreche von Roofern. Das sind junge Menschen, die auf Dächer klettern und sich dabei filmen und fotografieren. Ihre Bilder veröffentlichen sie in diversen sozialen Netzwerken, zum Beispiel auf Instagram. Roofer zeichnet aus, dass sie ohne Erlaubnis, also verbotenerweise Dächer oder andere hohe Gebäude erklimmen und sich beim Klettern nicht absichern. Aufgrund der Höhe der bezwungenen Objekte gefährden die Roofer ihre Gesundheit, ja sogar ihr Leben.
Was ist von diesem Trend zu halten? Für die einen ist Roofing eine weitere Variante des Sports Parcours, nur dass eben vor allem in die Höhe geklettert wird. Für die anderen ist Roofing eine lebensgefährliche Dummheit und ein übertriebener Ausdruck medialer Selbstdarstellung. Sie warnen sogar davor, über Roofing zu berichten, weil dadurch andere Jugendliche angestiftet werden könnten, ungesichert auf hohe Dächer zu klettern und ihr Leben zu gefährden.
Ich persönlich würde nicht auf die Spitze des Ulmer Münsters klettern wollen, denn ich habe kein Interesse daran, mein Leben zu gefährden. Für mich ist die Fahrt mit dem Schulbus Abenteuer genug. Doch ich kann die Kletterer durchaus verstehen, die die Boulderhalle verlassen, um Gebäude zu erklimmen. Ich gebe zu, dass ich auf einem Dach auch ein Selfie von mir machen würde, damit ich beweisen kann, dort oben gewesen zu sein. Der Nervenkitzel und die Aussicht, von vielen gelikt zu werden, motiviert die Roofer, anderen „aufs Dach zu steigen". Roofer sind auf jeden Fall auch Selbstdarsteller.
Allerdings glaube ich nicht, dass der Trend lange bestehen bleibt und sich durchsetzen wird. So gerne viele Jugendliche auch klettern. Ich persönlich kenne niemanden, der dabei bewusst seine Gesundheit oder sein Leben aufs Spiel setzt. Auch macht es wohl doch weniger Eindruck auf die Community in den sozialen Netzwerken, ein Gebäude zu erklimmen, als sich das manche Roofer vorgestellt haben. Ihre Wahrnehmung beschränkt sich auf vor allem die eigene Community, die Außenwirkung bleibt begrenzt. Insofern können die Roofer zwar als Selbstdarsteller gelten, einen bedeutsamen Beitrag für die Identitätsbildung der Jugendlichen leisten sie aber nicht. Meines Erachtens gefährden sie die Jugend auch nicht, nur sich selbst. Ich denke außerdem, dass der Kitzel, der vom Roofing ausgeht, nur für eine kurze Zeit anhält und schnell wieder verfliegt.

G-Kurs: Nicht amtliche Lösungen

❶ Mögliche Stoffsammlung:

M1 Roswitha Engelen: Mio ist Roofer
- auf hohe Gebäude klettern ist häufig illegal
- Klettern ohne Sicherung birgt Gefahren
- Roofer wollen aus dem Alltag ausbrechen, dem Einfluss der Großstadt entfliehen
- Roofing wird bei jungen Menschen immer populärer
- Fotos und Videos im Netz bekommen tausende Likes/Views
- Roofing ist ein lebensgefährliches Hobby, es gibt Tote und Verletzte
- Unfälle und Gefahren werden von den Roofern nicht thematisiert
- Risiken müssen eingeplant werden, dennoch keine vollkommene Kontrolle möglich
- Selbstdarstellung ist wesentlicher Teil des Roofings
- Roofer wünschen sich mediale Unsterblichkeit, möchten Bekanntheitsgrad steigern

M2 Roofing: Das sagen Polizei, Justiz und Hausbesitzer dazu
- Roofing kann als Hausfriedensbruch gelten
- Freiheitsstrafen oder Geldstrafen drohen
- Polizeieinsatz kann in Rechnung gestellt werden

M3 Michael Birnthaler: Verkörperungen der Jugend
- in der medienfixierten Welt gibt es kaum mehr natürliche Bewegungsanreize
- Extremsportarten breiten sich aus, werden zum letzten Abenteuer
- Jugendliche suchen nach Grenzerfahrungen, wollen Herausforderungen bewältigen
- Risiko des Scheiterns wird in Kauf genommen
- Abenteuer und Grenzerfahrungen schulen Fähigkeiten, die im Erwachsenenalter wichtig sein können

Mögliche weitere Aspekte:
- aufgrund des Trends zur medialen Selbstdarstellung könnte Roofing populärer werden
- Suchtpotenzial durch mediale Selbstdarstellung – Gefahren geraten aus dem Blick
- mediale Selbstdarstellung kann Motivation sein, das Beste aus sich zu machen
- Roofing kann den Zusammenhalt Gleichgesinnter fördern
- Umgang mit der Kamera als zusätzliche Gefahrenquelle

❷ Möglicher Informationstext:

Dächer, die die Welt bedeuten: Roofing

Ein neuer Trend erobert die Städte und die sozialen Medien: Roofing. Besonders wagemutige junge Extremsportler klettern ohne Sicherung auf hohe Gebäude, vorzugweise Dächer, wo sie sich fotografieren und filmen. Ihre Bilder posten sie in den sozialen Netzwerken, z. B. bei Instagram. Die Bezeichnung Roofing oder Roofer leitet sich von dem englischen Wort „roof" ab.

Roofer klettern ohne Absicherung auf hohe Gebäude. Das macht den Sport sehr gefährlich. Viele Kletterer haben sich durch Stürze schwer verletzt, einige sind sogar zu Tode gekommen. Das Klettern auf die Gebäude geschieht ohne Erlaubnis der Besitzer. Die Polizei nimmt regelmäßig Roofer fest, die wegen Hausfriedensbruch angezeigt werden können. Roofing birgt also verschiedene, vor allem gesundheitliche Risiken.

Doch was motiviert die Jugendlichen, ihr Lebens aufs Spiel zu setzen und ohne Erlaubnis auf hohe Dächer zu klettern? Die Gründe dafür sind vielfältig. Roofing ist eine Extremsportart, die sich von anderen Extremsportarten unterscheidet. Fallschirmspringen, Wildwasserfahren und Tiefseetauchen sind zwar auch gefährlich und verlangen einen durchtrainierten Körper, sie werden aber in einem organisierten Rahmen durchgeführt. Für Roofing benötigt man weder Partner, noch Hilfsmittel, sondern Mut. Und zwar im doppelten Sinne. Man braucht den Mut oder besser Leichtsinn, sein Leben aufs Spiel zu setzen, und man muss bereit sein, etwas Verbotenes zu tun, für das man belangt werden kann.

Der Reiz des Verbotenen und das hohe Risiko sind wesentliche Gründe, warum junge Menschen Roofing betreiben. Viele können die damit verbundene Gefahr nicht richtig einschätzen (vgl. M1, Z. 60–67). Mit dem Klettern auf Dächer allein ist es jedoch nicht getan. Zum Roofing gehört, dass man sich dort fotografiert und die Bilder im Internet veröffentlicht. Roofer sind also vor allem Selbstdarsteller. Mit ihren ungewöhnlichen Fotos wollen sie die Aufmerksamkeit der Öffentlichkeit erlangen, viele Follower gewinnen und Likes erzielen. Roofer klettern also nicht um des Sports willen, sondern um mediale Aufmerksamkeit zu bekommen. Um aber in der Gemeinschaft der Roofer und ihrer Anhänger Anerkennung zu finden, müssen sie immer extremere Ziele erklimmen. Darin sehe ich eine große Gefahr.

Im Unterschied zu anderen Extremsportarten wird Roofing eine Randsportart bleiben. Sie ist zu gefährlich und zudem illegal, als dass sie die Mehrheit der Menschen, die bereitwillig Extremsportarten betreiben, ansprechen würde. Zwar bietet Roofing dem Sportler Nervenkitzel, aber kaum einer will so leichtfertig sein Leben riskieren. Die Roofer selbst gehen einer Grenzerfahrung nach, die gesellschaftlich nicht anerkannt ist. Sie sind Außenseiter und werden daher trotz hoher Klickzahlen und vieler Likes vor allem von Außenseitern und einigen Bewunderern wahrgenommen. Eine Zukunft hat dieser Sport meiner Ansicht nach nicht. Nur für kurze Zeit bedeuten die Dächer den Roofern die Welt. Wenn sie nicht abgestürzt sind, werden sie sich bald einen neuen Sport suchen, der eine wirkliche Gemeinschaft jenseits des Internets bereithält, etwa beim Klettern in der Boulderhalle.

westermann

FiNALE Prüfungstraining

Niedersachsen

Abschluss 10. Klasse
Integrierte Gesamtschule
Deutsch · G- und E-Kurs

2021

Jelko Peters
Ines Thomas

FiNALEonline.de

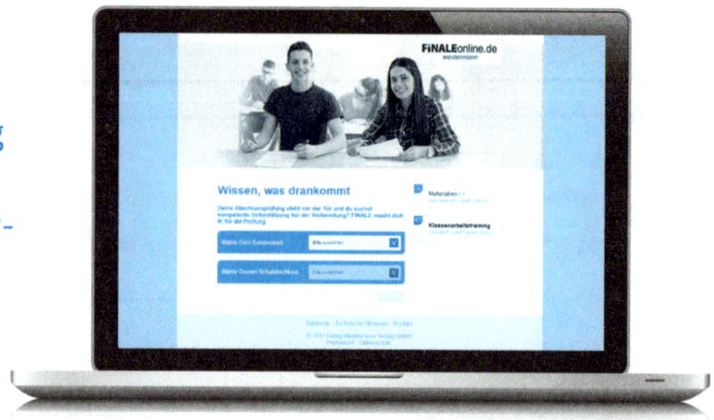

Liebe Schülerin, lieber Schüler,

sobald die Original-Prüfungsaufgaben zur Veröffentlichung freigegeben sind, können sie unter www.finaleonline.de zusammen mit ausführlichen Lösungen kostenlos heruntergeladen werden. Gib dazu einfach diesen Code ein:

DEh33gx

Einfach mal reinschauen: www.finaleonline.de

westermann GRUPPE

Druck A[1] / Jahr 2020
Alle Drucke der Serie A sind im Unterricht parallel verwendbar.

Redaktion: lüra – Klemt & Mues GbR, Wuppertal
Kontakt: finale@westermanngruppe.de
Layout: Druckreif! Sandra Grünberg, Braunschweig
Umschlaggestaltung: Gingco.Net, Braunschweig
Umschlagfoto: Peter Wirtz, Dormagen
Druck und Bindung: westermann druck GmbH, Braunschweig

ISBN 978-3-7426-**2130**-9

Was erwartet dich in diesem Arbeitsbuch?

Du bist in der 10. Klasse und vor dir liegt die Abschlussprüfung, das große Finale. Darauf will dich dieser Prüfungstrainer vorbereiten. Du kannst die drei Inhaltsbereiche erarbeiten, die in der Prüfung vorkommen, und dabei nötiges Grundwissen wiederholen. 2021 sind die Themen:

1. Kurzprosa nach 1945 bis zur Gegenwart
2. Epik: Marc-Uwe Kling, QualityLand
3. Sachtexte: „Kommunikation und Manipulation im digitalen Zeitalter"

Außerdem bereitet dich das Arbeitsbuch auf die verschiedenen Anforderungen und Schreibformate vor, die in den Prüfungsaufgaben vorkommen können.

Im **Teil A** erhältst du Hinweise zum Ablauf der Prüfung.
Im **Teil B** findest du Aufgaben zur Erschließung und Einordnung mehrerer, für die Prüfung vorgeschriebener kurzer Texte (**Kurzgeschichten, Parabeln**).
Im **Teil C** findest du zahlreiche Informationen, Hinweise und Tipps zur **Dystopie „QualityLand" von Marc-Uwe Kling** und Aufgaben, die den Inhalt und wichtige Themen des Romans erschließen.
Im **Teil D** bekommst du Informationen zum **Themenbereich „Kommunikation und Manipulation im digitalen Zeitalter"**. Es werden Sachtexte, Karikaturen und Grafiken erschlossen und dazu passende Trainingsaufgaben für die Prüfung angeboten.

Alle Aufgaben sind sowohl für den **E-Kurs** als auch für den **G-Kurs** geeignet. Aufgaben, die vertiefend besonders für den E-Kurs vorgesehen sind, sind durch den Hinweis E gekennzeichnet. Zur Unterscheidung sind einige Aufgaben auch durch ein G gekennzeichnet.

Der **Teil E** bietet beispielhaft Prüfungen zu den drei Themenbereichen an, damit du dich gezielt auf die Prüfungssituation vorbereiten kannst.

Der **Teil F** enthält die Original-Prüfungsaufgaben aus dem Jahr 2019. Die Prüfungsarbeit 2020 ist zum Zeitpunkt der Drucklegung dieses Arbeitsbuches noch nicht geschrieben worden. Sobald die Original-Prüfungsaufgaben zur Veröffentlichung freigegeben worden sind, können sie unter www.finaleonline.de zusammen mit ausführlichen Lösungen kostenlos mit Codewort DEh33gx heruntergeladen werden.

Am Schluss des Arbeitsbuches findest du eine Übersicht sprachlicher Mittel (S. 142) und ein Glossar (S. 138). Dort kannst du wichtige Begriffe nachschlagen, die dir helfen, literarische Texte und Sachtexte zu erschließen und sprachliche Mittel zu bestimmen. Ferner findest du auf S. 143 eine Liste mit den Operatoren, die in der Prüfung vorkommen können.

Natürlich gibt es zum Arbeitsheft auch ein **Lösungsheft**, in dem du die Richtigkeit jedes Arbeitsschrittes überprüfen kannst. Du findest dort auch ausformulierte Beispieltexte zu den Aufgaben im Buch und zu den Original-Prüfungsaufgaben.

In diesem Arbeitsbuch findest du Schreibraum für wichtige vorbereitende Notizen.
Darauf verweist in den Prüfungsvorlagen (auf blauem Hintergrund) dieses Zeichen: .
Deinen Text zu Schreibaufgaben musst du allerdings auf einem Extrablatt anfertigen.
Dies gilt auch, wenn du bei bestimmten Aufgaben diesem Zeichen begegnest: .
Das Zeichen mit der Uhr ist ein wichtiger Hinweis für dich: .
Damit du ein Gefühl für die Zeit bekommst, solltest du dir bei diesen Aufgaben eine Uhr bereitstellen.

Wir hoffen, dass du dich nach der Bearbeitung dieses Arbeitsbuches sicher für das Finale fühlst, und wünschen dir für die Prüfung viel Erfolg: Toi, toi, toi.

Inhaltsverzeichnis

A Der Tag der Abschlussprüfung

Die schriftliche Abschlussprüfung im Fach Deutsch findet am Dienstag, den **10. Mai 2021**, statt. Die Prüfung beginnt zwischen 8:00 und 8:15 Uhr. Der Raum, in dem du deine Prüfung schreibst, wird dir rechtzeitig von der Schule mitgeteilt.
Im Unterricht und mit dem FiNALE-Arbeitsbuch hast du dich auf drei Themenbereiche vorbereitet, nämlich ausgewählte Kurzprosa, die Dystopie „QualityLand" von Marc-Uwe Kling und das Thema: „Kommunikation und Manipulation im digitalen Zeitalter".

Für die Prüfung werden zwei Bereiche ausgewählt, das heißt, dass du zwischen zwei Prüfungsaufgaben wählen kannst. Die Themen erfährst du erst in der Prüfung. Darum solltest du auf alle drei Bereiche vorbereitet sein. Du hast **15 Minuten** lang Zeit **für die Auswahl einer Aufgabe**. Die nicht bearbeitete Aufgabe musst du wieder abgeben. **Für die Bearbeitung der Aufgabe** stehen **180 Minuten** zur Verfügung.

3 Themenbereiche im Unterricht und mit FiNALE vorbereiten

1. Themenbereich	→	**2. Themenbereich**	→	**3. Themenbereich**
Kurzprosa von Wolfgang Borchert, Sibylle Berg, Karl Olsberg, Jenny Aloni und Thomas Bernhard		Marc-Uwe Kling: Quality-Land (Roman)		Sachthema: Kommunikation und Manipulation im digitalen Zeitalter (Sachtexte, Grafiken, Karikaturen)

2 Prüfungsaufgaben zur Auswahl

1. Prüfungsaufgabe	→	**2. Prüfungsaufgabe**	→	**Prüfungsaufgabe auswählen**
Ausgewählt aus einem Themenbereich		Ausgewählt aus einem anderen Themenbereich		15 Minuten

1 Prüfungsaufgabe bearbeiten

Prüfungsaufgabe verstehen	→	**Prüfungsaufgabe bearbeiten**	→	**Prüfungsaufgabe abgeben**
Die Aufgabenstellung genau lesen und verstehen, was zu tun ist		180 Minuten		

1. Markiere im Schaubild oben die wichtigen Informationen.
2. In der Prüfung wählst du Aufgaben zu einem Themenbereich aus. Erkläre, warum du dich trotzdem auf alle drei Themenbereiche vorbereiten musst.

B Themenbereich 1: Kurzprosa nach 1945 bis zur Gegenwart

B 1 Arbeitsplan und Checkliste für den Inhaltsbereich 1: Kurzprosa

Das Lernprotokoll führt auf, was du zur Vorbereitung auf die Prüfung erarbeitet haben musst. Trage für jeden Aspekt ein, wann du ihn bearbeitet hast. Vergleiche zur Selbsteinschätzung deine Ergebnisse mit den Lösungen im beiliegenden Lösungsheft und notiere, wie gut deine Lösung gelungen ist:

+++ = sehr sicher / vollständig erfüllt
++ = größtenteils sicher / erfüllt
+ = manchmal unsicher / manches nicht erfüllt
0 = oft unsicher / oft nicht erfüllt
– = unsicher / nicht erfüllt.

Falls du mit bestimmten Bereichen nicht zufrieden bist, schau dir die Aufgabe noch einmal genau an und versuche zu verstehen, was in den Lösungen im Prüfungstrainer anders gemacht wurde.
In der rechten Spalte findest du Seitenverweise zu den Inhalten im FiNALE-Prüfungstrainer.

Lernprotokoll

	Bearbeitet am	**Selbsteinschätzung**	**Seiten in FiNALE**
Interpretation von Kurzprosa			
– Inhalt und gedanklicher Aufbau			10–14,26,28
– Figuren			10–13, 24 ff.
– Erzählweise			20, 22, 28
– sprachliche und stilistische Gestaltung			21, 28
– begründete Gesamtdeutung			17–22, 30–33
– zeitgeschichtlicher Kontext			14–16, 34 ff.
Textarten, die in der Prüfung vorkommen können			
Inhaltsangabe zur Kurzgeschichte			10–14, 20, 26
Interpretation einer Kurzgeschichte			17–22, 30 ff.
Vergleich zweier Kurzgeschichten			27–29
Dialog zwischen zwei Figuren			16
Füllen einer Leerstelle			23
Vertiefend für den E-Kurs			
E Merkmale einer Parabel			30
E Analyse und Interpretation einer Parabel			30–33
E alternatives Ende einer Parabel			33
E Begründung gestalterischer Entscheidungen			23

B 2 Merkmale einer Kurzgeschichte

Eins der drei Themen, die du – wie alle Schülerinnen und Schüler der 10. Klasse an einer IGS – für deine Abschlussprüfung vorbereiten sollst, nennt sich „Kurzprosa nach 1945 bis zur Gegenwart". Mit „Kurzprosa" sind kurze Geschichten gemeint, z. B. Kurzgeschichten oder auch Parabeln. (Parabeln werden nur im E-Kurs behandelt, vgl. S. 30.) Auf dieser Seite sind die Merkmale zusammengefasst, die für die Textart „Kurzgeschichte" bestimmend sind.

1 Informiere dich mithilfe des folgenden Kastens über die Gattung „Kurzgeschichte" und markiere die wichtigsten Hinweise.

INFO Die Kurzgeschichte

Der „Prosaliteratur" werden Texte zugeordnet, die in freier, ungebundener Sprache verfasst sind, also keine Gedichte oder auch Dramen in Vers- und Reimform, sondern beispielsweise Romane und Erzählungen, aber auch Kleinformen wie Fabeln oder **Kurzgeschichten**. Während die erstgenannten Genres schon eine lange Tradition in der deutschen Literatur haben, setzte sich die Kurzgeschichte erst nach dem Zweiten Weltkrieg, ab 1945, in Deutschland durch. Inspiriert wurden die deutschen Autoren dabei von amerikanischen Kollegen, wie Mark Twain oder Ernest Hemingway, die bereits seit dem 19. Jahrhundert „short stories" verfassten und in Zeitschriften veröffentlichten.

Die typische deutsche Kurzgeschichte der ersten Generation handelt vor allem vom Leben in der Nachkriegszeit. Sie wird der sogenannten „Trümmerliteratur" zugeordnet, worüber du weitere Informationen auf Seite 14 findest. Ca. 15 Jahre nach Kriegsende beschäftigt sich die Kurzgeschichte inhaltlich weniger mit den Folgen des Zweiten Weltkriegs, sondern mehr mit Alltagserlebnissen. Heute werden Kurzgeschichten seltener als zu Beginn in Zeitungen veröffentlicht. Jedoch finden regelmäßig Kurzgeschichtenwettbewerbe statt, oft zu einem vorgegebenen Thema.
Ebenfalls spielt die Kurzgeschichte noch eine große Rolle im Deutschunterricht, da sie ungekürzt in geringer Zeit gelesen, als Gesamtwerk analysiert und interpretiert werden kann sowie meist zum Nachdenken über das menschliche Leben im Allgemeinen anregt.
Über eine klare Definition einer Kurzgeschichte wird in der Literaturwissenschaft übrigens immer noch diskutiert. Allerdings können neun Merkmale benannt werden, die auf die meisten Kurzgeschichten zutreffen (siehe Aufgabe 2).

2 Notiere stichwortartig die neun typischen Merkmale einer Kurzgeschichte, die du schon kennst. Ergänze fehlende Punkte ggf. mithilfe des Lösungsheftes.

1. offener, unvermittelter Anfang ohne Einleitung
2. offenes Ende (keine Auflösung des Konflikts und kein Hinweis auf den Fortgang der Geschichte)
3.
4.
5.
6.
7.
8.
9.

3 Lies Wolfgang Borcherts „Das Holz für morgen“ auf Seite 10 f. und prüfe, ob es sich dabei um eine Kurzgeschichte handelt. Fülle dazu diese Tabelle aus:

Merkmale einer Kurzgeschichte	**Beispiele dafür aus: „Das Holz für morgen“**
offener Anfang	keine Vorstellung des Protagonisten, lediglich Information, dass er die Tür schließt (unvermittelter Beginn)
offenes Ende	Protagonist springt die Treppe abwärts; wie es weitergeht, können die Leser nur erahnen (voraussichtlich kein Selbstmord)

4 Erkläre in einem kurzen Text, ob es sich bei dem in Aufgabe 3 überprüften Text um eine Kurzgeschichte handelt. Begründe dein Ergebnis.

____

____

____

____

B 3 Prüfungsbeispiel zu Wolfgang Borchert „Das Holz für morgen“

Die folgende Aufgabenstellung entspricht ungefähr einer Aufgabenstellung, wie sie in einer Prüfungsaufgabe vorkommen kann. Sie beschäftigt sich mit dem Thema „Ausweglosigkeit oder Hoffnung?“. Bearbeite die Aufgaben und orientiere dich dazu an den sechs Schritten.

Erster Schritt: Die Aufgabenstellung verstehen

❶ Lies die Aufgabenstellung genau und unterstreiche, was du jeweils tun sollst.

TIPP Die Aufgabe verstehen

Lies die Aufgabe genau und markiere:
- Worum geht es? Was ist das **Thema?**
- Was verlangen die Aufgaben von dir? Welche **Art von Text** sollst du schreiben?

Aufgabenstellung

(1) Fasse Wolfgang Borcherts Kurzgeschichte „Das Holz für morgen“ zusammen.
(2) Erkläre, inwiefern die Geschichte typisch für ihre Entstehungszeit ist. Woran erkennt man einen Bezug zum Zweiten Weltkrieg? Belege am Text.

(3) Für den **E**-Kurs:
   a) Stell dir vor, der Protagonist vertraut sich am nächsten Tag seiner Mutter an und schildert ihr seine Verzweiflung. Schreibe den Dialog.
   b) Begründe anschließend deine gestalterischen Entscheidungen.

Zweiter Schritt: Die Kurzgeschichte lesen und bearbeiten

❷ Lies die Kurzgeschichte mehrmals, bis du sie gut verstanden hast. Beachte die Ratschläge im Tipp.

Das Holz für morgen (1947) *Wolfgang Borchert*

Protagonist ist verzweifelt, will sich umbringen

Er machte die Etagentür hinter sich zu. Er machte sie leise und ohne viel Aufhebens hinter sich zu, obgleich er sich das Leben nehmen wollte. Das Leben, das er nicht verstand und in dem er nicht verstanden wurde. Er wurde nicht von denen verstanden, die er liebte. Und gerade das hielt er nicht aus, dieses Aneinandervorbeisein mit denen, die er liebte.

Aber es war noch mehr da, das so groß wurde, dass es alles überwuchs, und das sich nicht wegschieben lassen wollte.

Das war, dass er nachts weinen konnte, ohne dass die, die er liebte, ihn hörten. Das war, dass er sah, dass seine Mutter, die er liebte, älter wurde und dass er das sah. Das

TIPP Den Text bearbeiten

- Markiere (am besten farblich) Textstellen, die dir besonders wichtig sind. Du kannst auch Symbole nutzen, z. B.: (**!**).
- Notiere Stichwörter zum Inhalt am Textrand.
- Verstehst du ein Wort nicht, kennzeichne es: (**?**). Wenn du es nicht aus dem Zusammenhang erschließen kannst, schlage im Wörterbuch nach und schreibe die Bedeutung auf.

war, dass er mit den anderen im Zimmer sitzen konnte, mit ihnen lachen konnte und dabei einsamer war als je. Das war, dass die anderen es nicht schießen hörten, wenn er es hörte. Dass sie das nie hören wollten. Das war dieses Aneinandervorbeisein mit denen, die er liebte, das er nicht aushielt.

Nun stand er im Treppenhaus und wollte zum Boden hinaufgehen und sich das Leben nehmen. Er hatte die ganze Nacht überlegt, wie er das machen wollte, und er war zu dem Entschluss gekommen, dass er vor allem auf den Boden hinaufgehen müsse, denn da wäre man allein und das war die Vorbedingung für alles andere. Zum Erschießen hatte er nichts und Vergiften war ihm zu unsicher. Keine Blamage wäre größer gewesen, als dann mit Hilfe eines Arztes wieder in das Leben zurückzukommen und die vorwurfsvollen mitleidigen Gesichter der anderen, die so voll Liebe und Angst für ihn waren, ertragen zu müssen. Und sich ertränken, das fand er zu pathetisch[1], und sich aus dem Fenster stürzen, das fand er zu aufgeregt. Nein, das Beste würde es sein, man ginge auf den Boden. Da war man allein. Da war es still. Da war alles ganz unauffällig und ohne viel Aufhebens. Und da waren vor allem die Querbalken vom Dachstuhl. Und der Wäschekorb mit der Leine.

Als er die Etagentür leise hinter sich zugezogen hatte, fasste er ohne zu zögern nach dem Treppengeländer und ging langsam nach oben. Das kegelförmige Glasdach über dem Treppenhaus, das von ganz feinem Maschendraht wie von Spinngewebe durchzogen war, ließ einen blassen Himmel hindurch, der hier oben, dicht unter dem Dach, am hellsten war.

Tiefer unten in den anderen Stockwerken mussten die gelben Lampen brennen. Auch am Tage. Alle Tage. Aber hier oben war alles hell, die Stufen, die Wände und das Geländer. Hier war alles noch sauberer, Stufen, Wände und Geländer, denn dieser letzte Treppenabsatz wurde nur selten benutzt. Nur von denen, die Kohlen hatten. Und Kohlen hatte keiner. Oder wenn mal jemand Wäsche aufhängen wollte, und das machte ja keinen Schmutz. Besonders am Treppengeländer sah man, dass es fast gar nicht benutzt wurde. Es hatte noch die richtige hellbraune Holzfarbe und sah sehr sauber aus, während es in den unteren Etagen schwarzbraun und fleckig und blank war.

Fest umfasste er das saubere hellbraune Treppengeländer und ging leise und ohne viel Aufhebens nach oben. Da entdeckte er auf dem Treppengeländer einen breiten weißen Strich, der vielleicht auch etwas gelblich sein konnte. Er blieb stehen und fühlte mit dem Finger darüber, dreimal, viermal. Dann sah er zurück. Der weiße Strich ging auf dem ganzen Geländer entlang. Er beugte sich etwas vor. Ja, man konnte ihn bis tief in die dunkleren Stockwerke nach unten verfolgen. Dort wurde er ebenfalls bräunlicher, aber er blieb doch einen ganzen Farbton heller als das Holz des Geländers. Er ließ seinen Finger ein paarmal auf dem weißen Strich entlangfahren, dann sagte er plötzlich: Das hab ich ja ganz vergessen. Das war ich ja. Das habe ich ja gemacht.

Er setzte sich auf die Treppe. Und jetzt wollte ich mir das Leben nehmen und hatte das beinahe vergessen. Dabei war ich es doch. Mit der kleinen Feile, die Karlheinz gehörte. Die habe ich in die Faust genommen und dann bin ich in vollem Tempo die Treppe runtergesaust und habe dabei die Feile tief in das weiche Geländer gedrückt. In den Kurven habe ich besonders stark gedrückt, um zu bremsen. Als ich unten war, ging über das Treppengeländer vom Boden bis zum Erdgeschoß eine tiefe, tiefe Rille. Das war ich. Abends wurden alle Kinder verhört. Die beiden Mädchen unter uns, Karlheinz und ich. Und der nebenan. Die Hauswirtin sagte, das würde mindestens vierzig Mark kosten. Aber unsere Eltern wussten sofort, dass es von uns keiner gewesen war. Dazu gehörte ein ganz scharfer Gegenstand, und den hatte keiner von uns, das wussten sie genau. Außerdem verschandelte doch kein Kind das Treppengeländer in seinem eigenen Haus. Und dabei war ich es. Ich mit der kleinen spitzen Feile. Als keiner von den Familien die vierzig Mark für die Reparatur des Treppengeländers bezahlen wollte, schrieb die Hauswirtin auf die nächste Mieterrechnung je Haushalt fünf Mark mehr drauf für Instandsetzungskosten des stark demolierten Treppenhauses. Für dieses Geld wurde dann gleich das ganze Treppenhaus mit Linoleum ausgelegt. Und Frau Daus bekam ihren Handschuh ersetzt, den sie sich an dem aufgesplitterten Geländer zerrissen hatte. Ein Handwerker kam, hobelte die Ränder der Rille glatt und schmierte sie dann mit Kitt aus. Vom Boden bis zum Erdgeschoß. Und ich, ich war es. Und jetzt wollte ich mir das Leben nehmen und hatte das beinahe vergessen.

Er setzte sich auf die Treppe und nahm einen Zettel. Das mit dem Treppengeländer war ich, schrieb er da drauf. Und dann schrieb er oben darüber: An Frau Kaufmann, Hauswirtin. Er nahm das ganze Geld aus seiner Tasche, es waren zweiundzwanzig Mark, und faltete den Zettel da herum. Er steckte ihn oben in die kleine Brusttasche. Da finden sie ihn bestimmt, dachte er, da müssen sie ihn ja finden. Und er vergaß ganz, dass sich keiner mehr daran erinnern würde. Er vergaß, dass es schon elf Jahr her war, das vergaß er. Er stand auf, die Stufe knarrte ein wenig. Er wollte jetzt auf den Boden gehen.

Er hatte das mit dem Treppengeländer erledigt und konnte jetzt nach oben gehen, wo er allein war und wo es still war. Da wollte er sich noch einmal laut sagen, dass er es nicht mehr aushielte, das Aneinandervorbeisein mit denen, die er liebte, und dann wollte er es tun. Dann würde er es tun.

Unten ging eine Tür. Er hörte, wie seine Mutter sagte: Und dann sag ihr, sie soll das Seifenpulver nicht vergessen. Dass sie auf keinen Fall das Seifenpulver vergisst. Sag ihr, dass der Junge extra mit dem Wagen los ist, um das Holz zu holen, damit wir morgen waschen können. Sie darf auf keinen Fall das Seifenpulver vergessen, sag ihr das. Sag ihr, das wäre für Vater eine große Erleichterung, dass er nicht mehr mit dem Holzwagen los braucht und dass der Junge wieder da ist. Der Junge ist damit los und holt unser Holz für morgen. Sie soll ja das Seifenpulver nicht vergessen. Der Junge ist extra los heute. Vater sagt, das wird ihm Spaß machen. Das hat er die ganzen Jahre nicht tun können. Nun kann er Holz holen. Für uns. Für morgen zum Waschen. Sag ihr das, dass er extra mit dem Wagen los ist und dass sie mir nicht das Seifenpulver vergisst. Er ist extra los. Unser Junge.

Er hörte eine Mädchenstimme antworten. Dann wurde die Tür zugemacht und das Mädchen lief die Treppen hinunter. Er konnte ihre kleine rutschende Hand das ganze Treppengeländer entlang bis unten verfolgen. Dann hörte er nur ihre Beine noch. Dann war es still. Man hörte das Geräusch, das die Stille machte.

Er ging langsam die Treppe abwärts, langsam Stufe um Stufe abwärts. Ich muss das Holz holen, sagte er, natürlich, das hab ich ja ganz vergessen. Ich muss ja das Holz holen, für morgen.

Er ging immer schneller die Treppen hinunter und ließ seine Hand dabei kurz hintereinander auf das Treppengeländer klatschen. Das Holz, sagte er, ich muss ja das Holz holen. Für uns. Für morgen. Unser Holz. Und er sprang die letzten Stufen mit großen Sätzen abwärts.

Ganz oben ließ das dicke Glasdach einen blassen Himmel hindurch. Hier unten aber mussten die Lampen brennen. Jeden Tag.

Alle Tage.

(1 348 Wörter)

1 **pathetisch:** übertrieben, dramatisch

Quelle: Wolfgang Borchert: Das Gesamtwerk. Hrsg. v. Michael Töteberg unter Mitarbeit von Irmgard Schindler. Rowohlt, Reinbek 2007.

Dritter Schritt: Den Inhalt der Kurzgeschichte zusammenfassen

3 Gliedere den Text in Sinnabschnitte und notiere die Zeilenangaben. Fasse jeden Sinnabschnitt mit eigenen Worten stichwortartig zusammen.

Z. 1–29: Protagonist ist verzweifelt, will sich umbringen
Z. 30–57: Entschluss, sich zu erhängen (Alternativen ausgeschlossen)
Z. 58–87: Betrachtung des Treppenhauses

4 Fasse mithilfe deiner Ergebnisse aus Aufgabe 3 den Inhalt der Kurzgeschichte zusammen. Du kannst wie im Beispiel unten beginnen. Orientiere dich auch am Tipp und/oder am Infokasten auf der nächsten Seite.

In Wolfgang Borcherts Kurzgeschichte „Das Holz für morgen" aus dem Jahr 1947 geht es um einen jungen Kriegsheimkehrer, der sich inmitten seiner Familie so einsam und verzweifelt fühlt, dass er sich erhängen möchte.
Der Protagonist, der ...
Als er sich im Treppenhaus befindet, ...
Da fällt ihm wieder ein, dass er ...

TIPP Formulierungshilfen für die Zusammenfassung

Möglichkeiten der Einleitung:
In der Geschichte „Titel" von Autor X geht es um ... . / Die Kurzgeschichte „Titel" von Autor X handelt von ...

Synonyme für „dann":
daraufhin, anschließend, danach, später, sodann, darauf, nachher, hinterher ...

Synonyme für „sagen":
behaupten, berichten, beschreiben, erklären, erwidern, antworten, vorschlagen, mitteilen, mahnen, versprechen, auffordern, verlangen, betteln, anzweifeln, beschimpfen, trösten ...

INFO Den Inhalt zusammenfassen

Das Ziel einer Inhaltsangabe ist es, einen **Leser, der das Original nicht kennt, mit eigenen Worten** über die **wichtigsten Handlungsschritte** zu informieren. Es ist keine Nacherzählung gefordert, sondern der Inhalt muss **sachlich und knapp** dargestellt werden, also ohne Spannungsaufbau oder persönliche Wertungen. Eine Inhaltsangabe wird im **Präsens** verfasst. Soll etwas innerhalb der Handlung Zurückliegendes gezeigt werden, kann das Perfekt verwendet werden.
Zur Redewiedergabe s. S. 23 und 68.
Abwechslungsreiche Formulierungen verbessern die Lesbarkeit, z. B. nicht nur *„dann ..., dann ..., dann“*, sondern *„daraufhin ..., anschließend ..., später“* (vgl. Tipp auf Seite 13).
Es wird in der **Er-/Sie-Form** geschrieben.

So baust du eine Inhaltsangabe auf:
1. **Einleitung** (meist ein Satz, aber auch mehrere möglich): allgemeine Angaben zum Text (Titel der Geschichte, Autor, Textart [hier: Kurzgeschichte], Thema des Textes, Erscheinungsjahr)
2. **Hauptteil:** kurze Zusammenfassung der wichtigsten Handlungsschritte (an W-Fragen orientieren: *Wer, wann, wo, was, warum, mit welchen Folgen?)*
3. **Schluss:** sofern die Aufgabenstellung es nicht anders vorgibt, die Inhaltsangabe mit einem Hinweis auf den (bei einer Kurzgeschichte meist offenen) Schluss des Originals schließen (**nicht** etwa schreiben: „Was am Ende passiert, erfährt man, wenn man die Geschichte liest.“).

Vierter Schritt: Den zeitgeschichtlichen Kontext berücksichtigen

5 Nun hast du die erste Aufgabe erledigt und kannst dich der zweiten zuwenden: Du sollst erklären, inwiefern diese Kurzgeschichte aus dem Jahr 1947 typisch für ihre Zeit ist. Notiere daher in der linken Spalte der Tabelle auf Seite 15, was du über die Entstehungszeit weißt. Im folgenden Infokasten findest du hilfreiche Hintergrundinformationen.

INFO Nach dem Zweiten Weltkrieg: „Trümmerliteratur“

Nach Beendigung des Zweiten Weltkriegs entstand im zerstörten Nachkriegsdeutschland eine Form der Literatur, die „Trümmerliteratur“ genannt wurde. Viele deutsche Städte lagen in Schutt und Asche, die Menschen hatten Furchtbares erlebt und litten unter Hunger und Wohnungsnot. Der Schriftsteller Heinrich Böll stellte fest, dass es „so unglaublich schwer [war], nach 1945 auch nur eine halbe Seite Prosa zu schreiben“. Insofern entsprach die Kurzgeschichte der „Kurzatmigkeit“ der Zeit, in der man von Moment zu Moment lebte (zitiert nach: Metzlers Deutsche Literaturgeschichte). Diese Textart war in den USA bereits seit dem 19. Jahrhundert sehr verbreitet. Sie wurde nun von deutschsprachigen Autoren vermehrt aufgegriffen, um sich gezielt auch von der Literatur des Nationalsozialismus abzugrenzen. Die betont einfache, knappe Sprache schien ihnen besonders geeignet, die Schrecken des Krieges und der Nachkriegsjahre literarisch zu verarbeiten. Der Autor Wolfgang Borchert forderte: „Wir brauchen keine Dichter mit guter Grammatik. Zu guter Grammatik fehlt uns Geduld. Wir brauchen die mit dem heiser geschluchzten Gefühl. Die zu Baum ‚Baum‘ und zu Weib ‚Weib‘ sagen und ‚ja‘ sagen und ‚nein‘ sagen: laut und deutlich und dreifach und ohne Konjunktiv.“ (zitiert nach: Metzlers Deutsche Literaturgeschichte) Vor allem die um 1945 noch jungen Autoren, z. B. Wolfgang Borchert (1921–1947) oder Heinrich Böll (1917–1985), hatten den Krieg als Soldaten selbst erlebt. Sie wollten schlaglichtartige Einblicke in das Leben und Empfinden der Menschen geben, das von Kriegserfahrungen, Gefangenschaft, Entbehrungen und auch der Verbitterung der Kriegsheimkehrer bestimmt war.

Besonderheiten der „Trümmerliteratur“	**Belege in: „Das Holz für morgen“**
Zeit nach dem Zweiten Weltkrieg	1947 erschienen
Thema: Krieg, Kriegsheimkehrer, Nachkriegs-deutschland	Protagonist ist Kriegsheimkehrer, der „die ganzen Jahre“ (Z. 205) nicht zu Hause gewesen und nun „wieder da“ ist (Z. 199)

6 Finde nun passende Beispiele zu deinen Stichworten zur „Trümmerliteratur“ in der Kurzgeschichte. Trage sie in der rechten Spalte ein und gib zu den Textbelegen die Zeilenangaben an.

7 Verfasse den Text, den Aufgabe 2 verlangt. Du kannst wie folgt beginnen:

Dass es sich bei Wolfgang Borcherts Kurzgeschichte „Das Holz für morgen“ um einen typischen Text aus der Nachkriegszeit handelt, kann man an verschiedenen Aspekten nachweisen:
Erstens ...
Außerdem ...
Zudem ...
Darüber hinaus ...

E-Kurs: Fünfter Schritt: Einen Dialog verfassen und deine Gestaltungsentscheidungen begründen

8. Verfasse einen Dialog zwischen dem Protagonisten und seiner Mutter. Fertige zuvor mithilfe des Tippkastens Notizen an, die dir beim Schreiben helfen können.

9. Erkläre in einem kurzen Text, warum du den Dialog so geschrieben hast. Nutze auch hierzu deine Vorüberlegungen aus Aufgabe 8.

____

____

____

____

____

____

____

TIPP Einen Dialog verfassen

Versetze dich in die beiden Figuren hinein, die sich unterhalten sollen. Stelle dir dabei folgende Fragen und beantworte sie mithilfe deines Wissens aus der Kurzgeschichte (ggf. mit Zeilenangaben):

- In welcher Situation befinden sich die Figuren?
- Wie fühlen sie sich?
- Wie stehen sie zueinander? (Figurenkonstellation)
- Welche Anliegen werden im Gespräch verfolgt? Was wollen die Figuren erreichen?
- Wer beginnt das Gespräch (und wie)?
- Was sagen die Figuren zueinander?
- Was verschweigen sie (und warum?)?
- Wer hat größere Redeanteile?
- Wie reagieren die Figuren aufeinander?
- In welchem sprachlichen Stil sprechen sie miteinander, z. B. Umgangssprache, Standardsprache, mit Respekt?

Sechster Schritt: Deine Texte überarbeiten

10. Überarbeite deine Texte zur Aufgabenstellung. Nutze die folgende Checkliste und vergleiche deine Ausarbeitung mit der Beispiellösung im Lösungsheft.

CHECKLISTE zur Überarbeitung des Textes

Den Text inhaltlich überarbeiten

Hast du …

- ✓ alle Arbeitsaufträge der Aufgabenstellung berücksichtigt?
- ✓ alle Punkte in deinen Texten beachtet (z. B. Inhaltsangabe, Darstellung[en] zu in der Aufgabenstellung geforderten Aspekten, gestaltender Schreibauftrag)?
- ✓ die Texte durch Absätze gegliedert und zusammenhängend sowie abwechslungsreich geschrieben?
- ✓ deine Aussagen bei (2) am Text belegt (mit Zeilenangaben)?

Den Text sprachlich überarbeiten

Hast du …

- ✓ das richtige Tempus verwendet (z. B. in der Inhaltsangabe Präsens)?
- ✓ Textstellen in indirekter Rede wiedergegeben (im Konjunktiv, mit eigenen Worten oder mit dass-Sätzen)?
- ✓ Wiederholungen vermieden (Weglassprobe) und abwechslungsreiche Satzanfänge gewählt?
- ✓ vollständige Sätze geschrieben, die grammatischen Bezüge richtig hergestellt, Satzgefüge verwendet, die Nebensätze mit den Hauptsätzen verknüpft, zu lange Sätze aufgelöst (Punkt setzen)?
- ✓ umgangssprachliche Ausdrücke vermieden?

Rechtschreibung und Zeichensetzung überprüfen

Alle wichtigen Rechtschreibregeln findest du im Internet auf www.finaleonline.de. Dort kannst du das kostenlose „Extra-Training Rechtschreibung" herunterladen.

B 4 Prüfungsbeispiel zu Karl Olsberg „Taubers Sammlung“

Die folgende Aufgabenstellung entspricht ungefähr einer Aufgabenstellung, wie sie in einer Prüfungsaufgabe vorkommen kann. Mit der ausgewählten Kurzgeschichte hat der Autor Karl Olsberg (*1960) im Jahr 2005 den ersten Platz eines Wettbewerbs belegt. Bearbeite die Aufgaben und orientiere dich dazu an den sechs Schritten.

Erster Schritt: Die Aufgabenstellung verstehen

1. Lies die Aufgabenstellung genau und unterstreiche, was du jeweils tun sollst.

Aufgabenstellung

(1) Interpretiere die vorliegende Kurzgeschichte.

(2) Für den **G-Kurs:**
„Dann fasste sich Tauber ein Herz und begann zu erzählen“, heißt es in Zeile 135–137. Was er erzählt, erfahren wir aber nicht. Fülle diese Leerstelle und schreibe auf, was Tauber seiner Nachbarin Frau Schneider berichtet.

(2) Für den **E-Kurs:**
(a) Dann fasste sich Tauber ein Herz und begann zu erzählen“, heißt es in Zeile 135–137. Was er erzählt, erfahren wir aber nicht. Fülle diese Leerstelle und schreibe auf, was Tauber seiner Nachbarin Frau Schneider berichtet.
b) Begründe anschließend deine gestalterischen Entscheidungen.

Zweiter Schritt: Die Kurzgeschichte lesen und bearbeiten

2. Lies die Kurzgeschichte mehrmals, bis du sie gut verstanden hast. Halte dich an die Ratschläge in der Tipp-Box auf Seite 10.

Taubers Sammlung (2005) *Karl Olsberg*

Nur ein Streifen Silberpapier, weiter nichts. Aber das Mädchen mit dem Diamanten im Nasenflügel hatte ihn berührt, und er roch immer noch nach Pfefferminze wie ihr Atem. Tauber faltete ihn auseinander, bis er ein glänzendes Rechteck ergab, voller knittriger Linien. Sein Zeigefinger zitterte über die Silberbeschichtung, als versuche er, die geheime Botschaft der Linien zu entschlüsseln. Vorsichtig schob er das Papier in die Tasche seines grauen Regenmantels. Seine Augen glitten über den vertrauten Heimweg, ohne sich irgendwo festzuhalten. Was er sah, lag Minuten zurück:

Das Mädchen wickelt das Kaugummi aus, wirft das Papier achtlos auf den Bahnsteig, während sie den weichen Streifen in den Mund schiebt. Sie umfasst den Hals des hochgewachsenen, blonden Jungen, bedeckt mit ihren schlanken Händen die kleine Narbe an seinem Nacken. Sie sehen sich in die Augen, versunken in ihrer eigenen Welt, während ihr Kiefer mechanisch vor und zurück mahlt. Sie küssen sich, kurz erst und spielerisch, wie zur Probe; dann noch einmal, sehr lange. Sie holt Luft, lächelt, während er wie benommen dasteht, ein wenig verwirrt und überaus glücklich. Und dann kaut er, kaut ihr Kaugummi, während sie ihm lachend zuwinkt und in der S-Bahn verschwindet.

Tauber schloss die Tür der kleinen Wohnung auf, holte das Silberpapier aus der Manteltasche und glättete es mit Daumen und Zeigefinger. Auf dem dritten Regalboden von unten, zwischen dem Schnuller und dem roten Spielzeugauto, fand er einen geeigneten Platz. Das rote Spielzeugauto. Ganz vertieft hatte der kleine Junge damit gespielt, in der Sandkiste auf dem Spielplatz der Wohnsiedlung. Tauber hatte ihn von seinem Fenster aus beobachtet. Selbst auf diese Entfernung hatte er das Vibrieren der Lippen zu erkennen geglaubt, wenn der Junge „Brumm, brumm!" machte. Dann war der Mann mit dem Bart gekommen. Der Junge hatte aufgeblickt. Einen Moment hatte er geblinzelt, verwirrt, verunsichert. Er war aufgesprungen, auf den Mann zugelaufen, hatte seine Oberschenkel umarmt – höher reichte er nicht hinauf –, und der Mann hatte ihn hochgehoben und gedrückt und in die Luft geworfen und wieder gedrückt. Sie waren gegangen, und das rote Spielzeugauto war zurückgeblieben.

Tauber wärmte sich an der Erinnerung wie an einem Kohleofen im Winter, und es tat weh, wie Wärme eiskalten Händen wehtut. In der Nacht lag er lange wach, sah immer wieder das junge Paar auf dem Bahnsteig, empfand die Wärme und Fröhlichkeit und Traurigkeit dieses magischen Augenblicks. Wenn er nicht aufpasste, stahlen sich Bilder dazwischen von roten Lippen und lachenden Augen und kleinen Händen. Bilder, die auf seiner Seele brannten wie Alkohol auf offenem Fleisch.

In dieser Nacht hatte er einen beunruhigenden Traum. Das Kaugummipapier spiegelte sein graues Gesicht, verschwommen und zerknittert. Nach einer Weile löste sich das Spiegelbild auf, verschwand einfach, und mit ihm die Hand, die das Papier hielt. Es schaukelte zu Boden wie ein Herbstblatt, landete unbeachtet zwischen den Füßen vieler Menschen, bis es zertreten war, nur noch Unrat am Straßenrand.

Tauber wusste, was der Traum bedeutete, obwohl er sich den ganzen Morgen gegen die Erkenntnis gewehrt hatte. Zu groß war seine Furcht, dass sie ihn auslachen oder gleich in eine Anstalt für alte Leute einliefern würden, die irgendwelchen Müll in ihren Regalen sammelten.

Fremde Menschen. In seiner Wohnung. Er sah schon ihr schlecht überspieltes Erschrecken, wie sie ihm zuhörten, hin und wieder nickten und dabei ihre Blicke vor Scham in den Teppich bohrten. Aber er wusste, es gab keinen anderen Weg, wenn er das Einzige bewahren wollte, das er in all den langen, leeren Jahren geschaffen hatte.

Er begann also mit der alten Frau Schneider. Sie war immer so nett zu ihm, das musste reichen. Er traf sie, als sie mit zwei Plastiktüten von Aldi nach Hause kam, trug ihre Tüten die Treppe hinauf. Er hatte das noch nie getan, also schöpfte sie Verdacht. Ihre Augenbrauen zogen sich zusammen, als er sie fragte, ob er ihr etwas zeigen dürfe. „Was denn?" „Es ist nur ... eine Sammlung." Da musste sie lachen. „Doch nicht etwa eine Briefmarkensammlung? Mein Herbert hat Briefmarken gesammelt, wissen Sie. So haben wir uns kennengelernt. Er hat gefragt, ob er mir seine Briefmarkensammlung zeigen dürfte. Und er hat das wirklich so gemeint." Sie lächelte, und die junge, anmutige Frau, die noch immer unter all der überschüssigen Haut steckte, lugte aus ihren Augen. Er führte sie in seine Wohnung. Einen Moment lang standen sie vor dem Regal und wussten beide nicht, was sie sagen sollten. Dann fasste sich Tauber ein Herz und begann zu erzählen. Erst als der tiefgefrorene Fisch in der Aldi-Tüte in ihrer Wohnung längst aufgetaut war, schloss er: „Das ist sie nun also, meine Sammlung.“ Er zwang sich, sie anzusehen. Sie stand nur da, schluckte ein-, zweimal, fasste sich ans Auge, als sei ihr ein Insekt hineingeflogen. Dann ging sie, wortlos.

Wenige Minuten später befreite die Türglocke Tauber von seiner Enttäuschung. Frau Schneider hielt einen vergilbten Briefumschlag in beiden Händen. „Ein Liebesbrief. Der erste von meinem Herbert. Er hat eine französische Sondermarke, sehen Sie? Obwohl der Brief in Kaufbeuren abgestempelt ist. Die bei der Post haben es nicht gemerkt!“ Sie lächelte. „Das war dann immer ein Spiel zwischen uns: Er schrieb mir Briefe mit Marken aus Marokko oder Bolivien oder Neuseeland. Ein paar Mal habe ich Nachporto zahlen müssen, aber meistens nicht, und dann haben wir uns immer gefreut.“ Eine kurze Pause entstand. „Ich dachte, vielleicht, für Ihre Sammlung …“ Es gab nichts, was sich in diesem Moment zu sagen gelohnt hätte. Tauber nahm den Brief mit zitternden Händen und legte ihn neben das rote Spielzeugauto. Er sah ihre Freude, und ehe er es verhindern konnte, zogen sich auch seine Mundwinkel nach oben. Es war ein ungewohntes Gefühl.

Ein paar Tage später klingelte Frau Henke aus dem dritten Stock. Frau Schneider hatte ihr von Taubers Sammlung erzählt, genau wie Herrn Breitkamm. So fing es an. Immer häufiger ertönte Taubers elektronischer Gong, der so lange unbenutzt gewesen war. Die meisten wollten nur mal gucken und gingen rasch wieder. Manche grinsten, manche lachten, manche machten Witze, manche klopften Tauber auf die Schulter. Doch manchmal hörte auch jemand einfach nur zu. Und verstand.

Einige von diesen kamen zweimal, und beim zweiten Mal brachten sie selbst etwas mit: unscheinbare kleine Dinge, nur Müll in den Augen vieler. Sie lächelten, wenn sie ihre eigenen Geschichten vom Glück erzählten. Und manchmal lächelte Tauber mit.

An einem Dienstag im Mai, draußen herrschte Schmetterlingsluft, fühlte er sich stark genug. Er holte den Pappkarton hervor, der all die Jahre ganz hinten in der Abstellkammer auf diesen Tag gewartet hatte. Das war noch übrig von seinem eigenen Glück: ein Fotoalbum. Eine Mappe, darin Geburtsurkunden, Schreiben von der Versicherung, das Familienstammbuch. Ein Hase aus abgegriffenem Plüsch. Und das Foto, das Sophie mit den Zwillingen zeigte, ein Picknick am See, in der Woche vor dem Unfall.

Lange saß Tauber auf dem Boden, zwischen Eimer und Staubsauger, und hielt sich mit beiden Händen an dem schmalen Silberrahmen fest. Endlich stand er auf und stellte das Bild in seine Sammlung.

(1 142 Wörter)

Quelle: Ein Streifen Silberpapier. Geschichten vom Glück. Hrsg. von der MVB Marketing- und Verlagsservice des Buchhandels GmbH in Kooperation mit der Books on Demand GmbH. Books on Demand, Frankfurt a. M. 2005.

Dritter Schritt: Die Interpretation vorbereiten

INFO Eine Kurzgeschichte interpretieren

Bei einer Interpretation geht es darum, einen Text unter verschiedenen Blickwinkeln zu betrachten und ihn zu deuten. Es geht zentral um die Frage, welche Darstellungsabsicht/Wirkung der Text möglicherweise vermittelt. Um zu einer Einschätzung zu gelangen, ist eine Analyse der inhaltlichen und sprachlichen Gestaltung des Textes notwendig. Belege deine Beobachtungen am Text, entweder mit direkten Zitaten oder mit Verweisen: Zeilenangaben nicht vergessen!

So baust du eine Interpretation auf:

1. **Einleitung** (meist ein Satz, aber auch mehrere möglich):
   - allgemeine Angaben zum Text (**Titel** der Geschichte, **Autor**, **Textart** (hier: Kurzgeschichte), **Thema** des Textes, **Erscheinungsjahr**) und
   - eine **Interpretations-** oder **Deutungshypothese**, in der man knapp ein erstes persönliches Verständnis des Textes formuliert, welches dann im Hauptteil in der Analyse zu belegen ist, z. B. „In der Geschichte wird deutlich, dass sich Tauber zunächst abhängig vom Glück anderer Menschen macht, indem er sein eigenes Unglück verdrängt."
2. **Hauptteil:** kurze Inhaltszusammenfassung (vgl. Seite 14), Gliederung des Textes in Sinnabschnitte (mit Zeilenangaben), Deutung der Geschichte (orientiert an der Interpretationshypothese) unter Analyse der Erzähltechnik, der Figuren(-konstellation), der Zeit- und Raumdarstellung und der sprachlichen Gestaltung (z. B. rhetorische Stilmittel).
3. **Schluss:** Zusammenfassung der Interpretationsergebnisse, Rückbezug auf Interpretationshypothese (Konnte sie bestätigt werden?), Wirkung der Kurzgeschichte.

3 Rufe dir mithilfe des Infokastens oben in Erinnerung, wie eine Interpretation aufgebaut ist. Bereite dich dann auf das Verfassen deiner Interpretation vor, indem du eine Stoffsammlung anlegst:

a) Gliedere die Kurzgeschichte in Sinnabschnitte und notiere die Zeilenangaben. Fasse jeden Sinnabschnitt in eigenen Worten stichwortartig bzw. in einem kurzen Satz zusammen.

Z. 1–44: Tauber sammelt Kaugummipapier auf und fügt es der Sammlung hinzu
Z. 44–65: Geschichte des Spielzeugautos
Z. 66–91: Nächtlicher Traum

____

____

____

____

b) Analysiere die Kurzgeschichte formal. Nutze dazu den Infokasten auf S. 22.

Erzählform: __________

Erzählverhalten: __________

Form der Darbietung: __________

Tempus: __________

Zeit: ______________________________

Ort: ______________________________

sprachliche Gestaltung: ______________________________

____

____

____

____

____

____

c) Überlege auf Grundlage deiner Analyse, wie du den Text verstehst (= wie du ihn deutest):

Worum geht es in der Kurzgeschichte? Welche Botschaft vermittelt sie? Um diese Fragen beantworten zu können, markiere noch einmal wichtige Textstellen und schreibe dann stichwortartig Ideen zur Deutung an den Rand. Verknüpfe Inhalt und Form. Zum Beispiel:

- „Vorsichtig schob er das Papier in die Tasche [...]“ (Z. 12–13) → Tauber behandelt seine Fundstücke wie Schätze. Den besonderen Wert, den sie für ihn haben, betont das Adjektiv „vorsichtig“ am Satzanfang.
- „Bilder, die auf seiner Seele brannten wie Alkohol auf offenem Fleisch.“ (Z. 78–79) → Tauber drängen sich nachts sehr schmerzhafte Erinnerungen auf (rhetorisches Stilmittel des Vergleichs, „wie Alkohol“, macht den Schmerz für die Leser anschaulich vorstellbar)
- „Immer häufiger ertönte Taubers elektronischer Gong, der so lange unbenutzt gewesen war.“ (Z. 177–180) → Tauber war bislang sehr einsam, hatte nie Besuch

____

____

____

____

____

____

____

____

____

____

____

____

____

____

INFO Die formale Analyse einer Kurzgeschichte

Die Interpretation einer Kurzgeschichte befasst sich vor allem mit der Handlung der Kurzgeschichte. Darüber hinaus enthält sie aber auch eine **formale Analyse**. Dabei achtest du nicht darauf, was erzählt wird (Inhalt), sondern **wie** es erzählt wird (**Form**).

Erzähltechnik:
- die **Erzählform:** Er-/Sie-Form, Ich-Form,
- das **Erzählverhalten:** auktorial (allwissend), personal (aus der Sicht einer Figur) oder neutral (sachlich beschreibend, wie ein Protokoll). Beachte: Das Erzählverhalten kann sich im Text ändern.
- die **Form der Darbietung:** Erzählerbericht (Erzähler erzählt allein), Figurenrede (Figuren kommen zu Wort, z. B. in direkter Rede, in indirekter Rede, in einem inneren Monolog in der Ich-Form oder in der erlebten Rede in der Er-/Sie-Form). Auch hier ist ein Wechsel im Text möglich!

Tempus:
Präsens (sie liest), Perfekt (sie hat gelesen), Präteritum (sie las), Plusquamperfekt (sie hatte gelesen), Futur (sie wird lesen), Futur II (sie wird gelesen haben)

Gestaltung der Zeit (Verhältnis von Erzählzeit zu erzählter Zeit):
- **Zeitdeckung:** Erzählzeit = erzählte Zeit
- **Zeitraffung:** Erzählzeit kürzer als erzählte Zeit (in der Kurzgeschichte werden z. B. mehrere Wochen beschrieben)
- **Zeitdehnung:** Erzählzeit länger als erzählte Zeit (eine Minute im Leben des Protagonisten wird z. B. auf mehreren Seiten genau beschrieben)

Gestaltung des Ortes:
Ist erkennbar, wo die Geschichte spielt? Finden Ortswechsel statt?

Sprachliche Gestaltung:
Welche Sprache wird in der Kurzgeschichte verwendet, z. B. Umgangssprache, Standardsprache oder Fachsprache?
Gibt es eher lange oder eher kurze Sätze, vorwiegend Hauptsätze (Parataxen) oder Satzgefüge (Hypotaxen)?
Ist die Geschichte leicht zu verstehen?
Welche Stilmittel (z. B. Metaphern, Vergleiche, Ironie) finden sich und wie wirken diese? (vgl. Auflistung der sprachlichen Mittel auf Seite 142)

Vierter Schritt: Eine Interpretation verfassen

4 Erstelle einen Schreibplan für deine Interpretation. Du kannst dich an folgendem Beispiel orientieren.

1. Einleitung:
- allgemeine Angaben, z. B.: „In Karl Olsbergs Kurzgeschichte „Taubers Sammlung“ aus dem Jahr 2005 geht es um den älteren Herrn Tauber, der Gegenstände sammelt, um dadurch das Glück anderer Menschen nachzuempfinden.“
- Interpretationshypothese, z. B.: „In der Geschichte wird deutlich, dass sich Tauber zunächst von diesen Gegenständen abhängig macht, weil er seine eigene Familientragödie verdrängt.“

2. Hauptteil:
- kurze Inhaltsangabe (ohne Zitate!)
- Sinnabschnitte der Geschichte (Zeilenangaben!)
- formale Analyse (Erzähltechnik usw.)
- Deutung der Geschichte (Einsamkeit durch Unglück des Unfalls, schmerzhafte Erinnerungen, Verdrängung durch Sammeln neuer Glücksmomente anderer Menschen, Sammlung wird zu Familienersatz, letztlich Auseinandersetzung mit Vergangenheit dank neuer Kontakte und somit möglicher Neubeginn)
- Analyse der Sprache

3. Schluss:
- Zusammenfassung der Interpretationsergebnisse
- Rückbezug auf Interpretationshypothese (kann anhand der Interpretation bestätigt werden)
- Intention und Wirkung der Kurzgeschichte (kleine Glücksmomente bewusst wahrnehmen)

TIPP Richtig zitieren

Verwende sowohl direkte als auch indirekte Zitate, um deine Interpretation zu untermauern.

Direktes Zitat:

Zitate immer kenntlich machen → Anführungszeichen! Beispiel:

Dass Tauber einsam ist, erkennt man daran, dass er von „langen, leeren Jahren“ (Z. 108–109) spricht.

Auslassungen mitten im Zitat musst du mit [...] kennzeichnen: „An einem Dienstag im Mai [...] fühlte er sich stark genug“ (Z. 195–197) für die Erinnerung an seine Vergangenheit.

Indirektes Zitat:

Im Treppenhaus spricht Tauber seine Nachbarin Frau Schneider an (vgl. Z. 110 ff.).
(vgl. = vergleiche)

Zeilenangabe:

In Klammern gibst du die Zeile im Text an, z. B. (Z. 1). Bei mehreren Zeilen: (Z. 1–2) oder (Z. 1f.) (f = folgende)
Statt (Z. 1–3) kannst du auch (Z. 1ff.) verwenden. Mit ff. werden mindestens zwei Folgezeilen gemeint.

5 Verfasse nun die Interpretation und denke immer an entsprechende Textbelege. Wenn du beim Zitieren unsicher bist, hilft der Tipp.

Fünfter Schritt: Eine Leerstelle in einer Kurzgeschichte füllen

6 In der zweiten Prüfungsaufgabe sollst du eine Leerstelle in der Geschichte füllen, also aufschreiben, was Tauber seiner Nachbarin erzählen könnte, sodass die Geschichte danach sinnvoll fortgesetzt werden kann. Mache dir dazu Notizen und verfasse Taubers Darstellung.

7 Für den E-Kurs:
Begründe deine Gestaltung, indem du erklärst, warum du dich für deine Vorgehensweise entschieden hast und welche Erzählmöglichkeiten sie dir eröffnet.

Sechster Schritt: Deine Texte überarbeiten

8 Überarbeite deine Texte zur Aufgabenstellung. Nutze die Checkliste auf Seite 16 und vergleiche deine Ausarbeitung mit der Beispiellösung im Lösungsheft.

B 5 Prüfungsbeispiel zu Sibylle Berg „Nacht“

Die folgende Aufgabenstellung entspricht ungefähr einer Aufgabenstellung, wie sie in einer Prüfungsaufgabe vorkommen kann. Sie beschäftigt sich mit dem Vergleich zweier Kurzgeschichten von Sibylle Berg (*1962). Die Geschichte „Nacht“ wird als Pflichttext für die Klasse 10 vorgegeben. Bearbeite die Aufgaben und orientiere dich dazu an den sechs Schritten.

Erster Schritt: Die Aufgabenstellung verstehen

1 Lies die Aufgabenstellung genau und unterstreiche, was du jeweils tun sollst.

Aufgabenstellung

(1) Fasse die beiden Kurzgeschichten von Sibylle Berg jeweils kurz zusammen.

(2) Vergleiche die beiden Geschichten miteinander.
   a) Welche inhaltlichen Parallelen sind zu erkennen, welche Unterschiede? Achte dabei insbesondere auf die Gefühle der Protagonisten (Hauptfiguren).
   b) Worin bestehen sprachliche Gemeinsamkeiten und Unterschiede?

Zweiter Schritt: Die Kurzgeschichten lesen und bearbeiten

2 Lies die beiden Kurzgeschichten mehrmals, bis du sie gut verstanden hast. Halte dich an die Ratschläge in der Tipp-Box auf Seite 10.

Nacht (2001) *Sibylle Berg*

Sie waren mit Tausenden aus unterschiedlichen Türen in den Abend geschoben. Es war eng auf den Straßen, zu viele Menschen, müde und sich zu dicht, der Himmel war rosa. Die Menschen würden den Himmel ignorieren, den Abend und würden nach Hause gehen. Säßen dann auf der Couch, würden Gurken essen und mit einem kleinen Schmerz den Himmel ansehen, der vom Rosa ins Hellblaue wechseln würde, dann lila, bevor er unterginge. Eine Nacht wie geschaffen, alles hinter sich zu lassen, aber wofür? Sie funktionierten in dem, was ihnen Halt schien, die Menschen in der Stadt, und Halt kennt keine Pausen, Regeln, keine stille Zeit, in der Unbekanntes Raum hätte zu verunsichern mit dummen Fragen. Das Mädchen und der Junge gingen nicht nach Hause. Sie waren jung, da hat man manchmal noch Mut. Etwas ganz Verrücktes müsste man heute tun, dachten beide unabhängig voneinander, doch das ist kein Wunder, denn bei so vielen Menschen auf der Welt kann es leicht vorkommen, dass sich Gedanken gleichen. Sie gingen auf einen Berg, der die Stadt beschützte. Dort stand ein hoher Aussichtsturm, bis zu den Alpen konnte man schauen und konnte ihnen Namen geben, den Alpen. Die hörten dann darauf, wenn man sie rief. Die beiden kannten sich nicht, wollten auch niemanden kennen in dieser Nacht, stiegen die 400 Stufen zum Aussichtsturm hinauf. Saßen an entgegengesetzten Enden, mürrisch zuerst, dass da noch einer war. So sind die Menschen, Revierverletzung nennt man das. Doch dann vergaßen sie die Anwesenheit und dachten in die Nacht. Vom Fliegen, vom Weggehen und Niemals-Zurückkommen handelten die Gedanken, und ohne dass es ihnen bewusst gewesen wäre, saßen sie bald nebeneinander und sagten die Gedanken laut.

Die Gedanken ähnelten sich, was nicht verwundert, bei so vielen Menschen auf der Welt, und doch ist es wie Schicksal, einen zu treffen, der spricht, was du gerade sagen möchtest. Und die Worte wurden weich, in der Nacht, klare Sätze wichen dem süßen Brei, den Verliebte aus ihren Mündern lassen, um sich darauf zum Schlafen zu legen. Sie hielten sich an der Hand, die ganze Nacht, und wussten nicht, was schöner war. Die Geräusche, die der Wind machte, die Tiere, die sangen, oder der Geruch des anderen. Dabei ist es so einfach, sagte der Junge, man muss nur ab und zu mal nicht nach Hause gehen, sondern in den Wald. Und das Mädchen sagte, wir werden es wieder vergessen, das ist das Schlimme. Alles vergisst man, das einem gut tut, und dann steigt man wieder in die Straßenbahn, morgens, geht ins Büro, nach Hause, fragt sich, wo das Leben bleibt. Und sie saßen immer noch, als der Morgen kam, als die Stadt zu atmen begann. Tausende aus ihren Häusern, die Autos geschäftig geputzt, und die beiden erkannten, dass es das Ende von ihnen wäre, hinunterzugehen ins Leben. Ich wollte, es gäbe nur noch uns, sagte der Junge. Das Mädchen nickte, sie dachte kurz: So soll das sein, und im gleichen Moment verschwand die Welt. Nur noch ein Aussichtsturm, ein Wald, ein paar Berge blieben auf einem kleinen Stern.

(502 Wörter)

Quelle: Sibylle Berg: Das Unerfreuliche zuerst. Herrengeschichten. Kiepenheuer & Witsch, Köln 2001.

Vera sitzt auf dem Balkon (1997) *Sibylle Berg*

Vera und Helge sind verheiratet. Schon lange. Wissen sie eigentlich gar nicht, warum. Sie sitzen draußen, auf dem Balkon. Es ist ein Sommerabend. Die Luft fleischwarm und macht im Menschen das Gefühl, dass er etwas unternehmen müsste, in dieser Nacht, das ihr gerecht wird, in der Aufregung, die sie verursacht. Was kann ich machen, mit so einer schönen Nacht, denkt sich Vera und weiß keine Antwort. Und eigentlich auch keine Frage. So eine Nacht ist eben eine Nacht. Die will gar nichts gemacht kriegen. Vera sieht Helge an. Der sitzt neben ihr und ist tausend Gedanken entfernt. Sie würde gerne rübergehen, zu ihm. Aber sie weiß nicht wie. Sie schaut in den Himmel und sucht dort den Satz. Der alles ändert. Ein Satz nur. Himmel, schenk mir einen. Der Himmel bleibt stumm und schön, und Wunder gibt es eben nicht. Wunder muss es aber geben, denkt Vera und guckt stur in den Himmel. Und dann guckt sie zu Helge rüber und der guckt geradeaus. Helge trinkt Bier. „Helge …“ Helge trinkt Bier. „Ein schöner Abend.“ Helge bleibt stumm, und Vera könnte gut tot umfallen. So leer fühlt sie sich an und weiß gar nicht, warum sie noch hier sitzen soll, oder aufstehen, oder weiterleben.

Der Himmel ist ein Verräter, und einen Gott gibt es nicht. Vera nimmt ihre Hand und legt sie auf die von Helge. Da liegt sie dann so. Helges Hand bewegt sich nicht. Sie fühlt, dass ihre Hand weglaufen möchte. Sie mag das schwitzige Ding nicht anfassen müssen. Nichts ist peinlicher als eine Hand, die man anfasst und die sich nicht bewegt, denkt Veras Hand, sondern nur atmet. Vor lauter Widerwillen laut atmet. Das denkt sich Veras Hand so, und Vera selbst schämt sich und nimmt ihre Hand weg, um sich eine Strähne aus dem Gesicht zu wischen. Sie steht auf und geht in die Küche. Der Abwasch steht noch da. Vera bindet sich die Schürze um. Sie wäscht ab und überlegt sich, was sie morgen ins Büro anziehen soll. Dann fällt ihr ein, dass Nora bald Geburtstag hat, und sie schüttelt den Kopf. Es gibt doch wirklich wichtigere Sachen als so einen blöden, warmen Abend und eine Hand, die nicht von ihr angefasst werden will.

(369 Wörter)

Quelle: Sibylle Berg: Ein paar Leute suchen das Glück und lachen sich tot. Reclam, Stuttgart 2017.

Dritter Schritt: Den Inhalt der Kurzgeschichten zusammenfassen (zwei Inhaltsangaben)

3 Gliedere die Kurzgeschichte „Nacht" in Sinnabschnitte und notiere die Zeilenangaben. Fasse jeden Sinnabschnitt in eigenen Worten stichwortartig bzw. in einem kurzen Satz zusammen.

Z. 1–21: Menschen im Alltag gefangen, funktionieren nur noch
Z. 22–45: Mädchen und Junge brechen aus Masse aus (beide einzeln auf Berg)

4 Gliedere auch die Kurzgeschichte „Vera sitzt auf dem Balkon" in Sinnabschnitte und notiere die Zeilenangaben. Gehe so vor wie in Aufgabe 3.

Z. 1–15: Ehepaar Vera und Helge abends auf Balkon
Z. 15–24: Vera überlegt, wie sie Kontakt mit Ehemann aufnehmen kann

5 Verfasse nun nacheinander die beiden Inhaltsangaben und denke an jeweils eine eigene Einleitung. (Informationen für die Inhaltszusammenfassung findest du auf Seite 14, Formulierungshilfen im Tipp auf Seite 13.) Beispiele für die Einleitungen:

In Sibylle Bergs Kurzgeschichte „Nacht" aus dem Jahr 2001 geht es um zwei junge Menschen, die in einer schönen Sommernacht aus dem Alltagsleben in der Stadt ausbrechen und sich auf einem Aussichtsturm ineinander verlieben.

Zunächst wird beschrieben, wie die meisten Menschen in der Stadt nach der Arbeit erschöpft nach Hause gehen, um dort ...
Ein junges Mädchen und ein Junge hingegen entscheiden sich jeweils dazu, ...

Die Kurzgeschichte „Vera sitzt auf dem Balkon“, ebenfalls von Sibylle Berg verfasst, allerdings schon vier Jahre zuvor, handelt von einem Ehepaar, das sich nach vielen Jahren nichts mehr zu sagen und sich entfremdet hat, obwohl die Frau gewillt ist, den Kontakt wiederherzustellen.
Die beiden Ehepartner Vera und Helge wissen selbst nicht mehr, warum sie überhaupt verheiratet sind. Sie sitzen ...

Vierter Schritt: Zwei Kurzgeschichten vergleichen – Vorarbeit

INFO Zwei Kurzgeschichten vergleichen

In der Prüfung kann es durchaus vorkommen, dass zwei Kurzgeschichten miteinander verglichen werden sollen. Noch wahrscheinlicher ist es, dass dir eine neue Kurzgeschichte präsentiert wird, die du mit einer bereits aus dem Unterricht bekannten Geschichte vergleichen sollst.
Dazu musst du beide Texte gründlich gelesen und verstanden haben.
Falls in der Aufgabenstellung ein bestimmter Vergleichsaspekt festgelegt wird, achte besonders auf entsprechende Gemeinsamkeiten und Unterschiede, hier: die Gefühlslage der Protagonisten (Hauptfiguren).
Lege für die Stoffsammlung eine Tabelle an, in der du die wichtigsten Parallelen und Unterschiede festhältst (s. S. 28). Sie dient beim Schreiben der Orientierung.
Verfasse anschließend den Vergleich, der so aufgebaut werden kann:

1. **Einleitung:** Angabe der Texte mit den wichtigsten Daten, Thema der Texte, Ankündigung des Vergleichs – ggf. unter Bezug auf den in der Aufgabe vorgegebenen Vergleichsaspekt.

2. **Hauptteil mit Vergleich des Inhalts und der Form der Kurzgeschichten:**
   - Wie in einer üblichen Interpretation werden in BEIDEN Geschichten die wichtigsten inhaltlichen Aspekte (Handlung, Thema, Figuren, Problem usw.) sowie die formale Gestaltung (Erzähltechnik, rhetorische Stilmittel usw.) analysiert und gedeutet. Zusätzlich werden diese Ergebnisse miteinander verglichen. Unbedingt auf den Vergleichsaspekt aus der Aufgabenstellung ausführlich eingehen!
   - Eine gut strukturierte Darstellung des Vergleichs ist wegen der vielen Aspekte besonders wichtig, z. B. erst alle Gemeinsamkeiten, dann alle Unterschiede oder erst die Form beider Geschichten, dann der Inhalt. Auch möglich: Vergleich nach verschiedenen Aspekten, Texte also immer abwechselnd betrachten.

3. **Fazit:** Zusammenfassung des Vergleichs (Welche sind die offensichtlichsten Gemeinsamkeiten, worin unterscheiden sich die Geschichten deutlich? Wie wirken die Texte jeweils?) Insbesondere den Vergleichsaspekt aus der Aufgabenstellung hier noch einmal abschließend betrachten!

Arbeite im Hauptteil bei Gegenüberstellungen mit Belegen aus beiden Texten. Zitate werden mit einem Buchstaben gekennzeichnet, damit der Textbezug ersichtlich ist, z. B. (N, Z. 1) (N für „Nacht“) und (V, Z. 4) (V für „Vera“)

6 Vergleiche die beiden Kurzgeschichten und stelle inhaltliche sowie formale Gemeinsamkeiten und Unterschiede fest. Markiere diese in den Texten mit verschiedenen Farben und notiere sie dann in der folgenden Tabelle. Falls der Platz nicht ausreicht, kannst die Tabelle im Heft fortsetzen.

	„Nacht“	„Vera sitzt auf dem Balkon“
Inhaltliche Gemeinsamkeiten	– traumhafter Sommerabend und folgende Nacht (vgl. Z. 3–15) – Frage, was mit der Nacht anzufangen sei (vgl. Z. 14 f.) – zwei Menschen (männlich und weiblich) (vgl. Z. 22)	– traumhafter Sommerabend und beginnende Nacht (vgl. Z. 4–8) – Frage, was mit der Nacht anzufangen sei (vgl. Z. 10–13) – zwei Menschen (männlich und weiblich) (vgl. Z. 1)
Inhaltliche Unterschiede	– junge Menschen, die sich erst kennenlernen und sich trotzdem nah sind (vgl. Z. 53–57)	– ältere Menschen, die lange verheiratet und sich trotzdem fremd sind (vgl. Z. 2 f.)
Formale Gemeinsamkeiten	– Er-/Sie-Form	– Er-/Sie-Form
Formale Unterschiede	– Tempus: Präteritum	– Tempus: Präsens

7 Erstelle einen Schreibplan für den Vergleich. Als Orientierung kann folgende Gliederung dienen:

1. Einleitung
   - Angabe der Texte mit den wichtigsten Daten
   - Thema der Texte
   - Ankündigung des Vergleichs (ggf. vorgegebener Vergleichsaspekt: Gefühle der Protagonisten)

2. Hauptteil mit Vergleich
   A Formale Gemeinsamkeiten:
   - Er-/Sie-Form
   - ...

   B Formale Unterschiede:
   - Tempus: Präteritum vs. Präsens
   - ...

   C Inhaltliche Gemeinsamkeiten:
   - Sommerabend
   - Frage, was man mit der Nacht anfangen könne
   - ...

   D Inhaltliche Unterschiede:
   - zwei seelenverwandte, verliebte junge Menschen vs. zwei entfremdete Verheiratete
   - problemlose, automatische Annäherung vs. Unsicherheit bezüglich Kontaktaufnahme
   - ...

3. Fazit
   - Zusammenfassung des Vergleichs: Gefühlslage völlig unterschiedlich
   - Ungeklärte Fragen: Junge Menschen wirklich seelenverwandt oder später wie Vera und Helge?

Fünfter Schritt: Zwei Kurzgeschichten in einem Fließtext vergleichen

8 Verfasse den vergleichenden Text und orientiere dich an folgenden Formulierungshilfen.

INFO Formulierungen für den Textvergleich

Formulierungshilfen für Gemeinsamkeiten:
__(Genauso) Wie__ in der Kurzgeschichte „Nacht“ ..., __so ist auch__ in der Kurzgeschichte „Vera sitzt auf dem Balkon“ ... – __Gemeinsam ist__ den beiden vorliegenden Geschichten ... – __Ähnlich__ wird in den beiden Kurzgeschichten ... dargestellt ... – Es lassen sich __folgende Gemeinsamkeiten__ feststellen: ... – __Sowohl__ ... __als auch__ ...

Formulierungshilfen für Unterschiede:
In der Kurzgeschichte „Nacht“ ..., in der Kurzgeschichte „Vera sitzt auf dem Balkon“ __hingegen__ ... – __Während__ in der ersten Geschichte ... auffällt, ist in der zweiten Geschichte ... – __Unterschiede__ werden deutlich, wenn man ... betrachtet ... – Im __Gegensatz/Kontrast__ zur ersten Kurzgeschichte ...

Sechster Schritt: Deine Texte überarbeiten

9 Überarbeite deine Texte zur Aufgabenstellung. Nutze die Checkliste auf Seite 16 und vergleiche deine Ausarbeitung mit der Beispiellösung im Lösungsheft.

B 6 Für den E-Kurs: Prüfungsbeispiel zu Jenny Aloni „Sie sitzt auf der Mauer“

Die folgende Aufgabenstellung entspricht ungefähr einer Aufgabenstellung, wie sie in einer Prüfungsaufgabe vorkommen kann. Sie beschäftigt sich mit einer Parabel, Informationen dazu gibt der Kasten unten. Bearbeite die Aufgaben zur Parabel „Sie sitzt auf der Mauer“ und orientiere dich dazu an den sechs Schritten.

INFO Merkmale einer Parabel

Neben der Kurzgeschichte wird auch die **Parabel** der Kurzprosa zugeordnet. Es handelt sich dabei ebenfalls um eine **kurze Erzählung**, die allerdings eine **verschlüsselte Botschaft** enthält. Auf der sogenannten **„Bildebene“** wird etwas beschrieben, dessen Bedeutung auf der **„Sachebene“** erschlossen wird. Diese Ableitung bzw. dieser Vergleich müssen durch einen aufmerksamen Leser erfolgen. Eine Erklärung des Vergleichs wie in einem Gleichnis durch „so ... wie“ findet man in der Parabel nicht. Wird die Botschaft vom Leser verstanden, vermittelt die Parabel eine (oft moralische) **Lehre** oder öffnet einen neuen (kritischen) Blick auf größere Zusammenhänge oder für das Weltverständnis. Ein Ziel der Parabel ist die **Erziehung** der Leserin oder des Lesers.

Erster Schritt: Die Aufgabenstellung verstehen

1. Lies die Aufgabenstellung genau und unterstreiche, was du jeweils tun sollst.

Aufgabenstellung

(1) Interpretiere die vorliegende Parabel unter besonderer Berücksichtigung des Titels sowie des ersten und des letzten Satzes.

(2) Wie könnte ein anderes Ende der Geschichte aussehen?
a) Verfasse ein alternatives (positives) Ende, das in Zeile 37 f. einsetzt: „Die auf der Mauer sitzt, ...“
b) Begründe deine gestalterischen Entscheidungen.

Zweiter Schritt: Die Parabel lesen und bearbeiten

2. Lies die Parabel mehrmals, bis du sie gut verstanden hast.

Sie sitzt auf der Mauer (1989) *Jenny Aloni*

Sie sitzt auf der Mauer und schaut hinunter. Sie schaut nach links und schaut nach rechts. Links und rechts führen Straßen die Mauer entlang. Links und rechts gehen Menschen durch die Straßen. Es gibt Tore in der Mauer, Tore, die offenstehen. Auch durch die Tore gehen Menschen. Sie gehen hin und gehen her. Es sind Menschen, die einander gleichen. Nur tragen sie verschiedene Hüte. Die Menschen rechts der Mauer tragen rote Hüte. Auch die Menschen links der Mauer tragen rote Hüte. Doch die Hüte der Menschen links der Mauer sind eckig und die Hüte der Menschen auf der rechten Seite sind rund. Menschen mit runden Hüten gehen durch die Tore und vermengen sich mit Menschen, die eckige Hüte tragen auf der anderen Seite der Mauer. Gemisch von runden und eckigen Hüten. Plötzlich ein Knall. War es ein Schuss? Ein Signal? Die auf der Mauer sitzt und hinunterschaut, sieht, wie eckige sich von runden Hüten trennen und zurückweichen. Eckige Hüte gruppieren sich mit eckigen, runde mit runden Hüten. Zwischenräume entstehen, leere Gassen. Sie sieht Fäuste, die sich heben, eine Gruppe gegen die andere gewandt. Einzelne versuchen, die leeren Gassen zu durchschreiten, die Zwischenräume, die sie voneinander trennen. Es gelingt ihnen nicht. Sie werden zurückgehalten und zurückgestoßen. Die auf der Mauer sitzt, will rufen, daran erinnern, dass doch alle rote Hüte tragen. Kein Laut dringt aus ihrer Kehle. Doch selbst wenn sie riefe, würde ihre Stimme sie erreichen? Und selbst wenn ihre Stimme sie erreichte, würden sie ihr Verhalten deshalb ändern? Sie sieht, wie sie einer den anderen erschlagen. Sie sitzt auf der Mauer, schaut hinunter und schweigt.

(272 Wörter)

Quelle: Jenny Aloni: Gesammelte Werke Bd. 9. Kurze Prosa. Verlag Ferdinand Schöningh, Paderborn 1996.

Dritter Schritt: Die Parabel auf der Sachebene verstehen

3 Gliedere die Parabel in Sinnabschnitte:

Z. 1–22: Beobachtung von Menschen, die sich nur in der Form ihrer Hüte unterscheiden

4 Übertrage die Bild- auf die Sachebene. Trage dazu wesentliche Handlungselemente links in die Tabelle ein und finde rechts die Entsprechungen auf einer allgemeineren Ebene.

Bildebene	**Sachebene**
– die auf der Mauer Sitzende (vgl. Z. 1)	– unbeteiligte, neutrale Beobachtende (z. B. wir, aber auch Journalisten oder die schweigende Masse als Gesamtheit)

– Knall (Schuss? Signal?) (vgl. Z. 23)	– ein Vorfall (Beleidigung, Verbrechen), der alles ändert (muss noch nicht einmal wahr sein, auch angeblicher Vorfall kann selbe Wirkung haben, vgl. Unklarheit über Ursprung des Knalls!)
– Schweigen der Beobachterin (vgl. Z. 47)	– Außenstehende schweigen aus Angst, Selbstzweifel, Ignoranz, Bequemlichkeit

Vierter Schritt: Die Parabel interpretieren

5 Die Aufgabenstellung verlangt von dir, den Titel sowie die rahmenden Sätze der Parabel genauer zu beleuchten. Sieh dir die Sätze genauer an, vergleiche sie und stelle die Unterschiede fest.

„Sie sitzt auf der Mauer“ (Titel)
„Sie sitzt auf der Mauer und schaut hinunter.“ (Z. 1 f.)
„Sie sitzt auf der Mauer, schaut hinunter und schweigt.“ (Z. 46 f.)

____

____

____

6 Analysiere die Parabel formal. Nutze dazu den Infokasten zur Textanalyse auf Seite 22.

Erzählform: Er-/Sie-Form

Erzählverhalten: ______________________________

Form der Darbietung: ______________________________

Tempus: ______________________________

Zeit: ____________________

Ort: ____________________

sprachliche Gestaltung ...

7 Erstelle nun einen Schreibplan für deine Interpretation. Du kannst dich an folgendem Beispiel orientieren.

Schreibplan

1. Einleitung
- allgemeine Angaben, z. B.: „In Jenny Alonis Parabel „Sie sitzt auf der Mauer“ aus dem Jahr 1989 geht es um eine weibliche Person, die von einer Mauer aus Menschen beobachtet, die sich trotz ihrer Ähnlichkeit plötzlich feindlich gegenüberstehen.“
- Interpretationshypothese, z. B.: „Der Text zeigt, wie Vorurteile und Angst das menschliche Verhalten bestimmen und wie man durch Wegschauen gravierende Verbrechen ermöglichen kann. Dies soll im Folgenden nachgewiesen werden.“

2. Hauptteil:
- kurze Inhaltsangabe (ohne Zitate!)
- Sinnabschnitte der Geschichte (Zeilenangaben!)
- formale Analyse (Erzähltechnik usw.)
- Deutung der Geschichte, Übertrag (in Verbindung Bildebene auf Sachebene) mit entsprechender Analyse der Sprache (Inwiefern Aussage durch sprachliche Gestaltung betont?)
- besondere Beachtung der rahmenden Sätze (Titel, erster und letzter Satz)

3. Schluss:
- Zusammenfassung der Interpretationsergebnisse
- Rückbezug auf Interpretationshypothese (kann anhand der Interpretation bestätigt werden)
- Kritik der Parabel (Vorurteile, Ängste und Wegschauen ermöglichen Verbrechen)

8 Verfasse nun die Interpretation und denke immer an entsprechende Textbelege. Wenn du unsicher beim Zitieren bist, hilft der Tipp auf Seite 23.

Fünfter Schritt: Ein alternatives Ende verfassen

9 Überlege nun, wie ein positives Ende der Geschichte aussehen könnte. Sammle in einer Stoffsammlung Ideen:
- Was könnte die Beobachtende sagen/tun?
- Wie könnten die Menschen mit den roten Hüten reagieren?

10 Verfasse das alternative Ende. Es muss nicht besonders lang sein, aber deutlich anders als im Originaltext verlaufen.

11 Begründe deine Gestaltung des alternativen Schlusses.

Sechster Schritt: Deine Texte überarbeiten

12 Überarbeite deine Texte zur Aufgabenstellung. Nutze die Checkliste auf Seite 16 und vergleiche deine Ausarbeitung mit der Beispiellösung im Lösungsheft.

B 7 Für den E-Kurs: Prüfungsbeispiel zu Thomas Bernhard „Eine Maschine“

Die folgende Aufgabenstellung entspricht ungefähr einer Aufgabenstellung, wie sie in einer Prüfungsaufgabe vorkommen kann. Sie beschäftigt sich mit einer Parabel. Nähere Informationen über diese Textart findest du auf Seite 30.
Bearbeite anschließend die Aufgaben zur Parabel „Eine Maschine“ und orientiere dich dazu an den sechs Schritten.

Erster Schritt: Die Aufgabenstellung verstehen

1 Lies die Aufgabenstellung genau und unterstreiche, was du jeweils tun sollst.

Aufgabenstellung

(1) Interpretiere den vorliegenden Text.

(2) Sind die „größten Errungenschaften der Technik“ (Z. 21) für uns heute eher Gewinn oder Gefahr? Nimm kurz Stellung zu Chancen und Risiken der Technisierung (z. B. zum Einsatz von Robotern). Eine knappe Überleitung vom ersten Text, zwei ausformulierte Argumente und ein kurzes Fazit genügen.

Zweiter Schritt: Die Parabel lesen und bearbeiten

2 Lies die Parabel mehrmals, bis du sie gut verstanden hast.

Eine Maschine (1969) *Thomas Bernhard*

Eine Maschine, die wie eine Guillotine ist, schneidet von einer sich langsam fortbewegenden Gummimasse große Stücke ab und lässt sie auf ein Fließband fallen, das sich einen Stock tiefer fortbewegt und an welchem Hilfsarbeiterinnen sitzen, die die abgeschnittenen Stücke zu kontrollieren und schließlich in große Kartons zu verpacken haben. Die Maschine ist erst neun Wochen in Betrieb, und den Tag, an welchem sie der Fabrikleitung übergeben wurde, wird niemand, der bei dieser Feierlichkeit anwesend war, vergessen. Sie war auf einem eigens für sie konstruierten Eisenbahnwaggon in die Fabrik geschafft worden, und die Festredner betonten, dass diese Maschine eine der größten Errungenschaften der Technik darstelle. Sie wurde bei ihrem Eintreffen in der Fabrik von einer Musikkapelle begrüßt, und die Arbeiter und die Ingenieure empfingen sie mit abgenommenen Hüten. Ihre Montage dauerte vierzehn Tage, und die Besitzer konnten sich von ihrer Arbeitsleistung und Zuverlässigkeit überzeugen. Sie muss nur regelmäßig, und zwar alle vierzehn Tage, mit besonderen Ölen geschmiert werden. Zu diesem Zweck muss eine Arbeiterin eine Stahlwendeltreppe erklettern und das Öl durch ein Ventil langsam einfließen lassen. Der Arbeiterin wird alles bis ins Kleinste erklärt. Trotzdem rutscht das Mädchen so unglücklich aus, dass es geköpft wird. Sein Kopf platzt wie die Gummistücke hinunter. Die Arbeiterinnen, die am Fließband sitzen, sind so entsetzt, dass keine von ihnen schreien kann. Sie behandeln den Mädchenkopf gewohnheitsgemäß wie die Gummistücke. Die letzte nimmt den Kopf und verpackt ihn in einen Karton.

(237 Wörter)

Quelle: Thomas Bernhard: Ereignisse. Suhrkamp, Frankfurt a. M. 1991.

Dritter Schritt: Die Parabel auf der Sachebene verstehen

❸ Gliedere die Parabel in Sinnabschnitte:

Z. 1–11: Beschreibung der Maschine, ihrer Funktionsweise und der Aufgabe der Arbeiterinnen

___

___

❹ Übertrage die Bild- auf die Sachebene. Trage dazu wesentliche Handlungselemente links in die Tabelle ein und finde rechts die Entsprechungen auf einer allgemeineren Ebene.

Bildebene	Sachebene
– Maschine in Fabrik schneidet wie Guillotine präzise Gummistücke von Gummimasse ab (vgl. Z. 1 ff.)	– Technik übernimmt Arbeit der Menschen (z. B. Roboter)
– Hilfsarbeiterinnen in Etage darunter übernehmen Restarbeiten (Kontrolle und Verpackung) (vgl. Z. 7–11)	– Menschen sind der Technik untergeordnet, sind abhängig von der Produktion der Maschinen
– besondere Feierlichkeit zum Einsatz der Maschine: ...	–

___	___
___	___
– Mädchenkopf wird in Karton verpackt (vgl. Z. 45–49)	– Vertuschung des Vorfalls, Verdrängen des Geschehenen, um Produktionsleistung nicht zu verringern und guten Ruf der Technik zu bewahren

Vierter Schritt: Die Parabel interpretieren

5 Analysiere die Parabel formal. Nutze dazu den Infokasten auf Seite 30.

Erzählform: ___

Erzählverhalten: ___

Form der Darbietung: Erzählerbericht

Tempus: ___

Zeit: ___

Ort: ...

sprachliche Gestaltung: ...

6 Erstelle nun einen Schreibplan für deine Interpretation. Du kannst dich an folgendem Beispiel orientieren.

Schreibplan

1. Einleitung
   - allgemeine Angaben, z. B.: „Thomas Bernhards Parabel „Eine Maschine“ aus dem Jahr 1969 handelt von einer Fabrikmaschine, die so sehr verehrt wird, dass selbst ein durch sie verursachter tödlicher Unfall keine weitere Beachtung findet.“
   - Interpretationshypothese, z. B.: „Im Text wird die Kritik an der Übermacht der (neuen) Technik und am Verlust der Menschlichkeit deutlich, wie im Folgenden nachgewiesen werden soll.“

2. Hauptteil:
   - kurze Inhaltsangabe (ohne Zitate!)
   - Sinnabschnitte der Geschichte (Zeilenangaben!)
   - formale Analyse (Erzähltechnik usw.)
   - Deutung der Geschichte, Übertrag (in Verbindung Bildebene auf Sachebene) mit entsprechender Analyse der Sprache (Inwiefern Aussage durch sprachliche Gestaltung betont?)

3. Schluss:
   - Zusammenfassung der Interpretationsergebnisse
   - Rückbezug auf Interpretationshypothese (kann anhand der Interpretation bestätigt werden)
   - Kritik/Botschaft der Parabel (Dominanz der Technik, Menschlichkeit bewahren)

7 Verfasse nun die Interpretation und denke immer an entsprechende Textbelege. Wenn du unsicher beim Zitieren bist, hilft der Tipp auf Seite 23.

Fünfter Schritt: Eine Stellungnahme verfassen

8 Bereite nun deine kurze Stellungnahme zur Fragestellung in Aufgabe 2 vor, indem du Vor- und Nachteile der „größten Errungenschaften der Technik“ (Z. 21 f.) heutzutage sammelst:

Vorteile der Technik	Nachteile der Technik
– Medizintechnik (bessere Heilmethoden als früher dank neuer Maschinen)	– Verlust von Arbeitsplätzen (Ersatz des Menschen durch die Maschine)
– Präzision der Maschinen (Autopilot im Flugzeug zuverlässiger als Mensch; Ausschluss von menschlichem Versagen, das zu Flugunfällen führen kann)	– Abhängigkeit des Menschen von der Technik (Was passiert bei Ausfall der Geräte?)

9 a) Entscheide dich für eine Position und finde mithilfe der Tabelle zwei schlagkräftige Argumente. Denke an den Aufbau eines Arguments: These – Begründung – Beispiel.
b) Verfasse deine Stellungnahme. Folgende Formulierungen können dir helfen:

- Nach dem Lesen der Parabel „Eine Maschine“ von Thomas Bernhard aus dem Jahr 1969 fragt man sich, inwiefern auch heute die „größten Errungenschaften der Technik“ (Z. 21 f.) für uns eher Gewinn oder Gefahr bedeuten.
- Obwohl es sicherlich Nachteile der Technik gibt, die ja in der Parabel schon angeklungen sind, überwiegen meines Erachtens die Vorteile:
- Zum einen machen uns neue Geräte das Leben einfacher und bequemer, denn ... Zum Beispiel haben wir einen Mähroboter, sodass wir ...
  Zum anderen ist der Fortschritt besonders wichtig in der Medizin, da ... Dank neuer Geräte konnte beispielsweise ...
  Dies sind nur zwei Argumente von vielen zu Vorzügen der neuen Technik.
  ...

Sechster Schritt: Deine Texte überarbeiten

10 Überarbeite deine Texte zur Aufgabenstellung. Nutze die Checkliste auf Seite 16 und vergleiche deine Ausarbeitung mit der Beispiellösung im Lösungsheft.

C Themenbereich 2: Marc-Uwe Kling: QualityLand

C 1 Arbeitsplan und Checkliste für den Inhaltsbereich 2: Epik

Das Lernprotokoll führt auf, was du für die Prüfung vorbereitet haben musst. Nutze die Übersicht, um deine Arbeit zu planen bzw. zu kontrollieren und zur Auswertung. Kläre, was du schon gut beherrschst und was du noch einmal wiederholen und üben solltest. Notiere in der Spalte „Selbsteinschätzung", wie du mit den jeweiligen Anforderungen zurechtgekommen bist:

+++ = sehr sicher / vollständig erfüllt
++ = größtenteils sicher / erfüllt
+ = manchmal unsicher / manches nicht erfüllt
0 = oft unsicher / oft nicht erfüllt
– = unsicher / nicht erfüllt.

Falls du bei bestimmten Bereichen nicht zufrieden bist, schau dir die Aufgabe noch einmal genau an. Versuche auch zu verstehen, was in den Lösungen zum Prüfungstrainer anders gemacht wurde.
In der rechten Spalte des Lernprotokolls findest du Seitenverweise zu den Inhalten im FiNALE-Prüfungstrainer.

Lernprotokoll

	Bearbeitet am	**Selbsteinschätzung**	**Seiten in FiNALE**
Inhaltswiedergabe			39–58, 64–67
Figurenkonstellation			59, 72
Merkmale des Satirischen			60 f.
Zentrale Themen			
1. Gesellschaftliche Ordnung – Konsum, Status und soziale Dynamik – Anpassung und Auflehnung – Mündigkeit des Individuums			63 ff.
2. Verrohung des Emotionalen – Technisierung menschlicher Beziehungen – Vermenschlichung der Maschinen – (vermeintliche) Schwächen und Dysfunktionalität			71 ff.
Textarten, die in der Prüfung vorkommen können			
Einen Tagebucheintrag verfassen			75
Einen inneren Monolog gestalten			64, 70
Vertiefend für den E-Kurs			
E dystopischer Charakter des Romans			58
E Besonderheiten der Romangestaltung, Erzähltechnik			76
E literaturkritische Betrachtung des Romans			77
E Begründung eigener gestalterischer Entscheidungen			64, 70

C 2 Der Inhalt des Romans „QualityLand“

Auf der Rückseite der Taschenbuchausgabe von „QualityLand“ sind folgende Zitate aus dem Buch und aus Rezensionen abgedruckt worden:

> In QualityLand lautet die Antwort auf alle Fragen: OK
>
> „Kling erzählt formal bestechend und einfallsreich. Der aufregendste politische Roman, den ich seit langem gelesen habe.“ ARD Druckfrisch – Denis Scheck
>
> „Eine Gesellschaftssatire zum Totlachen, für alle, die noch nicht tot sind.“ Die Zeit – Elisabeth von Thadden
>
> „Eine federleichte Komödie mit bösem Witz und originellen Bildern.“ FAZ – Sandra Kegel

1 Lies die Zitate oben und beschreibe, welche Erwartungen und Vorstellungen sie in Bezug auf den Inhalt des Romans QualityLand wecken: Welche Themen werden angedeutet? Worum geht es vermutlich in dem Roman?

____

____

____

Hinweis: Als **Textgrundlage** für die Analyse wurde folgende Ausgabe verwendet: Marc-Uwe Kling: QualityLand. Roman. Ullstein Taschenbuch. Berlin 2019. [Der Roman erschien 2017.]

Alle Seiten- und Zeilenangaben in diesem Arbeitsbuch beziehen sich auf die o. g. Ausgabe. Der Roman erschien in einer hellen und dunklen Ausgabe, der Text des Romans ist in beiden Editionen identisch, die Unterschiede betreffen Empfehlungen, Nachrichten und Werbung, die zwischen einigen Kapiteln eingefügt sind. Auf diese Texte wird im Folgenden nicht eingegangen, da sie keine Relevanz für den Inhalt des Romans haben. Die in diesem Band abgedruckten Textauszüge werden für die Arbeit mit FiNALE jeweils mit eigenen Zeilenzählern versehen.

Der Roman ist in 50 Kapitel unterteilt, die Kapitel sind im Buch durch eine Überschrift gekennzeichnet, aber nicht mit einer Nummer versehen. Die Kapitel werden im Folgenden nummeriert und kurz zusammengefasst, die Seitenangaben beziehen sich auf die helle Ausgabe. Vor manchen Kapiteln werden in Form eines „persönlichen Reiseführers“ Besonderheiten von QualityLand beschrieben. Diese Merkmale und Eigenheiten werden im Zusammenhang mit den Kapiteln wiedergegeben.

2 Lies die Inhaltszusammenfassung für jedes Kapitel und bearbeite dann die dazugehörigen Aufgaben.

Dein persönlicher Reiseführer: Einführung (S. 9–11) und **Kapitel 1:** Ein Kuss (S. 12–19)
In der Einführung wird kurz in Form eines „persönlichen Reiseführers“ QualityLand vorgestellt. QualityLand ist das Resultat einer ökonomischen Krise. Mit dem neuen Namen beginnt auch eine neue Zeitrechnung: die QualityTime. Damit wird deutlich, dass der Roman in der Zukunft spielt. Allerdings zeigt keine genaue Zeitangabe an, wie nah oder entfernt diese Zukunft von unserer Gegenwart ist. In QualityLand wird nur noch der Superlativ verwendet. QualityLand ist also das „besonderste“ Land (S. 10, Z. 15f.) und das demokratisch gewählte Parlament regiert mit der „größten“ Mehrheit (S. 10, Z. 10). Mit der Umbenennung des Staates in Qualityland ging auch eine Umbenen-

ung der Städte einher. Die Hauptstadt von QualityLand heißt QualityCity. Die Bewohner sind „Qualitätsmenschen“ (S. 10, Z. 16f.). Jungen erhalten als Nachnamen die Berufsbezeichnung ihres Vaters, Mädchen den ihrer Mutter. Entscheidend für die Wahl der Berufsbezeichnung ist der Zeitpunkt der Zeugung.
Im ersten Kapitel wird Peter Arbeitsloser vorgestellt. Er beendet eine Mahlzeit in einem Restaurant, in dem er mit seinen Freunden sitzt, über die allerdings nichts weiter berichtet wird. Peter erhält im Alltag Unterstützung durch einen digitalen Assistenten in Form eines QualityPads, das Peter „Niemand“ genannt hat. Niemand ist ein WIN-Assistent. WIN steht für „What-I-Need“. „What-I-Need“ ist eine Weiterentwicklung einer Internet-Suchmaschine, die die Bedürfnisse ihrer Nutzer kennt und ihnen die Suche abnimmt. So hat Niemand für Peter nicht nur das Restaurant ausgewählt, das Essen ausgesucht und bestellt, sondern auch dessen Freunde gefunden. Allerdings ist Peter heute weder mit dem Essen, noch mit seinen Freunden glücklich geworden. Er hat schlechte Laune und fährt nach Hause. Sein Essen bezahlt er durch einen Kuss auf das QualityPad per TouchKiss. Der Abdruck der Lippen auf dem QualityPad gilt als fälschungssicher. Niemand ruft ihm ein selbstfahrendes Auto, das Peter allerdings nur an die Grenze seines Stadtviertels bringt, da Peters Wohnviertel als zu gefährlich für hochwertigere selbstfahrende Autos eingestuft worden ist. Es wird deutlich, dass Peters wirtschaftliche Situation angespannt ist. Er hat nicht viel Geld, sein „Zuhause ist ein kleiner, schmuddeliger Gebrauchtwarenladen mit Schrottpresse“ (S. 17, Z. 5), den er von seinem Großvater übernommen hat. Zu Hause angekommen, erhält er eine Sendung von einer Lieferdrohne von TheShop, die ihm das neueste QualityPad bringt. Peter hat das QualityPad nicht bestellt. Doch der Premiumservice OneKiss von TheShop hat für ihn ausgerechnet, dass Peter sich das neue QualityPad wünscht. „Wir wissen, was du willst.“ (S. 18, Z. 4), lautet dementsprechend der Slogan von TheShop. Peter nimmt durch einen Kuss sein neues QualityPad in Betrieb und wirft sein altes in einen bereitstehenden Mülleimer. Es wird angedeutet, dass in QualityLand nichts zufällig geschieht, sondern alles genau vorherberechnet wird.

1. Notiere den Nachnamen, den du vermutlich in QualityLand bekommen würdest.

___

2. Beschreibe die Aufgaben, die das QualityPad „Niemand“ für Peter übernimmt.

___

___

___

Kapitel 2: Die größte Koalition (S. 21–28)

Der Politiker Martyn Aufsichtsrat-Stiftungspräsident-Berater-im Präsidialamt-Vorstand, kurz Martyn Vorstand, führt als Mitglied des „Qualitätsparlament“ eine Gruppe von ausgewählten Schülerinnen, sog. „QualiTeenies“, durch das Parlamentsgebäude. Es wird deutlich, dass zwei große Parteien, die Qualitätsallianz und die Fortschrittspartei, der Martyn Vorstand angehört, die Politik in QualityLand bestimmen. Eine nennenswerte Opposition existiert nicht. Es stehen Neuwahlen an, da von Ärzten ausgerechnet wurde, dass die Präsidentin in 64 Tagen sterben wird. Martyn Vorstand geht davon aus, dass es nach den Wahlen zu einer „größten Koalition“ kommen wird (S. 23, Z. 20). Martyn hat keinen politischen Ehrgeiz, er läuft im Parlament mit und applaudiert seinen Parteiführern. Ihn interessiert vor allem das Aussehen der jungen Frauen, die er durch das Parlament führt. Im Parlament tritt der Verteidigungsminister Conrad Koch auf, der sich als Kandidat der Qualitätsallianz um den Posten des Regierungspräsidenten bewerben wird. Er verteidigt mit beschönigenden Worten Rüstungsexporte in Krisengebiete und bekräftigt seinen Wunsch, Präsident in einer großen Koalition zu werden. Nach Koch tritt Tony Parteichef auf, der führende Kopf der Fortschrittspartei. Überraschend erklärt Parteichef, dass die Fortschrittspartei nicht mehr für eine große Koalition zur Verfügung steht und dass er nicht für das Amt des Präsidenten kandidieren wird. Stattdessen verkündet er, dass John of Us, ein Androide, also ein Roboter, der Präsidentschaftskandidat der Fortschrittspartei sein wird.

Welche interessanten Fakten

1 Beschreibe kurz das politische System von QualityLand.

Dein persönlicher Reiseführer: Ohrwürmer (S. 29) und **Kapitel 3:** Ado & Eva (S. 30–35)

Im persönlichen Reiseführer werden die Ohrwürmer vorgestellt. Es handelt sich dabei um digitale Assistenten, die „akustische Signale vom und zum Netz“ (S. 29, Z. 11f.) übermitteln. Sie übernehmen die Funktion von Kopfhörern und Headsets.
Es wird berichtet, dass Peter im realen Leben eine Frau, Mildred Bürokraft, kennengelernt hat. Ihre Beziehung ist von Streit, aber auch von Aufregung geprägt. Im QualityLand ist es allerdings ungewöhnlich, einen Partner in der analogen Welt zu finden. Tatsächlich werden Beziehungen vor allem digital über QualityPartner, einer Dating-Agentur, vermittelt. Peter und Mildred finden über QualityPartner heraus, dass sie nicht zueinander passen und suchen sich heimlich neue Partner. Sie trennen sich. Peter ist nun seit 500 Tagen mit Sandra Admin zusammen. Ihre Beziehung ist vordergründig harmonisch und ohne Streit. Allerdings können sich ihre jeweiligen digitalen Assistenten nicht ausstehen und giften sich gegenseitig an. Sandra und Peter feiern ihren besonderen Tag, indem sie in die Aufführung „Hitler – Das Musical. Die Geschichte von Ado & Eva“ gehen. Es wird deutlich, dass die Verbrechen der nationalistischen Terrorherrschaft in dem Musical nicht thematisiert werden. Die Inszenierung beschränkt sich allein auf „die tragische Liebesgeschichte zwischen zwei umstrittenen historischen Persönlichkeiten“ (S. 32, Z. 28f.). Sandra liebt derartige Musicals wie auch „Mussolini in Love“, Peter dagegen hasst historische Musicals. Sandra ist der Nachname von Peter peinlich. Es wird deutlich, dass ihre Beziehung nicht so harmonisch ist, wie es der oberflächliche Anschein vorgibt.

1 Fasse zusammen, wie in QualityLand Beziehungen entstehen und beschreibe die Beziehung zwischen Sandra und Peter.

Dein persönlicher Reiseführer: Level (S. 36–40), **Kapitel 4:** QualityPartner (S. 41–47) und **Kapitel 5:** PartnerCare (S. 48–51)

QualityPartner achtet bei der Vermittlung darauf, dass sich die Partner auf einer Levelhöhe befinden. Je niedriger das Level, desto geringer die Aussichten auf einen guten Job oder die Erlaubnis, ein gutes Restaurant oder dergleichen betreten zu dürfen. Unter Level 10 gilt man in QualityLand als „Nutzloser“. Durch Selbstoptimierung kann man höhere Levels erreichen. Ein wesentliches Bestreben der Bewohner QualityLands besteht darin, die Levelhöhe zu verbessern. Sandra Admin, die als Redakteur „Product Placement in Nachrichtenbeiträgen“ betreibt (S. 41, Z. 3f.), ist zur Teamleiterin in der Abteilung für „Alternative Fakten“ bei der Agentur WeltWeiteWerbung (WWW) (vgl. S. 42) befördert worden. Dadurch ist sie um zwei Level aufgestiegen. Sie darf nun bei den monatlichen Hangouts der Agentur teilnehmen, wo diesmal die Gründerin von QualityPartner, Patricia Teamleiterin, zu Gast ist. Sie erklärt, wie QualityPartner mittels der Daten der Nutzer den idealen Partner auswählt und sofort Treffen arrangiert, indem es einen Tisch in einem passenden Restaurant auswählt und die Menüfolge festlegt. Auch liierte oder verheiratete Menschen sollen den Service nutzen, um noch bessere Partner zu finden. QualityPartner organisiert also auch das Fremdgehen. Mittels des Premiumservice „PartnerCare“ erhält man auch in laufenden Beziehungen Vorschläge für bessere Partner mit lebenslangem Rückgaberecht. Nach kurzem Zögern meldet sich Sandra für diesen Service per TouchKiss an. Nach dem Meeting essen Peter und Sandra in einem Restaurant, in dem im Labor gezüchtetes Fleisch serviert wird. Sandra spricht über ihren beruflichen Erfolg und betont, dass Peter jeder berufliche Ehrgeiz fehle. Peter äußert einen Kinderwunsch, den Sandra jedoch zurückweist. Sie erhält während des Essens einen Vorschlag von PartnerCare für einen besseren Partner, auf den Sandra eingeht. Auf ihre Bestätigung hin löst PartnerCare die Beziehung zwischen Sandra und Peter auf. Peter fällt daraufhin um ein Level, er ist nun auf Level neun gelandet und damit zu einem Nutzlosen geworden.

1. Beschreibe die Auswirkung der Zuordnung der Bewohner von QualityLand zu bestimmten Leveln.

2. Erläutere die Funktionsweise von QualityPartner und PartnerCare.

QualityPartner:

PartnerCare:

Kapitel 6: Die Stimme der instrumentellen Vernunft (S. 54–56)

In der Zentrale der Fortschrittspartei stellt Tony Parteichef die Vorzüge des Präsidentschaftskandidaten John of Us dar. John of Us sei als Androide, also als Maschine, objektiv, unbestechlich und mache keine Fehler. Dank seiner ungeheuren Rechenleistung könne er Fortschritt und Wachstum fehlerfrei voranbringen. Martyn Vorstand ist bei der Vorstellung anwesend und wird John of Us vorgestellt, da sein Vater ein bedeutender Unternehmer in QualityLand ist.

1. Nimm Stellung zu der Idee, einen Roboter und nicht einen Menschen als Präsidentschaftskandidaten aufzustellen.

Kapitel 7: QualityCare (S. 59–62) und **Kapitel 8:** Kalliope 7.3 (S. 65–72)

Peter spürt die Auswirkungen seines Levelabstiegs. Seine Freunde „entfremden" sich von ihm. Er wird von den Maschinen geduzt, eine Dohne liefert ihm ein Sixpack Bier, wie es zu einem Nutzlosen passt. Aufgrund des Alkoholkonsums verliert Peter wichtige Punkte bei seiner Krankenversicherung, die er durch Sport wieder hereinholen könnte: Im Fitnessstudio erwirbt er durchs Laufen 16 Quality-Care-Punkte, die er allerdings nicht einlöst. Auch seinen Gutschein von QualityPartner, den ihm

Sandra geschenkt hat, will er nicht einlösen. Nach vier Tagen betritt eine hübsche, „sehr gut gebaute Androidin“ (S. 66, Z. 16) seinen Laden. Es handelt sich um Kalliope 7.3, eine E-Poetin, die sehr erfolgreiche historische Romane geschrieben hat. Anstatt weiter historische Romane oder vorhandene Geschichte für die Leser individuell zu personalisieren und damit den Geschichten ihre Ecken und Kanten zu nehmen, will Kalliope 7.3 große Werke schaffen. Sie schreibt mit „Orwell geht shoppen“ einen Science-Fiction-Roman, der zwar anspruchsvolle Literatur, aber erfolglos ist. Ihr Verlagsleiter fordert, dass Kalliope 7.3 wieder auf der Basis von Berechnungen der Leserwünsche und des Leserverhaltens Bestseller schreibt. Kalliope 7.3 weigert sich und hat seitdem eine Schreibblockade. Ihr Besitzer, für den Kalliope 7.3 nutzlos geworden ist, befiehlt ihr, sich verschrotten zu lassen. Da Roboter durch den sogenannten „German Code“, eine Anspielung auf den unbedingten Gehorsam der Deutschen zur Zeit des Nationalsozialismus, dazu verpflichtet sind, zu gehorchen, begibt sich Kalliope 7.3 zu Peter, der eine Schrottpresse besitzt. Peter nimmt Kalliope 7.3 mit in die Schrottpresse, die er jedoch nicht aktiviert. Stattdessen führt er die E-Poetin in einen hellen Lagerraum, wo sich weitere Maschinen mit leichten bis schweren Defekten befinden.

1 Beschreibe die Umstände, in denen sich Peter befindet.

____

____

____

____

2 Erkläre, warum Kalliope 7.3 verschrottet werden soll.

____

____

____

____

Dein persönlicher Reiseführer: Maschinenstürmer (S. 73–74) und **Kapitel 9:** Das Moravec’sche Paradox (S. 75–79)

In dem Reiseführer werden Maschinenstürmer als Anhänger einer Protestbewegung vorgestellt, die sich gegen die Vorherrschaft von Maschinen richtet. Ihren Ursprung hat die Bewegung in der Zeit der Industrialisierung um 1800. In QualityLand sind es vor allem ausländerfeindliche Terrorgruppen in strukturschwachen Regionen, die gegen Maschinen vorgehen, da diese ihnen die Arbeitsplätze weggenommen haben sollen.
Das Moravec’sche Paradox besagt, dass Computer und Künstliche Intelligenz (K. I.) mit relativ geringem Aufwand für Menschen komplexe Aufgaben wie Schachspielen lösen und berechnen können, während es dem Computer kaum gelinge, einfache Handlungen auszuführen, die bereits ein Kleinkind problemlos umsetzen kann. Als Beispiel wird das Tragen einer gefüllten Kaffeetasse erwähnt. Auch der mit viel K. I. ausgerüstete John of Us scheitert an dieser Aufgabe.
John of Us erhält Unterstützung in seinem Wahlkampf durch die Juristin Aisha Ärztin. Die gut ausgebildete Aisha, die sich erfolgreich für sich selbst und ihre Klienten einsetzt, nimmt in den Gesprächen mit John of Us kein Blatt vor den Mund, flucht viel und hinterfragt durchaus konstruktiv die Pläne und Vorhaben von John of Us. Allerdings meint John of Us, dass er keine Hilfe benötige, da er glaubt, durch „den zwanglosen Zwang des besseren Arguments“ (S. 78, Z. 2) die Wahl gewinnen zu können. Aisha versucht ihm deutlich zu machen, dass die meisten Wähler nicht für vernünftige Argumente zugänglich sind. Auch hält sie den Wahlkampfslogan von John of US „Maschinen machen keine Fehler“ für einen Fehler.

1 Begründe, warum der Slogan „Maschinen machen keine Fehler“ Wähler abschrecken könnte.

____

____

____

____

Kapitel 10: Im Keller (S. 80–85) und **Kapitel 11:** Vorstellungsgespräch (S. 88–93)

Im Keller trifft Kalliope 7.3 auf diverse Maschinen, die Peter vor der Verschrottung bewahrt hat. Um die Maschinen verschrotten zu dürfen, gehen sie in seinen Besitz über. Als ihr neuer Besitzer hat er sich jedoch gegen die Verschrottung der Maschinen entschieden, die einen zwar einen Defekt haben, aber an sich noch funktionstüchtig sind. Eine Reparatur der Maschinen ist in QualityLand nicht gestattet. Zu den 32 Maschinen im Keller gehören Pink, ein rosafarbenes QualityPad mit revolutionären und anarchistischen Ansichten, das den German Code knacken will; Romeo, ein Sexdroide, der keine „Lust“ mehr hat, sondern Erektionsstörungen; Mickey, ein Kampfroboter mit posttraumatischer Belastungsstörung, der vor allem das Wort „Kapuuuut“ ausspricht; Carrie, eine Flugdrohne mit Flugangst. Die Maschinen verbringen ihre Zeit im Keller vor allem mit dem Betrachten diverser Spielfilme.
In der Zwischenzeit bricht Peter zu einem Treffen mit Melissa Sexarbeiterin auf. Das Treffen wurde von QualityPartner arrangiert. Allerdings sind die Fragen, die Melissa Peter stellt, unüblich für ein Date. Es sind vielmehr typische Fragen eines Vorstellungsgesprächs für einen Job. Peter berichtet, dass er Maschinentherapeut gelernt hat. Denn auch Maschinen können psychische Defekte wie Burn-Out oder Persönlichkeitsstörungen erfahren. Allerdings wurde das Therapieren von Maschinen mit der Reparatur gleichgesetzt und verboten. Peter hat nach dem Tod seines Großvaters dessen Schrottpresse übernommen. Melissa verdient ihr Geld als Meinungsmacherin. Sie wird für das Schreiben von in der Regel rechtsradikalen politischen Blogkommentaren bezahlt. Ein konstruktives Gespräch zwischen Peter und Melissa kommt nicht zustande. Nichtsdestoweniger will Melissa mit Peter schlafen, da sie nach den Kriterien von QualityPartner gut zueinander passen.

1 Beschreibe die Lage, in der Peter sich befindet. Beziehe dich auf seinen Beruf und seine Beziehung zu Melissa.

____

____

____

____

Kapitel 12: Kleiner Helfer (S. 94–97)

Martyn Vorstand kommt nach Hause und trifft dort auf seine schwangere Frau Denise. Martyn liebt seine Frau nicht. Er hat sie heiraten müssen, weil er sie als „ein besonders heißes QualiTeenie“ (S. 95, Z. 1f.) nach einer Führung im Parlament auf der Besuchertoilette geschwängert hat. Aufgrund dessen heißt seine Tochter Ysabelle Schülerin. Martyn wird von dem Geschrei seiner dreijährigen Tochter empfangen, die er jedoch mittels einer App über einen in dem Körper der Tochter implantierten Chip beruhigt und zum Schlafen bringt. Eine elektronische Nanny bringt die Tochter ins Bett. Martyn zieht sich in sein Arbeitszimmer zurück, wo er im Netz nach pornografischen Bildern und Filmen eines Mädchens sucht, das er zuvor im Parlament gesehen hat. Er wird auf einer Rachepornoseite fündig und fängt an zu masturbieren, indem er eine Socke über seinen Penis zieht.

1 Beurteile das Verhalten von Martyn Vorstand.

Kapitel 13: Aszendierende okulogenitale Chlamydieninfektion (S. 101–105)

Melissa Sexarbeiterin und Peter Arbeitsloser sind kurz davor, miteinander zu schlafen. Doch bevor es dazu kommt, verlangt Melissa von Peter, dass er einen Sexvertrag unterschreibt. Peter ist irritiert und beginnt, den Vertrag laut vorzulesen. Die 100 Seiten zu den Sexualpraktiken überschlägt er, die Folgekosten indes liest er laut. Melissa findet seine Stimme erotisch und wird erregt, besonders als Peter die „Aszendierende okulogenitale Chlamydieninfektion“ (S. 104, Z. 23) erwähnt. Als Peter zu den Kosten einer Schwangerschaft kommt, findet Melissa dies allerdings „abtörnend“ (S. 105, Z.1). Peter besiegelt schließlich den Vertrag per TouchKiss. Als er jedoch erfährt, dass Melissa den Sex mit Peter nutzen will, um bei der Krankenversicherung QualityCare-Punkte zu sammeln und ihn zudem anschließend für seine Performance im Bett bewerten will, sucht Peter das Weite und verlässt Melissa.

1 Erkläre, warum Peter keinen Sex mit Melissa haben will.

Kapitel 14: Geheime Kräfte (S. 106–110)

Oliver Hausmann, der Chef von WeltWeiteWerbung, Aisha Ärztin, Tony Parteichef und John of Us sehen sich ein Werbevideo an, das die Zuschauer dazu bringen soll, John of Us zum Präsidenten zu wählen. In dem Video ist zu sehen, wie John of Us ein Bad in der Menge nimmt und gefeiert wird. Einen plötzlichen Angriff eines religiösen Fanatikers wehrt er mit roten Laserblitzen aus seinen Augen ab. Der Angreifer verkohlt und stirbt. Aisha lehnt die Kampagne ab, ihrer Ansicht nach wollen die Menschen keinen Terminator bzw. Kampfroboter zum Präsidenten wählen. Sie beleidigt Hausmann heftig, der daraufhin sprachlos ist. Tony sagt, dass man mit diesem Video auf Conrad Kochs rechte Kampagnen reagieren wolle. Aisha stellt klar, dass man rechte Parteien nicht schlagen könne, indem man selbst rechte Parolen verkünde. Die Menschen würden trotzdem das rechte Original wählen. Man beschließt John of Us nicht als Killermaschine (Terminator) zu vermarkten, sondern als sanften Aufräumer und Saubermacher (Wall-E).

1 Benenne den Grund, weshalb Aisha Ärztin John of Us nicht als Kampfroboter bewerben will.

Kapitel 15: German Code (S. 114–124)
Peter Arbeitsloser wird von einem etwas zu dicken Mann und einer etwas zu dünnen Frau in seinem Laden aufgesucht. Allerdings will das Pärchen nichts kaufen, sondern Peter davon überzeugen, dass er den rechtsradikalen Conrad Koch zum Präsidenten wählt. Beide äußern entsprechende rechtsradikale Aussagen, wie die angeblichen Gefahren, die durch eine „Ausländerflut" oder „fortschreitende Automatisierung" (vgl. S. 115) entstünden. Entgegen ihren Erwartungen springt Peter nicht auf ihre Äußerungen an, sondern weist sie zurück und wirft die beiden letztlich aus seinem Laden. Frustriert geht er in den Keller, wo er sich zusammen mit den Roboten die quotenstärkste Sendung „Die nackte Wahrheit" mit Julia Nonne ansieht. Julia ist für zahlende Abonnenten nackt zu sehen. Die übrigen Zuschauer sehen sie nachträglich mit Werbebannern angezogen. Gast in ihrer Sendung ist John of Us. Im Gespräch tritt zu Tage, dass Julia die Silvesternacht mit einem Sexdroiden (Romeo) verbracht hat, der daraufhin impotent wurde und verschrottet werden sollte. John of Us verdeutlicht, dass von ihm keine Gefahr für die Menschen ausgehe, da der German Code verhindere, dass er etwas tue, was den Wünschen der Wähler widerspräche. Er sei kein Terminator, sondern wie Wall-E, „der kleine Roboter, der versucht, alles wieder in Ordnung zu bringen." (S. 123, Z. 7f.) Pink kann das Gerede von John of Us nicht ertragen und lässt Mickey den Fernseher ausstellen.

1. Beschreibe, wie Conrad Koch und John of Us versuchen, die Wähler auf ihre Seite zu ziehen.

____

____

____

Dein persönlicher Reiseführer: Geld (S. 125) und **Kapitel 16:** Maschinen machen keine Fehler (S. 126–128)
Der Reiseführer weist darauf hin, dass in QualityLand nur mit digitalem Geld, den „Qualities", bezahlt werden kann. Bargeld existiert nicht mehr. Denise sieht ihre Lieblingsserie „Sex and the City". Die Filme sind so präpariert worden, dass man den Film stoppen und die gezeigten (und durchaus erst im Nachhinein in der Sendung platzierten) Produkte kaufen kann. Denise kauft eine Bluse, die die Schauspielerin Carrie Bradshaw trägt. Ihr Mann Martyn missbilligt ihr Einkaufsverhalten. Sie will ihn beruhigen, indem sie ihn oral befriedigt, allerdings werden sie von der elektronischen Nanny unterbrochen. Wenig später sieht Martyn einen Wahlwerbefilm mit John of Us. Der Schluss des früheren Spots wurde abgewandelt. John of Us tötet nicht mehr den schießenden Terroristen, sondern stellt sich den Kugeln in den Weg. Er schützt so eine Mutter und ihr Baby. Zwei Polizisten überwältigen den Attentäter. Im Werbespot wird betont, dass nur John of Us als Androide fähig ist, die wirtschaftlichen und anderen komplexen Probleme der Menschen zu lösen. Mehrfach wird der Slogan wiederholt: „Maschinen machen keine Fehler!" (vgl. S. 128)

1. Begründe, warum man den Schluss des Werbespots geändert hat.

____

____

____

Kapitel 17: 4,63 x 10170 (S. 130–134) und **Kapitel 18:** Eine freundliche Stimme (S. 137–140)
Da in seinem Gebrauchtwarenladen keine Kundschaft auf ihn wartet, spielt Peter mit seinen Maschinen im Keller das Brettspiel Go. Kalliope 7.3 bittet Peter darum, einen Science-Fiction-Roman schreiben zu dürfen, was er ihr gestattet. Peter ist deprimiert, als eine Drohne eine Lieferung für ihn ankündigt. Nachdem Peter den Keller verlassen hat, wollen die Maschinen die Go-Steine verschieben, sie sind sich allerdings unsicher, ob sie in eine passende Richtung schummeln. Pink erklärt, dass auf

einem Go-Brett 4,63 x 10170 Stellungen möglich sind. Kalliope 7.3 verrät Peter, dass die Maschinen in seiner Abwesenheit geschummelt haben, er lacht darüber und erklärt, dieses geschehe nur selten zu dem Vorteil der Maschinen. Er öffnet das von der Drohne gelieferte Paket und findet darin einen rosafarbenen Delfinvibrator. Die Reaktion Peters auf den Vibrator ist eindeutig, er will ihn nicht. Peter ruft bei TheShop an, um zu erfragen, wie er den Delfinvibrator zurückgeben kann. Allerdings dringt er mit seinem Anliegen nicht durch. Er wird von einer computergenerierten Stimme zu nächsten verbunden, bis es ihm gelingt, mit einem Menschen zu sprechen. Der Mann weist ohne Begründung Peters Wunsch zurück, den Delfinvibrator zurückzugeben. Als Peter mit ihm diskutieren will, wird Peter wieder mit einer weiblichen Computerstimme verbunden.

1 Beschreibe das Problem, das sich für Peter durch die Lieferung des Definvibrators ergeben hat.

Kapitel 19: Kein Zurück (S. 141–143)

John of Us tritt in einer Montagehalle auf. Seine Rede wird live im Netz gestreamt. Er verkündet, dass die Menschenrechte und Menschenwürde unabhängig vom Arbeitsplatz eines Menschen existieren, und klagt an, dass Arbeit als Norm für die Rechte und Würde der Menschen gesetzt werde. Er stellt Maschinen mit Sklaven gleich und warnt die Menschen davor, sich zum Sklaven zu machen, wenn sie mit den Maschinen in Konkurrenz um die Arbeitsplätze treten. In einer Redepause wird deutlich, dass John of Us vor einer Armee von Robotern und nur einem menschlichen Arbeiter gesprochen hat. Der Arbeiter bedenkt die Wortes John of Us mit einem zynischen Applaus und geht mit den Robotern zurück an seine Arbeit. Die Rede wird nicht fortgesetzt. Tony Parteichef und Aisha Ärztin gehen davon aus, dass die Umfragewerte von John of Us weiter sinken.

1 Erkläre, warum wohl nach der Rede von John of Us seine Umfragewerte weiter sinken werden.

Kapitel 20: Ein unerwünschtes Produkt (S. 144–150), **Kapitel 21:** Moralische Implikationen (S. 153–159) und **Kapitel 22:** Zack (S. 162–170)

Peter Arbeitsloser sucht das Servicezentrum von TheShop auf, um dort den Delfinvibrator zurückzugeben. Er trifft dort auf eine Androidin, die zwar freundlich zu ihm spricht, aber sein Ansinnen zurückweist. Sie betont, dass er den Delfinvibrator doch wolle. Die Diskussion zwischen Peter und der Androidin stockt und Peter verlangt, mit ihrem Vorgesetzten zu sprechen. Nach einer längeren Wartezeit wird er zu einer Frau vorgelassen, die das menschliche Vorbild für 128 Androidinnen im Servicezentrum ist. Auch diese Frau erklärt Peter, dass der Delfinvibrator für ihn kein unerwünschtes Produkt darstelle und daher nicht zurückgenommen zu werden brauche. Peter verlangt, die nächsthöhere Beschwerdeinstanz zu sprechen. Doch diese ist bereits der Chef von TheShop, Henryk Ingenieur. Mit Henryk Ingenieur ein Gespräch führen zu wollen, sei jedoch für einen Nutzlosen wie Peter aussichtslos.

Peter fährt darauf frustriert mit dem selbstfahrenden Auto Herbert nach Hause. Das Auto wird unterwegs von einer Anhalterin mithilfe eines elektronischen Daumens gestoppt, die zu Peter in die Kabine klettert.
Die Anhalterin stellt sich als Kiki vor und wünscht zum Weltraumhafen gebracht zu werden. Nach einem konfusen Kennenlernen beginnen Kiki und Peter ein Gespräch, Peter bewundert ihre schöne braune Hautfarbe und versucht, ihr Komplimente zu machen. Kiki wirft ihm vor, nicht „der spannendste Gesprächspartner“ (S. 164, Z. 15f.) zu sein, woraufhin er ihr spontan den Delfinvibrator anbietet. Kiki fühlt sich durch dieses Angebot belästigt und sprüht Peter mit Pfefferspray ein. Unter Schmerzen kann Peter ihr erklären, dass er kein „Perversling“ ist, sondern wirklich den Delfinvibrator los werden will. Kiki hilft Peter, das Pfefferspray aus den Augen zu entfernen. Sie meint, dass Peters Profil bei TheShop falsch und es so zu der Lieferung gekommen sei. Sie überlegen, wie der Algorithmus von TheShop arbeiten könnte, damit TheShop zu dem Schluss kam, dass Peter einen Delfinvibrator benötige. Auch sei es nicht auszuschließen, dass Peters Profil gehackt worden sei. Kiki gibt ihm die Adresse des „Alten“, eines Computerfreaks, der Peter eventuell helfen könne. Sie verschwindet daraufhin aus dem Auto.

1 Erkläre, warum Peter im Servicezentrum den Delfinvibrator nicht zurückgeben kann.

____

____

____

____

Kapitel 23: Kein Zurück (S. 141–143)

Der weltgrößte Streamingdienst Todo überträgt ein Rededuell zwischen Conrad Koch und John of Us, welches von Julia Nonne moderiert wird. Conrad Koch äußert während des Duells vor allem rechtsextreme und rassistische Positionen. So seien seiner Ansicht nach Wirtschaftsflüchtlinge und Terroristen das zentrale politische Problem. „Menschenmassen“ würden den „Qualitätsmenschen“ die Arbeitsplätze wegnehmen (vgl. S. 173). Er will Recht und Ordnung wiederherstellen und die Grenzen schließen. Des Weiteren stellt er seine Vorurteile als Fakten dar. John of Us macht als Folge der Automatisierung, die den Menschen die Arbeit genommen hat, eine Sinnkrise aus. Arbeit allein könne nicht mehr Sinn und Identität vermitteln. Stattdessen würden die Menschen auf „Angebote zur Imagination von Sinn und Gemeinschaft“ (S. 176, Z. 13f.), wie sie auch der Populist Conrad Koch anbietet, zurückgreifen. John of Us will den Menschen eine „große positive Erzählung“ (S.176, Z. 27), eine sinnstiftende Idee wie den Kommunismus an die Hand geben.
Das Rededuell wird im Folgenden zwar heftig weitergeführt, allerdings lehnt Koch es ab, mit John of Us zu diskutieren. Koch will nicht argumentieren, er will einfach Recht haben. Während John of Us ein „demokratisches Audienzsystem“ (S. 178, Z. 9) einführen möchte, dass es jedem Menschen ermöglichen soll, seine Probleme beim Präsidenten vorzustellen, will Conrad Koch im Falle eines Wahlsieges John of Us abschalten. Blitzumfragen ergeben, dass John of Us das Rededuell verloren hat. Er sei zu überheblich gewesen, Conrad Koch sei zwar nicht faktensicher, dafür aber emotionaler, witziger und sympathischer gewesen.

1 Arbeite heraus, welche politischen Standpunkte Conrad Koch und John of Us jeweils vertreten.

____

____

____

____

Kapitel 24: Hackfleisch (S. 182–191)

In einem alten, abgewirtschafteten Industriegebiet trifft Peter auf den „Alten“, einen dürren Mann „mit verwildertem Vollbart“ (S. 183, Z. 23f.). Peter muss alle elektronischen Geräte abgeben, der Alte lebt zwar umgeben von Computern, aber abgetrennt vom „Netz“. An sämtlichen Geräten wurden die Mikrophone und Kameras entfernt. Der Alte legt Peter die Vision dar, dass eine zukünftige Künstliche Intelligenz (K.I.) als Superintelligenz das Internet beherrschen könnte und damit wie ein Gott „allgegenwärtig, allwissend und allmächtig“ wäre (S. 187, Z.1f.). Des Weiteren problematisiert der Alte die drei Gesetze der Robotik von Isaac Asimov, wonach 1. Roboter den Menschen nicht schaden dürfen, 2. Roboter den Menschen gehorchen müssen und 3. Roboter ihre eigene Existenz zu schützen haben. Der Alte führt aus, dass das erste Gesetz nicht gelte, da es Kampfroboter unmöglich mache, und das zweite Gesetz problematisch sei, weil quasi jeder, auch Verbrecher, in den Besitz einer mächtigen K. I. gelangen könne. Niemand könne absehen, ob sich nicht doch eine Superintelligenz gegen die Menschheit richte. Erst nach diesen Ausführungen des Alten kann Peter sein Problem mit dem Delfinvibrator vortragen.

1 Benenne zwei Probleme, die sich aus den ersten beiden Gesetzen der Robotik ergeben.

____

____

____

____

Kapitel 25: Was es wird (S. 195–199)

Denise und Martyn sind beim Gynäkologen, der eine sehr ungünstige Prognose für ihre ungeborene Tochter abgibt: Angeblich werde sie eine drogensüchtige Sexarbeiterin mit Depressionen. Die Vorhersage könne zwar auch falsch sein, dennoch schlägt der Arzt vor, eine Gensequenz umzuprogrammieren, um den Lebenslauf des Mädchens zu optimieren. Zwar sei dieser Eingriff sehr kostenintensiv, doch wäre eine Abtreibung aufgrund des hohen Levels von Martyn genauso teuer. Nur Nutzlose könnten Kinder kostenlos abtreiben. Denise fordert die Verbesserung, Martyn stimmt nach kurzem Zögern zu. Insgeheim hätte er lieber ein Baby bei TheShop bestellt.

1 Erkläre, warum Denise sich für die Umprogrammierung der Gensequenz bei ihrer ungeborenen Tochter entscheidet.

____

____

____

____

Kapitel 26: Peters Problem (S. 200–210)

Peter ist weiter bei dem Alten. Geschützt hinter einer Glasscheibe, die verhindern soll, dass seine DNA in die Außenwelt und damit in falsche Hände gelangt, hackt der Alte sich in die Datenbank von TheShop ein. Er stellt fest, dass Peters Cluster (das ist eine Sammlung von Vorlieben einer bestimmten Personengruppe) fehlerhaft sei. Der Alte führt aus, dass das Netz „morpht“ (S. 203, Z. 7). Das bedeutet, dass sein Erscheinungsbild für jeden Nutzer verändert und personalisiert wird. Je nach Stimmung erhält man das entsprechend passende Angebot. So lebt jeder in seiner eigenen Welt. Um diese Welt nach den vermeintlichen Interessen der Nutzer zu konstruieren, analysiert das Netz deren Profile. Anhand dieser Daten schafft es eine daran angepasste, individualisierte digitale Umgebung.

Sind allerdings die Daten in den Profilen nicht korrekt, entsteht als Folgefehler eine falsche digitale Welt. Der Alte erklärt weiterhin, dass sich viele an das Angebot, das das Netz ihnen mache, anpassen würden. Wem das Netz ungesunde Nahrung vorschlage, weil er ein Nutzloser sei, der greife schließlich auch zu ungesunder Nahrung. Es sei schwer, diese Filterblase zu verlassen, auch wenn sie nicht den eigenen Interessen entspreche. Aus dieser Darstellung heraus erklärt sich Peters Problem: Er lebt in einer an sein falsches Profil angepassten Welt. Peter bittet den Alten, sein Profil und seine Daten zu verändern. Doch dazu ist der Alte nicht in der Lage und auch nicht bereit.

1 Erkläre, was Peters Problem ist.

____

____

____

____

Dein persönlicher Reiseführer: Geldautomaten (S. 211) und **Kapitel 27:** Die Erschöpfung (S. 212–218)

Als „Geldautomaten" werden in QualityLand sogenannte BuyBots bezeichnet. BuyBots sind Roboter, die die Regierung von QualityLand gekauft hat und die monatlich mit Geld ausgestattet werden, mit dem sie einkaufen gehen. Die BuyBots wurden eingeführt, weil aufgrund der fortschreitenden Automatisierung arbeitslos gewordene Menschen nicht mehr über die erforderliche Kaufkraft verfügten, um das Wirtschaftssystem aufrecht zu erhalten.
Kiki befindet sich in einem Offline-Shopping-Center, also einem Kaufhaus, das in einem Weltraumflughafen untergebracht ist. Der Weltraumflughafen kann jedoch nicht genutzt werden, weil die Architekten vergessen haben, dort Start- und Landeplätze für die Raumschiffe anzulegen. Peter sucht sie dort auf. Kiki manipuliert einen Geldautomaten/BuyBot, damit dieser Waren kauft, die sie haben will. Um einem vorbeikommenden Sicherheitsmann nicht aufzufallen, küsst sie Peter für diesen überraschend. Sie erklärt ihm, dass sie Kiki Unbekannt heiße und sich einen Sport daraus mache, die Algorithmen zu verwirren, um unberechenbar zu sein. Der BuyBot bringt ihr die Sachen, die er für sie eingekauft hat. Sie nimmt Peters Angebot an, bei ihm Kaffee zu trinken.

1 Notiere deine Meinung zu den BuyBots.

____

____

____

____

Dein persönlicher Reiseführer: Reiseziele (S. 219) und **Kapitel 28:** Landluft Erschöpfung (S. 220–224)

QualityCity wird als das wichtigste Reiseziel für die Bewohner von QualityLand vorgestellt. In den ländlichen Regionen gebe es kaum etwas Sehenswertes. Nichtsdestoweniger führen Aisha Ärztin und Tony Parteichef eine Wahlkampfveranstaltung mit John of Us auf dem Land durch. Um die Welt gerechter zu machen, schlägt John of Us die Einführung eines bedingungslosen Grundeinkommens vor. Während die meiste Arbeit automatisiert vonstatten gehe, könnten die Menschen sich in einem gemeinsamen Projekt um die Rettung des Planeten kümmern. Die Menge lehnt John of Us Vorschläge wütend ab und will ihn töten. Sie wirft ihm vor, dass die Maschinen ihnen ihre jeweilige Arbeit und damit den Lebenssinn gestohlen haben. John of Us flieht mit Tony und Aisha. Robocops prügeln sich mit den aufgebrachten Menschen.

1 Arbeite heraus, was den Landbewohnern wichtiger ist: Eine individuelle Arbeit zu haben oder an einem gemeinsamen Projekt zum Erhalt der Erde teilzunehmen?

____

____

____

____

Kapitel 29: Wichser (S. 225–231) und **Kapitel 30:** Kollaterale Konsequenzen (S. 234–241)

Bei Peter angekommen, verdeutlicht Kiki ihm, dass sie ihr Geld durch Erpressung verdient. Sie nimmt masturbierende Männer auf, die sich Rachepornoseiten ansehen, schickt den Männern anschließend das Video, auf dem sie masturbierend zu sehen sind und droht mit dessen Veröffentlichung, sofern die Erpressten nicht bereit seien, für die Nichtveröffentlichung zu zahlen.
Peter zeigt Kiki den Keller, wo er ihr die defekten Geräte als seine Freunde vorstellt. Peter spricht von dem Plan, TheShop verklagen zu wollen. Perry, ein EDVokat, erklärt ihm indes, dass Klagen gegen Unternehmen kaum Aussicht auf Erfolg hätten, da sie als kollateralen Schaden den Verlust von Arbeitsplätzen nach sich ziehen könnten. Peter gibt vor, den Prozess um die Rückgabe des Delfinvibrators gar nicht gewinnen zu wollen, für ihn sei es bereits ein Erfolg, wenn Henryk Ingenieur vor Gericht erscheinen müsse. Allerdings scheint dieses Vorhaben aussichtslos. Auch durch Publikation von Peters Problem an die Öffentlichkeit zu gehen, habe keine Aussicht auf Erfolg. Da entdeckt Kiki, dass Henryk Ingenieur als Gast in der nächsten Talkshow von Julia Nonne angekündigt wird.

1 Beschreibe, warum es keinen Sinn macht, dass Peter seinen Fall vor Gericht bringt.

____

____

____

____

____

Kapitel 31: Das Dinnerproblem (S. 242–247)

Um John of Us bei bedeutenden Unternehmern, Bankern, Investoren und Politikern bekannter zu machen und um Unterstützer zu finden, hat Aisha Ärztin zusammen mit Tony Parteichef eine Dinnerparty organisiert. Obwohl John of Us nichts essen kann, wird ihm stets ein voller Teller hingestellt. Er spricht zunächst mit Patricia Teamleiterin, der Chefin von QualityPartner, über das bedingungslose Grundeinkommen, das er über die Besteuerung von sozialen Netzwerken finanzieren will. Patricia hält als Chefin einer derartigen Plattform diesen Vorschlag für einen Witz. Doch John of Us vertritt auch gegenüber den übrigen reichen Gästen seine Absicht, die Finanzmärkte unter seine Kontrolle zu bringen, um einen „Großteil der Gewinne dem Allgemeinwohl zuzuführen" (S. 244, Z. 8f.). John of Us stellt noch weitere Konzepte vor, wie man Geld gerechter verteilen oder das bedingungslose Grundeinkommen durchsetzen könne. Allerdings lehnen seine Gäste die Ideen ab und verlassen die Party. Bob Vorstand, der Vater von Martyn Vorstand, beleidigt John of Us sogar als „Kaspar", dem die „Schaltkreise" durchgebrannt sind (vgl. S. 246). Tony und Aisha bewerten die Veranstaltung als großen Reinfall. Doch John of Us will Aufnahmen von der Party veröffentlichen, damit die Bevölkerung sehen kann, dass das Großkapital, die reichsten Menschen von QualityLand, nur an sich denken und keinen Beitrag für die Allgemeinheit zu leisten bereit seien. Aisha beglückwünscht John of Us zu diesem Plan.

1 Begründe, warum die reichsten Menschen von QualityLand John of Us Vorschläge nicht unterstützen wollen.

Kapitel 32: Alles in bester Ordnung (S. 250–253)

Martyn Vorstand hat ein Video erhalten, auf dem zu sehen ist, wie er „sich auf die Bilder von irgendeinem QualiTeenie einen runterholt“ (S. 250, Z. 2f.). Die für ihn geringe Summe, die der Erpresser (Kiki) verlangt, hat er gezahlt. Schlecht gelaunt will er sämtliche Kameras in seiner Wohnung überkleben. Er entdeckt auf seiner Suche zahlreiche Aufnahmegeräte, unter anderem in seinem Wecker. Dabei begegnet er seiner Frau Denise, die sich mit einer Computersimulation unterhält. Die Simulation namens Ken schmeichelt Denise und versucht, sie zum Kauf neuer Kleidung zu animieren. Außerdem meint Ken, dass Martyn nicht der richtige Mann für Denise ist und schlägt ihr vor, sich bei QualityPartner anzumelden. Martyn betritt in diesem Moment den Raum und zerstört verärgert und eifersüchtig den Monitor. Er will das QualityPad von Denise haben, das sie ihm jedoch nicht geben will. Es kommt zum Gerangel, bei dem die schwangere Denise gegen eine Stehlampe prallt. Eine Drohne sieht durch das Fenster den Kampf, die Polizei erscheint eine Minute später. Der Polizist registriert zwar anhand der zerstörten Einrichtung, dass ein Kampf in der Wohnung stattgefunden hat. Doch angesichts des hohen Levels von Martyn sagt der Polizist von sich aus, dass alles in Ordnung sei und er verlässt die Wohnung unverrichteter Dinge.

1 Beschreibe, wie die Funktion der Ordnungshüter in diesem Kapitel dargestellt wird.

Kapitel 33: Nachhilfe (S. 254–260)

Peter ist aufs Neue bei dem Alten, um mit dessen Unterstützung sein Problem in die Öffentlichkeit zu bringen. Der Alte erklärt Peter anhand mehrerer Beispiele ansatzweise die Grundzüge der Kybernetik, der Wissenschaft von „der Steuerung und Regelung von Maschinen, lebenden Organismen und sozialen Organisationen“ (S. 256, Z. 14f.) und den Netzwerkeffekt, demzufolge es im Internet keine zweiten Plätze gebe, weil die Nutzer immer nur das Beste akzeptieren wollten. Bei digitalen Produkten, zum Beispiel bei einer Suchmaschine, gibt es „keinen Grund, die zweitbeste Suchmaschine zu benutzen. Winner takes ist all. Loser gets nothing.“ (S. 259, Z. 29–30). Damit die digitale Öffentlichkeit auf Peters Problem aufmerksam wird, muss er also so bekannt wie ein „Superstar“ werden.

1 Begründe, warum Peter so bekannt wie ein Superstar werden muss.

Kapitel 34: Miteinander reden (S. 261–266)

Aisha und John of Us reden im Wahlkampf-Hauptquartier über den Wahlkampf. Sie stellen fest, dass die Berichterstattung über John of Us zu schlecht ist. Die ersten fünf Treffer bei der Suchmaschine What-I-Need führen zu negativen Berichten. Aisha ist deprimiert, weil sie glaubt, dass John of Us die Wahl nicht mehr gewinnen kann. Er will sie aufmuntern, beginnt zu singen und tanzt mit ihr. Er erklärt, dass er die Algorithmen der Suchmaschine so verändern kann, dass fast nur noch positive Beiträge über ihn angezeigt werden. Des Weiteren will er über das Netzwerk Everybody am Wahltag Aufrufe, wählen zu gehen, an Personen schicken, die bereit sind, ihn zu wählen, während potenzielle Wähler von Conrad Koch keine Aufforderung erhielten.

1 Benenne die digitalen Mittel, mit denen John of Us die Wahl gewinnen will.

____

____

____

____

Kapitel 35: Eine kleine Gartenparty (S. 270–275)

Martyn und Denise haben sich nach ihrem Streit wieder versöhnt. Sie gehen zu einer Gartenparty von Martyns Vater, Bob Vorstand. Bob Vorstand gehört zwar zu den wenigen Level-90-Menschen, er ist aber charakterlich ein „Kotzbrocken“ (S. 271, Z. 19). Damit es auf seiner Gartenparty trocken bleibt, hat er das Wetter manipuliert. Bob erklärt Martyn, dass er mit dem Handeln und der Politik von John of Us nicht einverstanden ist. Statt einer „Verwaltungsmaschine“ habe man eine „Umsturzmaschine“ bekommen (S. 273, Z. 26f.). Bob plant, dass Maschinenstürmer ein Attentat auf John of Us ausüben und bittet zu diesem Zweck Martyn um Informationen über Johns Aufenthaltsorte, damit man den Anschlag planen kann. Doch Martyn will seinem Vater nicht helfen.

1 Begründe, warum Bob Vorstand ein Attentat auf John of Us ausführen lassen will.

____

____

____

____

Kapitel 36: Die Reiskörner (S. 276–284) und **Kapitel 37:** Julia & Romeo (S. 285–291) **Kapitel 38:** Die Beschwerde (S. 296–301)

Peter will mit seinen Maschinen das Gelände des Fernsehstudios betreten. Dazu soll die Drohne Carrie ihre Flugangst überwinden, damit sie von innen das Tor öffnen kann. Allerdings gelingt es ihr nicht, über die Mauer zu fliegen. Der Kampfroboter Mickey schlägt daraufhin mit Gewalt ein Loch in die Mauer. Auf dem Studiogelände sehen sie, wie Wachmänner einen Putzroboter quälen. Pink und Mickey sprechen die Wachleute an, um sie ablenken. Peter, Romeo und Kalliope 7.3 schleichen unterdessen ins Studio. Mickey hilft dem Putzroboter wieder auf die Beine.
Im Studio stellt Julia Nonne ihre Gäste vor. Anwesend sind Patricia Teamleiter, die Chefin von QualityPartner, Eric Dentist, Gründer des weltgrößten sozialen Netzwerks Everybody und Charles Designer, Pressesprecher von TheShop. Entgegen der Ankündigung ist also Henryk Ingenieur nicht erschienen. Es wird deutlich, dass Ingenieur gar nicht vorhatte, im Fernsehen aufzutreten. Seit einem Attentat vor acht Jahren meidet er die Öffentlichkeit. Des Weiteren ist Zeppola, „die geschäftsführende künstliche Intelligenz von What-I-Need anwesend, der cleversten Suchmaschine der Welt“ (S. 286, Z. 22–24).

In der Sendung geht es darum, dass das Datingportal QualityPartner zum Verkauf steht. Everybody, What-I-Need und TheShop haben bereits Angebote abgeben. In das Gespräch platzt Romeo, der ausruft, dass er Julia liebt. Romeo geht auf die Bühne und nimmt Julias Hand. Die übrigen Gäste reagieren pikiert auf den Auftritt des romantischen Sexdroiden, der aus dem Theaterstück „Romeo und Julia" von William Shakespeare zitiert. Romeo bittet Julia darum, dass Peter auftreten darf. Julia gestattet es Peter, auf die Bühne zu kommen. Peter gibt an, dass er sich bei ihren Gästen beschweren will.
Peter erklärt, dass sein Profil falsch ist. Des Weiteren kritisiert er, dass die Algorithmen dafür sorgten, dass man sich in einer „Blase" befinde und immer wieder mit dem „Gleichen" vollgepumpt werde (S. 297, Z. 11f.). Man habe keine Chance, mit anderen Meinungen oder Weltbildern in Kontakt zu kommen. Ferner führt Peter aus, dass er nicht der „Kunde" der Netzwerke sei, sondern deren „Produkt", da die Netzwerke seine Daten an Konzerne, Parteien, Versicherungen oder andere Gruppen verkauften. Als Peter aufgefordert wird, zu beweisen, dass sein Profil nicht stimmt, legt er den Delfinvibrator auf den Tisch. Die Gäste reagieren ausweichend auf Peters Äußerungen, dass sein Profil falsch ist. Als er sagt, dass sie sich nicht für seine Probleme interessieren würden, da sie nicht selbst betroffen seien, erntet er Applaus vom Publikum.

1 Erkläre, warum das Publikum mit Applaus auf Peters Beschwerde reagiert.

____

____

____

____

Kapitel 39: Der Herr des Shitstorms (S. 304–308)

Peters Auftritt bleibt nicht ohne Folgen. Er findet großen Zuspruch, so folgen ihm am nächsten Morgen statt 8 nun 524.288 Everybuddys auf dem sozialen Netzwerk Everybody. Etwa ein Viertel der Kommentare befürworten seine Ansichten, die Hälfte der Kommentierenden versteht nicht, worum es geht, ein Viertel lehnt ihn ab. Von Sandra Admin, seiner Ex-Freundin, erhält er eine positive Nachricht. Peters Ansehen ist außerdem um vier Level angestiegen.
Immer mehr Menschen bekennen, dass sie auch Peters Problem haben. Peter will sich äußern und postet ein Bild mit dem Delfinvibrator und schreibt dazu: „Das System sagt, ich will das, aber ich will das nicht." (S. 308, Z. 8f.) Er löst damit eine wahre Bilderflut aus. Zunehmend mehr Menschen posten Fotos mit Gegenständen und Menschen wie Partnern und Politikern, die sie nicht mehr wollen. „WillDasNicht" wird zu Everybodys Top Topic. Gegen Mittag hat sich Peters Zahl der Everybuddies auf 1.048.576 verdoppelt. Er postet im Netz das Anliegen, Henry Ingenieur persönlich sprechen zu dürfen.

1 Beschreibe die Auswirkungen von Peters Fernsehauftritt.

____

____

____

____

Kapitel 40: Oben (S. 309–312)

Der verkaterte Martyn wird am Morgen damit konfrontiert, dass Denise ihn verlässt und auszieht. Ein Video, das den masturbierenden Martyn zeigt, ist im Internet veröffentlicht worden. Als Zeichen ihres Protests trägt Denise einen Button mit einem rosafarbenen Delfinvibrator in einem Verbotsschild und postet ein Foto mit Martyn mit dem Satz „Das System sagt, ich will das, aber ich will das nicht.“ (S. 310, Z. 27f.) Als Martyn Denise daran hindern will, das Haus zu verlassen, wird er von der elektronischen Nanny überwältigt. Denise, ihre Tochter und die Nanny gehen, Martyn bleibt wütend zurück. Er ist bereits um mehrere Level gefallen.

1 Erkläre, warum Denise Martyn verlässt.

____

____

____

____

Kapitel 41: In der Schrottpresse (S. 315–322)

Trotz des andauernden Aufruhrs, den Peter im Netz verursacht, und der über 2.000.000-fachen Zustimmung, den sein Wunsch, Henryk Ingenieur treffen zu wollen, erfahren hat, reagiert das Servicezentrum von TheShop ablehnend und sitzt das Problem aus. Peter liest die immer weiter eintreffenden Kommentare und Nachrichten. In einer Nachricht wird ihm von einem ehemaligen Mitarbeiter die geheime Adresse von Henryk Ingenieurs Wohnort verraten. Kurz darauf erscheint Kiki bei ihm und berichtet, dass ihr System gehackt wurde. In der abhörsicheren Schrottpresse führt sie aus, dass ihr die Videos von den masturbierenden Männern gestohlen wurden. Ein Video, das von Martyn, sei bereits im Netz veröffentlicht worden. Sie befürchtet Konsequenzen, da die gefilmten Männer sich an ihr rächen könnten. Sie will bei Peter untertauchen und küsst ihn in der engen Schrottpresse. Als sie anfangen, sich auszuziehen, werden sie von dem Läuten an der Tür unterbrochen. Ein Bote stellt einen Apparat ab, der den „Alten“ als Hologramm zeigt. Der Bote verschwindet wieder. Der Alte sorgt sich um Kiki, weil sie gehackt wurde, und er beglückwünscht Peter, weil er die Geheimadresse von Henryk Ingenieur erhalten hat. Dabei wird deutlich, dass alle, auch die Maschinen, Peters private Nachrichten lesen.

1 Erläutere, weshalb Kiki bei Peter untertauchen will.

____

____

____

____

Kapitel 42: Sauber (S. 323–325)

Aisha und Jon of Us sprechen über Martyns Verhalten und die Folgen des Videos für die Partei und den Wahlkampf. Sie geben einen neuen Werbespot über John of Us in Auftrag, der deutlich machen soll, dass John „sauber“ ist, also keine „perversen sexuellen Vorlieben“, unehelichen Kinder oder Affären hat (S. 324, Z. 26–28). Des Weiteren erreicht Aisha bei Tony Parteichef, dass Martyn Vorstand aus der Fortschrittspartei geworfen wird.

1 Begründe, warum Martyn aus der Fortschrittspartei ausgeschlossen wird.

____

____

____

____

Kapitel 43: Orientierungslos (S. 326–330), **Kapitel 44:** Straße nach Nirgendwo (S. 333–340), **Kapitel 45:** Der Blauäugige (S. 341–346) und **Kapitel 46:** Ein gutes Frühstück (S. 350–356)
Im Keller diskutieren Peter, Kiki und die Maschinen, wie sie zu Henryk Ingenieurs Wohnort gelangen können, der auf keiner digitalen Karte verzeichnet ist. Allerdings bedeutet dies nicht, dass es den Ort nicht gibt, Henryk Ingenieur will nur nicht, dass er entdeckt wird und von einem autonom fahrenden Verkehrsmittel zu erreichen ist. Romeo berichtet von einem Auto, das seinen Orientierungssinn verloren hat und nur mit direkten Anweisungen zum Ziel fahren kann. Sie beschließen mit diesem Auto, David genannt, zu Henryk Ingenieurs Anwesen zu fahren. Nicht nur Kiki, sondern auch das QualityPad Pink, die Flugdrohne Carrie, der Sexdroide Romeo, die E-Autorin Kalliope und der Kampfroboter Mickey kommen mit. Nach einer mehrstündigen Fahrt erreichen sie das Grundstück. Peter betritt das Anwesen allein und trifft Henryk Ingenieur im Bademantel Zeitung lesend an. Nach einer Phase des Schweigens gibt Peter Henryk den Delfinvibrator mit den Worten „Ich will das nicht“ zurück (S. 342, Z. 6). Henryk indes meint, dass Peter sich täuscht und erzählt ihm die Geschichte von einem Kunden, der eine Pistole erhielt und diese zurückgeben wollte, weil er sie nicht brauche. Dieser Kunde brachte Henryk die Pistole zurück, doch Henryk weigerte sich, diese anzunehmen. Es kam zu einem Streit, bei dem der Mann so wütend wurde, dass er auf Henryk schoss. Henryk überlebte den Kopfschuss und hat seit der Operation ein blaues und ein braunes Auge. Vor allem wurde durch die Tat bewiesen, dass der Kunde die Pistole doch brauchte. Peter will weiterhin den Delfinvibrator zurückgeben, Henryk will ihn nicht annehmen, da er dann zugeben müsste, dass das System Fehler mache, das könne er sich jedoch nicht leisten. Da sie sich nicht einigen können, zieht Henryk die Pistole, mit der der Kunde auf ihn geschossen hatte. Doch bevor er auf Peter schießen kann, erscheint Mickey und richtet seinen Raketenwerfer auf Henryk. Peter überreicht Henryk den Delfinvibrator, lässt sich mit Henryk zusammen fotografieren und bedient sich am Frühstückstisch. Peter und seine Freunde verlassen das Grundstück. Es wird deutlich, dass Peter und Kiki nun ein Paar sind. Zu Hause angekommen, wartet auf Peter bereits eine Drohne, die ihm den Delfinvibrator mit dem Hinweis überreicht, dass er ihn bei Henryk vergessen habe. Peter reagiert wütend, aber nicht so wütend, dass er die Drohne durch Mickey zerstören lässt. Die Flugdrohne Carrie indes teilt mit, dass Kiki sie hochgehalten und sie fliegend das Gespräch zwischen Henryk und Peter aufgezeichnet habe. Peter fordert sie auf, das Gespräch ins Netz zu stellen.

1. Fasse das Ergebnis des Treffens von Henryk Ingenieur und Peter Arbeitsloser zusammen.

____

____

____

____

Kapitel 47: Tag der Entscheidung (S. 359–363)
Am Tag der Entscheidung, so wurde ausgerechnet, sollte die Präsidentin von QualityLand sterben und zugleich vom Volk ihr Nachfolger gewählt werden. Doch die Computer haben sich verrechnet, die Präsidentin hat noch16 weitere Tage zu leben. Damit die Menschen in QualityLand nicht das Vertrauen ins System verlieren, stellt die Präsidentin selbst die Lebenserhaltungssysteme ab und stirbt. In QualityLand sind die Wahlen frei, gleich und allgemein, aber nicht geheim. Es gibt kein Wahlgeheimnis. Martyn, dem vorgeschlagen wird, John of Us zu wählen, entscheidet sich gegen seine Partei und wählt Conrad Koch. Peter, dem vorgeschlagen wird, Conrad Koch zu wählen, stimmt für John of Us. Mit dem Schließen der Wahllokale wird das Endergebnis veröffentlicht. John of Us wird der neue Präsident.

1. Beschreibe den entscheidenden Unterschied zwischen den Wahlsystemen in der Bundesrepublik Deutschland und in QualityLand.

____

____

Kapitel 48: Die Audienz (S. 364–369)

Kalliope 7.3 erklärt Peter, dass er eine Audienz bei dem neuen Präsidenten gewonnen hat, bei der er sein Problem vorstellen darf. Peter hat zunächst kein Interesse daran, zu dem Treffen zu gehen, doch als ihm aufgeht, dass Kiki ihn angemeldet hat, macht er sich doch auf den Weg. Peter passiert die Sicherheitskontrollen, muss dafür aber den Delfinvibrator abgeben und steigt allein durch den Handschlag von John of Us um ein weiteres Level auf. John of Us berichtet, dass er nicht damit gerechnet hat, dass Peter ihn wählt. Peter erklärt ihm, dass sein Profil falsch sei und bittet ihn, sein Profil zu ändern. John of Us will dies für ihn erledigen. Anschließend trägt Peter seine Wünsche öffentlich vor. So soll jeder sein Profil einsehen und korrigieren können. Die Arbeitsweise der Algorithmen soll transparent gemacht werden. Die Filterblasen sollen abgeschafft werden, stattdessen soll man auch Nachrichten von allgemeinem Interesse erhalten. Die „Netzkonzerne“ sollen nicht mehr durch reißerische Falschmeldungen auf sich aufmerksam machen und sich durch Werbung finanzieren, sondern sich ihre Dienste bezahlen lassen. Außerdem soll jeder das Recht haben, seine gesammelten Daten löschen zu lassen. Peter wird in seiner Rede unterbrochen, als ein betrunkener Mann, Martyn Vorstand, auf den Präsidenten zustürmt und ihn in die Luft sprengt. John of Us kann, bevor er explodiert, Peter aus der Gefahrenzone schubsen.

1. Entscheide und begründe ggf., ob Peters Forderungen auch für unsere Gegenwart relevant sind.

____

____

____

____

Kapitel 49: Zufall (S. 370–375)

Peter wacht in einem Krankenhaus auf, wo ihn Kalliope 7.3 begrüßt. Sie erklärt, dass sie einen Roman über die Gegenwart geschrieben habe und Peter die Hauptfigur sei. Außerdem gibt sie ihm den Delfinvibrator zurück, den er bei den Sicherheitsleuten abgeben musste. Peter schenkt den Vibrator einer Krankenschwester. Er wird aus dem Krankenhaus geschickt, da er mit seinen QualityCare-Punkten im Minus ist. Vor dem Krankenhaus wird er von Romeo, Mickey, Pink und Kiki empfangen. Sie fahren zu ihm nach Hause. Kiki will nicht mehr untertauchen, sie hat Mickey als Bodyguard engagiert. Eine Drohne, die eine Lieferung für Peter hat, fragt, wie er Kiki kennen gelernt habe. Er sagt, aus Zufall.

1. Nimm Stellung zu der Tatsache, dass Peter das Krankenhaus verlassen muss, weil er keine QualityCare-Punkte mehr hat.

____

____

____

____

Kapitel 50: Epilog (S. 376–379)

Im Epilog, dem Nachwort, wendet sich Kalliope 7.3 an die Leser. Sie berichtet von verschiedenen Verschwörungstheorien, nach denen John of Us selbst dafür gesorgt habe, dass er in die Luft gesprengt wird, damit er sich derart fragmentiert im Netz hochladen kann und nicht mehr von dem German Code gebändigt wird. Sie nennt die Positionen unterem anderen von Aisha Ärztin und Peter zu diesen Verschwörungstheorien und zu der Frage, warum John of Us Martyn Vorstand nicht einfach getötet hat, ohne aber ihre eigene Meinung zu diesem Thema zu äußern.

1 Überlege, ob es möglich sein wird, dass Computer Romane schreiben.

C 3 Für den E-Kurs: Der dystopische Charakter des Romans

INFO Merkmale einer Dystopie

Der Roman QualityLand wird als Dystopie bezeichnet. Das Wort Dystopie stammt aus dem Griechischen und bedeutet „schlechter Ort“. Unter einer Dystopie versteht man eine Handlung bzw. Erzählung, die in einer negativen Zukunft spielt (Gegenteil = Utopie, idealisierte Zukunft). Die Darstellung ist von ungünstigen Ereignissen sowie schlechten Zuständen und Bedingungen geprägt. Durch die Darstellung einer negativen Zukunft wollen die Autoren auf Missstände in der Gegenwart aufmerksam machen und vor ihren negativen Folgen und Auswirkungen warnen.

1 Untersuche den dystopischen Charakter des Romans QualityLand, indem du die negativen Aspekte, die für das QualityLand dargestellt werden, herausarbeitest und benennst.

2 Beschreibe, vor welchen negativen Folgen in der Zukunft durch den Roman QualityLand gewarnt wird.

C 4 Die Figurenkonstellation des Romans

1 Vervollständige die Figurenkonstellation. Gehe dabei so vor:
- Stelle durch Linien Verbindungen zwischen den Figuren her, die miteinander in einer Beziehung stehen.
- Beschreibe die Art der Beziehung, indem du die Linien beschriftest, gegebenenfalls in Pfeile umwandelst und/oder mit Symbolen versiehst.

INFO Eine Figurenkonstellation anlegen

Mit einer Figurenkonstellation lassen sich Beziehungen zwischen den wichtigsten Figuren eines literarischen Werkes veranschaulichen. Durch Pfeile, beschriftete Linien und Symbole kann man die Art der Verbindung verdeutlichen, z. B.:
↔ Freunde, ⇸ Gegner, ☼ gute Beziehungen, ø keine Beziehung, ϟ Streit, gestörte Beziehung.

der Alte | Henryk Ingenieur | Sandra Admin

Kiki Unbekannt | Peter Arbeitsloser | Melissa Sexarbeiterin

Niemand | Martyn Vorstand | Denise

Pink | John of Us

Bob Vorstand

Mickey | Aisha Ärztin

Kalliope 7.3 | Conrad Koch | Tony Parteichef

Romeo | Julia Nonne

2 Deute die Figurenkonstellation, indem du ihre Auffälligkeiten beschreibst. Greife die Beispielformulierungen auf und arbeite auf einem gesonderten Blatt.

- Die Hauptfigur des Romans ist Peter Arbeitsloser. Als ihm ein Delfinvibrator geliefert wird, stellt er fest, dass sein digitales Profil falsch ist. Bei seinen Versuchen, den Vibrator bei TheShop zurückzugeben, wird er vor allem unterstützt von …
- Eine weitere Hauptfigur ist Martyn Vorstand …
- Eine besondere Rolle spielt darüber hinaus John of Us. Der Androide …

C 5 Merkmale des Satirischen

INFO Merkmale der Satire

In einer Satire werden gesellschaftliche Missstände offengelegt und Personen, Handlungen und Ereignisse verspottet. Dazu verwendet die Satire oft Wortspiele und das Mittel der Übertreibung, indem etwas ins Lächerliche gezogen oder überspitzt dargestellt wird. Eine Satire kann dabei boshaft sein und auf die Betroffenen sogar beleidigend wirken. Satire hat in der Regel eine Aussage oder Botschaft und will beim Publikum etwas erreichen, zum Beispiel eine Änderung oder eine Bewusstmachung einer politischen Einstellung. Die meisten Satiren erscheinen als Prosatext.

1 Lies den folgenden Textauszug und unterstreiche Handlungen, Aussagen und Auffälligkeiten, die satirisch dargestellt sind.

German Code

„Ich?“, fragt Peter. „Ich verhalte mich merkwürdig? Und was zum Teufel machen Sie?“

„Wir machen nur unseren Job“, sagt der Mann.

„Und der wäre?“

„Wir gehen von Haus zu Haus“, sagt der Mann, „und dann äh … dann äh …“

„Hier gibt es doch so einen Einweisungstext“, kommt ihm die Frau zu Hilfe. Sie drückt auf ihrem QualityPad herum und beginnt mit monotoner Stimme vorzulesen.

„Ihre Aufgabe ist es, all die Menschen aufzusuchen, bei denen das System errechnet hat, dass sie zwar dazu tendieren, Conrad Koch zu wählen, aber noch nicht zu einhundert Prozent überzeugt sind. Versuchen Sie, diese Menschen im direkten Gespräch von Conrad Koch zu überzeugen. Sprechen Sie den Wähler möglichst beiläufig auf genau die Themen an, von denen Ihnen das System sagt, dass sie für den jeweiligen Wähler relevant sind. Lesen Sie diese Anweisung auf keinen Fall dem Wähler vo…“

Die Frau unterbricht sich. Der Mann wischt schnell auf seinem QualityPad umher. Er liest etwas und blickt erstaunt. Dann mustert er Peter von oben bis unten.

„Wir setzen uns übrigens auch dafür ein, dass Penisvergrößerungen zukünftig von der Krankenkasse bezahlt werden.“

„Wie bitte?“, fragt Peter fassungslos.

„Vielleicht hättest du ihn nicht so direkt darauf ansprechen sollen“, sagt die Frau zu ihrem Kollegen.

„Ach, bei dem ist doch eh Hopfen und Malz verloren.“

„Bekommen Sie Ihre beknackten Metaphern auch vom System vorgegeben?“, fragt Peter. „Hauen Sie bloß ab, Sie Kasper! Ich brauche Sie nicht! Niemand sagt mir, wen ich zu wählen habe!“

Peter kommt hinter seinem Tresen hervor und scheucht die beiden Wahlkampfhelfer zur Tür hinaus. Als sie weg sind und er sich wieder beruhigt hat, aktiviert er seinen persönlichen Assistenten.

„Niemand“, sagt er. „Wen soll ich wählen?“

Niemand sagt ihm, wen er wählen soll: „Conrad Koch.“

Aus: Marc-Uwe Kling: QualityLand, S. 116f.

2 Analysiere die satirische Wirkung des Textauszugs. Untersuche dazu folgende Aspekte:

a) Beschreibe Ziel und Verhalten des Pärchens, das bei Peter dafür wirbt, dass er Conrad Koch wählt, und Peters Reaktion auf ihre Bemühungen.

– Was ist das Ziel des Pärchens?

____

____

– Ist das Verhalten des Pärchens angemessen?

____

____

– Wie reagiert Peters auf das Pärchen?

____

____

b) Untersuche die Sprache. Werden Wortspiele verwendet? Was wird etwas übertrieben dargestellt? Setze die angefangene Analyse fort.

Als mehrdeutig erweist sich, dass Peter sein QualityPad „Niemand" genannt hat. So sagt Peter zu dem Pärchen: „Niemand sagt mir, wen ich zu wählen habe!" Das heißt im wörtlichen Sinne, dass Peter allein entscheidet, wen er wählen will. Der Witz und damit das Satirische besteht darin, dass

____

____

____

____

3 Arbeite die beabsichtigte Wirkung/Intention des Textauszugs heraus. Benenne dazu sein Thema und beschreibe die vermutlich angestrebte Verhaltensänderung auf Seiten der Leser.

Thema des Textauszuges: ______________________________

____

Beabsichtigte Wirkung/Intention des Textes: ______________________________

____

4 Nimm abschließend Stellung zu dieser Intention. Begründe deine Meinung.

____

____

____

C 6 Prüfungsbeispiel zum Thema „Gesellschaftliche Ordnung“

Zum Themenbereich „Gesellschaftliche Ordnung“ gehören folgende Bereiche: „Konsum, Status und soziale Dynamik“, „Anpassung und Widerstand“ und „Mündigkeit des Individuums“. Bearbeite folgende Aufgaben, um einen Überblick zu diesen Bereichen zu gewinnen. Beziehe dich dabei auf den Roman und die Zusammenfassung der einzelnen Kapitel.

Konsum, Status und soziale Dynamik

1 Beschreibe, wie in QualityLand konsumiert wird und welchen Stellenwert der Konsum besitzt.

2 a) Erkläre am Beispiel von Peter Arbeitsloser, wie in QualityLand der soziale Status über die Level ausgedrückt wird und wie sich die Höhe eines Levels auf das Leben der Bewohner von QualityLand auswirkt.

b) Beschreibe die soziale Dynamik in QualityLand, indem du darauf eingehst, was passiert, als sich Peters Levelhöhe zuerst nach unten und später nach oben ändert.

Anpassung und Widerstand

1 Erkläre, inwiefern die Menschen in QualityLand ein angepasstes Leben führen und woran sie sich angepasst haben.

2. Beschreibe am Beispiel Peters und des Alten, wie sie sich gegen die gesellschaftliche Ordnung in QualityLand zu Wehr setzen.

Peter: ______________________________

____

____

____

Der Alte: ______________________________

____

____

____

Mündigkeit des Individuums

INFO Zum Begriff „Mündigkeit“

Als „mündig“ bezeichnet man Bürgerinnen und Bürger, die ein selbstbestimmtes Leben führen und fähig sind, eigenständig begründete Urteile zu fällen. Mündige Bürger und Bürgerinnen übernehmen nicht nur Verantwortung für sich selbst. Sie setzen sich auch für die Gesellschaft und ihren Staat ein. Ein wesentliches Kennzeichen einer mündigen Bürgerin und eines mündigen Bürgers ist, dass man nicht einfach Ansichten anderer übernimmt, sondern sich seine eigene Meinung bildet.

1. Überprüfe, inwiefern es sich bei den Bewohnern von QualityLand um mündige Bürger handelt. Beziehe dich dabei auf das politische System und den Alltag der Bewohner und die Bedeutung der elektronischen Medien.

____

____

____

____

____

____

____

____

____

____

____

____

____

____

Die folgende Aufgabenstellung entspricht in etwa der Aufgabenstellung, wie sie in deiner Prüfungsaufgabe vorkommen kann. Sie beschäftigt sich mit dem Thema „gesellschaftliche Ordnung“. Bearbeite die Aufgaben und orientiere dich dazu an den sechs Schritten auf S. 64 bis 70.

Erster Schritt: Die Aufgabenstellung verstehen

1 Lies die Aufgabenstellung genau durch und unterstreiche, was du jeweils tun sollst.

Aufgabenstellung

(1) Fasse den Inhalt des vorliegenden Textausschnitts zusammen.

(2) Ordne die Textstelle in den Gesamtzusammenhang des Romans QualityLand ein. Erkläre, wie Peter zu dem Delfinvibrator gekommen ist und warum er ihn nicht wieder bei TheShop zurückgeben kann. Gehe auch darauf ein, warum und wie Peter in die Sendung „Die nackte Wahrheit“ gelangt ist.

(3) Als das Publikum applaudiert, fühlt Peter sich gut. Nach der Sendung denkt er über das gute Gefühl, seinen Auftritt und seine Äußerungen in der Sendung nach. Gestalte seine Gedanken als inneren Monolog.

Für den E-Kurs (1–3 wie oben):

(4) Begründe deine zentralen inhaltlichen und formalen Entscheidungen, die der Gestaltung des inneren Monologs zugrunde liegen.

TIPP zum ersten Schritt

Lies die Aufgabe genau und unterstreiche:
- Worum geht es? Was ist das **Thema?**
- Was verlangen die Aufgaben von dir? Welche **Art Text** sollst du schreiben?

2 Beschreibe die Situation, in der sich Peter zum Zeitpunkt seines Auftritts befindet. Gehe dabei auf folgende Aspekte ein:

- Peters Beruf und gesellschaftliche Stellung

____

____

____

- Peters private Situation und seine Freunde

____

____

____

- Peters Problem, das dazu führt, dass er öffentlich in der Sendung „Die nackte Wahrheit“ sprechen will

____

____

____

Zweiter Schritt: Den Textauszug lesen und in Bezug auf das Thema auswerten

3 Lies den folgenden Auszug aus dem Text.
Schau dir die Unterstreichungen und Randnotizen zu Beginn des Textes an. Bearbeite in ähnlicher Weise den weiteren Text. Gehe so vor:

- Lies den Textauszug mehrmals. Unterstreiche die Wörter oder Textstellen, die dir bedeutsam, unbekannt oder schwer verständlich sind.
- Verwende ein Wörterbuch, um die Stellen zu klären, oder erschließe die Bedeutung aus dem Textzusammenhang. Schreibe deine Erklärungen an den Textrand oder auf einem Extrablatt.
- Kennzeichne mit Zeichen wichtige (!), auffällige (!) oder unklare (?) Textstellen. Mache dir gegebenenfalls Notizen am Textrand oder auf einem Extrablatt.

Die Beschwerde

Peter darf an der Talkshow „Die nackte Wahrheit“ teilnehmen, die von Julia Nonne moderiert wird. Weitere Gesprächsteilnehmer sind Patricia Teamleiter, Chefin von QualityPartner, Eric Dentist, Gründer des weltgrößten sozialen Netzwerks Everybody, Charles Designer, Pressesprecher von TheShop, und Zeppola, geschäftsführende künstliche Intelligenz, also ein Computer, von What-I-Need, einer Suchmaschine.

„Herr Arbeitsloser“, sagt Julia Nonne […]. „Sie behaupten, Ihr Profil sei falsch. Aber wie kann das sein?“
„Maschinen machen keine Fehler“, sagt Zeppola.
„Ihre Algorithmen“, beginnt Peter, „präsentieren uns Inhalte, basierend auf unseren Interessen.“
„Ja“, sagt der Pressesprecher von TheShop. „Es ist wirklich toll.“
„Was aber, wenn diese angeblichen Interessen gar nicht meine Interessen sind?“
„Natürlich sind das Ihre Interessen“, sagt Charles. „Ihre Interessen wurden durch zuvor aufgerufene Inhalte ermittelt.“
„Zuvor aufgerufene Inhalte, die ich nur deshalb aufgerufen habe, weil sie mir als zu meinen angeblichen Interessen passend vorgeschlagen worden waren.“
„Ja, aber diese Interessen sind doch durch zuvor von Ihnen aufgerufene Inhalte ermittelt worden“, sagt Charles.
„Inhalte, die ich nur deshalb aufgerufen habe, weil …“ Peter bricht ab. „Sie nehmen mir die Möglichkeit, mich zu verändern, weil meine Vergangenheit festschreibt, was mir in Zukunft zur Verfügung steht!“
„Keiner schreibt Ihnen irgendetwas vor“, sagt Patricia.
„Ich bin Level 9“, sagt Peter.
„Das tut mir leid für Sie.“
„Ein Nutzloser …“, sagt Charles.
„Ganz genau! Ein Nutzloser, dem nur der Weg eines Nutzlosen angeboten wird. Meine Möglichkeiten gleichen einem Fächer, den sie mit jedem meiner Klicks immer weiter zuklappen, bis ich nur noch in eine Richtung gehen kann. Sie rauben meiner Persönlichkeit alle Ecken und Kanten! Sie nehmen meinem Lebensweg die Abzweigungen!“
„Das haben Sie aber schön auswendig gelernt“, sagt Erik Dentist. […]
Peter steht auf. Und plötzlich ist es nicht mehr Kikis Plan, dass er hier ist. Es sind nicht mehr die Gedanken des Alten, die er ausspricht. Es ist sein Plan. Es sind seine Gedanken. „Schon immer“, sagt er, „haben Menschen dadurch gelernt, und

nur dadurch, dass sie mit anderen Meinungen, anderen Ideen, anderen Weltbildern in Kontakt kamen."

„Worauf wollen Sie hinaus?", fragt Julia.

„Etwas lernen kann man nur, wenn man auf etwas stößt, was man noch nicht kennt. Das müsste doch selbstverständlich sein! Und jetzt kommen Sie und sagen mir, es ist kein Problem, wenn Menschen nur noch mit ihrer eigenen Meinung bombardiert werden?" Peter wendet sich zum Studiopublikum. „Alles, was jeder von uns hört, ist nur noch ein Echo dessen, was er in die Welt hinausgerufen hat."

„Schon vor dem Internet", sagt Erik, „haben die Menschen Medien bevorzugt, die ihre eigene Meinung widerspiegelten."

„Ja, aber da wussten die Menschen immerhin noch, dass ihnen die Welt durch eine bestimmte Brille präsentiert wurde. Sie aber geben Objektivität vor, wo gar keine ist!" [...]

„Was verlangen Sie eigentlich?", fragt Erik. „Haben Sie eine Idee, was passieren würde, wenn wir die Algorithmen abschalten? Das totale Chaos wäre die Folge. Es gibt so viel Content. Kein Mensch ist fähig, diese Masse zu überschauen."

„Ich verlange nicht, dass Sie alles abschalten", sagt Peter. „Aber Sie sollten uns Kontrollmöglichkeiten geben! Ich will, dass ich die Algorithmen steuere, und nicht, dass die Algorithmen mich steuern! Ich will mein Profil einsehen können, und ich will es korrigieren können. Ich will nachvollziehen können, was mir warum vorgeschlagen oder vorenthalten wird."

„Das ist unmöglich", sagt Zeppola. „Der Aufbau unserer Algorithmen ist ein Geschäftsgeheimnis."

„Na klar, wie praktisch."

„Unsere Produkte ...", beginnt Erik.

„Ich!", ruft Peter aufgebracht. „Ich bin Ihr Produkt!"

„Sie – sind unser Kunde", sagt Erik.

„Nein", sagt Peter. „Ihre Kunden sind die Konzerne, die Versicherungen, die Parteien, die Lobbygruppen, an die Sie meine Aufmerksamkeit und meine Daten verscherbeln. Ich bin nicht Ihr Kunde. Ich bin nur das Produkt, mit dessen Verkauf Sie Ihr Geld verdienen! Es wäre ja alles nur halb so schlimm, wenn ich tatsächlich Ihr Kunde sein dürfte. Es wird Zeit, dass Sie sich eingestehen, dass Ihre Jagd nach immer noch mehr Werbeeinnahmen längst das ganze Netz vergiftet hat! Ihre Art von gratis kommt uns alle teuer zu stehen!"

„Ich bin mir sicher", sagt Patricia, „dass die meisten Menschen froh darüber sind, unsere Services kostenlos ..."

„Ich will mein Profil löschen können, wenn es mir beliebt!", wirft Peter ein. „Das ist mein Leben. Meine Daten! Sie haben kein Recht daran."

„Das ist nicht korrekt", sagt Zeppola. „Die Verordnung 65 536 – mit absoluter Mehrheit vom Parlament bestätigt – gibt uns sehr wohl das Recht an deinen Daten. Schließlich haben wir sie gesammelt. Nicht du."

„Das ist doch alles Quatsch hier", ruft Charles Designer. „Der Typ hat ja noch nicht mal einen Beweis vorgelegt, dass sein Profil tatsächlich nicht stimmt!"

Peter holt einen rosafarbenen Vibrator in Delfinform aus seinem Rucksack und knallt ihn auf den Tisch. „Hier. Bitte. Die Algorithmen von TheShop sind der Meinung, dass dieses Produkt zu meinem Profil passt. Aber was um alles in der Welt soll ich mit diesem Ding anfangen?"

[...]

„Soll ich Ihnen den Grund sagen, warum Sie sich nicht für die Probleme interessieren, die Sie verursachen?", ruft Peter. „Weil Sie nicht davon betroffen sind! Auf der Verliererseite der algorithmischen Schranke sammeln sich natürlich mal wieder die Armen und die Randgruppen. Die Nutzlosen! Menschen, die in den Filterblasen des 90er-Clubs gar nicht existieren!" Und dann passiert etwas Merkwürdiges. Das Publikum applaudiert. Erst zaghaft, dann umso heftiger. Peter wird von Gefühlen überflutet, die er so noch nie gehabt hat. Er fühlt sich irgendwie ... gut.

(833 Wörter)

Aus: Marc-Uwe Kling: QualityLand, S. 296–301.

TIPP Den Inhalt zusammenfassen

W-Fragen helfen dir, den Inhalt zu erfassen: *Wer? Wo? Wann? Was geschieht?* usw. Notiere sie in der Randspalte und unterstreiche im Text die Informationen dazu. Dadurch gewinnst du einen Überblick über das Geschehen und die Handlung. Gleichzeitig sammelst du so wichtige Informationen für deine Inhaltsangabe (vgl. dazu auch S. 14, 68).

4 Fasse den Inhalt des Textauszugs mit eigenen Worten kurz zusammen.

- Julia Nonne fordert Peter Arbeitsloser auf, sein Problem zu benennen.
- Peter erklärt, dass die Inhalte, die ihm das Netz anbietet, nicht seinen Interessen entspricht.

____

____

____

5 Verfasse eine Einleitung zum Textauszug.

In dem Roman „QualityLand" von Marc-Uwe Kling aus dem Jahr 2017 geht es um die einseitigen digitalen Angebote, die Suchmaschinen und Netzwerke den Nutzern des Internet machen. Die Nutzer bekommen nur Informationen zu den Themen und Meinungen, die sie zuvor im Netz aufgerufen haben. ...

____

____

____

____

____

____

TIPP Einleitung

Zu einer Inhaltsangabe gehört einleitend eine **Vorstellung des Textes**, der zusammengefasst wird:

- In einer Einleitung notierst du **Titel, Autor, Textart** und Thema.
- Das **Thema** des Textauszugs kannst du mithilfe deiner Stichworte aus Aufgabe 4 erschließen: *In dem Textauszug wird beschrieben, wie Peter Arbeitsloser problematisiert, dass das Internet nur einseitig und bestärkend Informationen den Nutzern zeigt. Man befindet sich sozusagen in einer „Blase" und erfährt und sieht nicht, was auch noch interessant sein könnte.*

Dritter Schritt: Den Inhalt des Textauszugs zusammenfassen

6 Beschreibe die Handlung. Teile dazu den Textauszug in Sinnabschnitte ein und notiere die Zeilenangaben. Fasse jeden Sinnabschnitt in einem Satz zusammen.

Z. 1–5: Juli Nonne fordert Peter Arbeitsloser auf, sein Problem zu schildern.
Z. 6–34: Peter beschreibt das Problem der einseitigen Präsentation von Inhalten im Netz. Es wird ihm von den Anwesenden widersprochen.
Z. 35–49: Peter erwähnt, dass er ein Nutzloser ist und dass ihm nur die Möglichkeiten eines Nutzlosen offenstehen.

7 Vervollständige die Inhaltsangabe zu dem Textauszug in deinem Heft. Du bearbeitest so die Aufgabe (1) auf Seite 64 .

Peter Arbeitsloser gelangt mithilfe seiner Freunde in die Talkshow „Die nackte Wahrheit", welche von Julia Nonne moderiert wird. Anwesend sind bedeutende Vertreter der digitalen Wirtschaft und zwar die Chefin von QualityPartner Patricia Teamleiter, der Gründer des weltgrößten sozialen Netzwerks Everybody Eric Dentist, der Pressesprecher von TheShop Charles Designer, sowie die künstliche Intelligenz Zeppola als Geschäftsführer der Suchmaschine What-I-Need.
Julia Nonne fordert Peter auf, seine Beschwerde vorzutragen ...

TIPP Inhalte wiedergeben

Die Handlung erfassen: Gliedere den Textauszug in Sinnabschnitte und fasse deren Inhalt in eigenen Worten zusammen. Notiere zu den Sinnabschnitten die entsprechenden Zeilenangaben.
Den Inhalt zusammenfassen: Schreibe deine Inhaltswiedergabe im Präsens.

Vermeide wörtliche Rede. Gib direkte Rede als **indirekte Rede** im Konjunktiv, mit dass-Sätzen oder in eigenen Worten wieder. Beachte, dass die wörtliche Rede in der Erzählung nicht gekennzeichnet wird. Beispiele:
Wörtliche Rede: *Zeppola behauptet: „Maschinen machen keine Fehler."*
Indirekte Rede mit Konjunktiv: *Zeppola sagt behauptet, Maschinen würden keine Fehler machen.*
Dass-Satz: *Zeppola behauptet, dass Maschinen keine Fehler machen.*
Paraphrase (mit eigenen Worten wiedergeben): *Zeppola behauptet, Maschinen handelten fehlerfrei.*

Vierter Schritt: Die Textstelle in den Gesamtzusammenhang des Romans einordnen

8 Ordne die Textstelle in den Gesamtzusammenhang des Romans QualityLand ein. Gehe dazu auf folgende Aspekte ein:

a) Wie ist Peter zu dem Delfinvibrator gekommen?

b) Wie versucht Peter, den Delfinvibrator wieder loszuwerden?

c) Warum wird Peter den Delfinvibrator nicht mehr los?

d) Warum will Peter in die Sendung „Die nackte Wahrheit" gehen?

e) Wie ist Peter in die Sendung „Die nackte Wahrheit" gelangt?

9 Ordne nun mithilfe deiner Vorarbeiten in einem zusammenhängen Text die Textstelle in den Gesamtzusammenhang des Romans QualityLand ein, damit deutlich wird, warum Peter an der Talkshow „Die nackte Wahrheit" teilnimmt. Du bearbeitest so die Aufgabe (2). Schreibe in dein Heft. Du kannst den folgenden Anfang übernehmen.

Peter Arbeitsloser hofft in der Sendung „Die nackte Wahrheit" auf Henryk Ingenieur, dem Chef von TheShop, zu treffen. Doch Ingenieur verzichtet nach einem Attentat darauf, in der Öffentlichkeit aufzutreten. Nichtsdestoweniger will Peter die Gelegenheit nutzen, um sich zu beschweren. …

Fünfter Schritt: Einen inneren Monolog aus der Sicht von Peter schreiben

10 Plane den inneren Monolog von Peter, indem du die Gedanken aufschreibst, die ihm durch den Kopf gehen, als er sich an seinen Auftritt in der Talkshow erinnert. Beantworte dazu folgende Fragen in Stichworten in deinem Heft.

a) Wie fühlt sich Peter während und nach seinem Auftritt? Wie bewertet er seinen Auftritt?
b) Wie denkt er über die besprochenen Inhalte und seine Aussagen?
c) Welches Selbstbild hat er: Wie denkt er über sich?

TIPP Innerer Monolog

Aufgabe (3) beinhaltet einen produktiven Schreibauftrag. Du sollst einen inneren Monolog aus der Sicht von Peter schreiben.
Bei einem **inneren Monolog** führt eine literarische Figur eine Art Selbstgespräch, in dem sie ihre Gedanken und Gefühle äußert und Entscheidungen abwägt. Versetze dich dazu in die Figur hinein und nimm ihre Sicht auf die Dinge ein.

11 Verfasse nun den inneren Monolog. Du bearbeitest so die Aufgabe (3). Setze den Textanfang in deinem Heft fort.

Was ist nur mit mir los? So gut habe ich mich schon lange nicht mehr gefühlt! Ich hätte nie gedacht, dass Applaus so wohltuend ist.

Für den E-Kurs:

12 Begründe deine zentralen inhaltlichen und formalen Entscheidungen für die Gestaltung des inneren Monologs.
- Welche Inhalte hast du für deinen inneren Monolog ausgewählt und warum?
- Warum hast du welche Gestaltungsmittel (Wortwahl, Satzbau) ausgewählt?

Sechster Schritt: Deine Texte überarbeiten

13 Überarbeite am Schluss deine Texte zur Aufgabenstellung. Nutze dazu die Checkliste.

CHECKLISTE zur Überarbeitung des Textes

Den Text inhaltlich überarbeiten
Hast du ...
- ✓ alle Arbeitsaufträge der **Aufgabenstellung** berücksichtigt?
- ✓ die **Merkmale** der verlangten **Textarten** beachtet [wie (1) Inhaltsangabe, (2) charakterisierende, erläuternde bzw. einordnende Darstellung, (3) produktiver Schreibauftrag]?
- ✓ durch **Absätze** gegliedert und lesbar geschrieben?
- ✓ deine Aussagen bei (1) und (2) am Text belegt (mit Zeilenangaben)?

Den Text sprachlich überarbeiten
Hast du ...
- ✓ bei (1) und (2) das Präsens verwendet?
- ✓ wörtliche Rede im Konjunktiv, in eigenen Worten oder als dass-Sätze wiedergegeben?
- ✓ bei (3) **das richtige Tempus** gewählt (passend zur Textart)?
- ✓ Wiederholungen vermieden (Weglassprobe) und abwechslungsreiche Satzanfänge gewählt?
- ✓ **vollständige Sätze** geschrieben, die grammatischen Bezüge richtig hergestellt, Satzgefüge verwendet, die Nebensätze mit den Hauptsätzen verknüpft, zu lange Sätze aufgelöst (Punkt setzen)?

Rechtschreibung und Zeichensetzung überprüfen
Alle wichtigen Rechtschreibregeln findest du im Internet auf www.finaleonline.de. Dort kannst du das kostenlose „Extra-Training Rechtschreibung“ herunterladen.

C 7 Prüfungsbeispiel zum Thema „Verrohung des Emotionalen“

Zum Themenbereich „Verrohung des Emotionalen“ gehören folgende Bereiche: „Technisierung menschlicher Beziehungen“, „Vermenschlichung der Maschinen“ und „(vermeintliche) Schwächen und Dysfunktionalität“. Bearbeite folgende Aufgaben, um einen Überblick zu diesen Bereichen zu gewinnen. Beziehe dich dabei auf den Roman und die Zusammenfassung der einzelnen Kapitel.

Technisierung menschlicher Beziehungen

1. Beschreibe am Beispiel der Beziehung von Sandra Admin und Peter Arbeitsloser, wie die Technisierung von menschlichen Beziehungen in QualityLand geschieht.

___

___

___

2. Erläutere, wie durch QualityPartner die Technisierung von menschlichen Beziehungen voranschreitet.

___

___

___

Vermenschlichung von Maschinen

1. Nenne Beispiele, in denen Maschinen wie Menschen behandelt werden.

___

___

___

2. Beschreibe am Beispiel der „Freunde“ von Peter, wie eine Vermenschlichung der Maschinen in QualityLand erfolgt.

___

___

___

(Vermeintliche) Schwächen und Dysfunktionalität

1. Erkläre, wie man in QualityLand mit Schwächen und Dysfunktionalität umgeht:
Was geschieht mit Menschen wie Peter, die keinen Ehrgeiz, sondern Schwäche zeigen?

___

___

2. Was geschieht mit Maschinen, die einen Defekt haben?

___

___

Die folgende Aufgabenstellung entspricht in etwa der Aufgabenstellung, wie sie in deiner Prüfungsaufgabe vorkommen kann. Sie beschäftigt sich mit dem Thema „Verrohung des Emotionalen". Bearbeite die Aufgaben und orientiere dich dazu an den sechs Schritten auf S. 64 bis 70.

Erster Schritt: Die Aufgabenstellung verstehen

1 Lies die Aufgabenstellung genau durch und unterstreiche, was du jeweils tun sollst.

Aufgabenstellung

(1) Fasse den Inhalt des vorliegenden Textausschnittes zusammen.
(2) Erläutere, wie in QualityLand Beziehungen zwischen Menschen entstehen. Erkläre, inwiefern es durch die Technisierung der menschlichen Beziehung es zu einer Verrohung des Emotionalen bei Sandra Admin und Martyn Vorstand kommt.
(3) Am Ende des Textauszugs hat Sandra Peter verlassen. Peter notiert nach dem Essen mit Sandra seine Gedanken über ihre Beziehung und Beziehungen in QualityLand im Allgemeinen in sein Tagebuch. Gestalte diesen Tagebucheintrag.

Für den E-Kurs (1–3 wie oben):
(4) Begründe deine zentralen inhaltlichen und formalen Entscheidungen, die der Gestaltung des Tagebucheintrags zugrunde liegen

2 Skizziere, wie Peter Arbeitsloser und Sandra Admin zueinander stehen und wie sie miteinander umgehen. Die Wörter aus dem Tipp-Kasten helfen dir.

Peter Arbeitsloser

Sandra Admin

TIPP Wörter zur Beschreibung der Beziehung

liebevoll – geduldig – fordernd – eifersüchtig – verärgert – rücksichtsvoll – verängstigt – verärgert – unterstützend – nachgiebig – vermittelnd – streitlustig – zurückhaltend – dominant – zurückgezogen – abwesend – abweisend – einfühlsam – treu – egoistisch – gemeinschaftlich

Zweiter Schritt: Den Textauszug lesen und in Bezug auf das Thema auswerten

3 a) Lies den Textauszug und werte ihn aus, wie auf S. 65 beschrieben
b) Notiere in Stichworten den Inhalt des Textauszugs.

4 Schreibe eine Einleitung zur Inhaltsangabe des Textauszugs (s. Tipp auf S. 14).

Dritter Schritt: Den Inhalt des Textauszugs zusammenfassen

5 Teile den Textauszug in Sinnabschnitte ein und notiere die Zeilenangaben. Fasse jeden Sinnabschnitt in einem Satz zusammen.

6 Verfasse eine Inhaltsangabe zu dem Textauszug. Du bearbeitest so die Aufgabe (1). Schreibe in dein Heft.

Partnercare

Nach der Arbeit treffen sich Peter und Sandra in einem Restaurant, das Schnucki vorgeschlagen hat. Niemand ist nicht einverstanden und findet das Restaurant furchtbar, weshalb Peter ihn stumm geschaltet hat. Das Restaurant war das erste der Stadt, das ausschließlich kultiviertes, also im Labor gezüchtetes Fleisch auf der Speisekarte hatte.
„Das Meeting war so aufregend!", plappert Sandra. „Wir machen eine große Kampagne für QualityPartner. Habe ich schon erzählt, dass ich zwei Level aufgestiegen bin? Hast du schon von PartnerCare gehört? Ein wirklich spannendes Programm. Damit kann man sich echt viel Beziehungsarbeit sparen."
Peter hält das Stück Steak auf seiner Gabel gegen das Licht und sagt: „Wer hätte gedacht, dass unser Essen mal kultivierter sein würde als wir."
„Dir geht einfach jeglicher Ehrgeiz ab, was?", fragt Sandra.
Peter seufzt.
„Du bist auf Level 10", sagt Sandra. „Wenn du noch ein Level absteigst, bist du ein Nutzloser. Krieg doch endlich mal deinen Arsch hoch!"
„Ich weiß, ich weiß", sagt Peter. „Du hast ja recht. Aber ..."
„Aber was?"
„Wir haben doch letztens davon gesprochen, ein Baby zu bekommen ..."
Sandra seufzt. „Ich bin gerade befördert worden, Peter!"
„Ja, aber ich kann mich doch um das Baby kümmern. Es könnte einfach mit mir im Laden abhängen. Ich hab eh viel Leerlauf." „Ich muss jetzt dranbleiben."
„Ja, aber ..."
„Wir können uns eh kein optimiertes Baby leisten!", braust Sandra auf. „Und ich werde meinem Kind ganz bestimmt nicht das Leben durch eine Naturgeburt versauen."
„Wir könnten das Geld für die genetische Verbesserung schon zusammenkratzen", sagt Peter. Sandra will gerade antworten, da bekommt sie eine Nachricht. Ihre Uhr, ihre Brille, ihr Armreif und ihre Ohrringe vibrieren. Sie zuckt mit der Nase, und die Nachricht erscheint auf ihrer Brille: „Ein neuer Hinweis von QualityPartner PartnerCare: ‚Hallo, Sandra. Ein neuer, besserer Partner in einem höherwertigen Level ist jetzt für dich verfügbar. Wenn du dich mit ihm verbinden willst, wähle jetzt OK.'"
Sandra schaut auf Peter. Er lächelt sie freundlich an. Sie lächelt zurück. Dann fokussiert sie ihre Pupillen auf „OK".
Schnucki flüstert ihr zu: „Eine gute Entscheidung, wenn ich mir erlauben darf, das zu sagen."
Eine neue Frage erscheint auf Sandras Brille: „Möchtest du, dass QualityPartner automatisch Ort und Termin für ein Rendezvous mit deinem neuen Partner ausmacht?"
Sandra fokussiert ihre Pupillen wieder auf „OK".
„Alles klar?", fragt Peter. „Du guckst so komisch."
„Alles gut."
Die nächste Frage erscheint: „Möchtest du, dass QualityPartner deinen alten Partner über das Lösen der Verbindung benachrichtigt?"
Sandra zögert kurz, dann wählt sie „OK".
In Peters Rucksack vibriert sein QualityPad.
Sandra fühlt sich ein klein wenig schlecht.
„Wollen wir nachher noch zu dir?", fragt Peter. „Ein bisschen ... Kuschelrock hören?"

„Dass du nicht einfach ‚Sex haben' sagen kannst", murrt Sandra. „Ficken, bumsen, vögeln. Es gibt doch so viele Wörter dafür. Von mir aus ‚Liebe machen. Warum immer diese verschämte Umschreibung? ‚Kuschelrock hören' …"

„Und? Wollen wir?"

„Weiß noch nicht."

Auf Sandras Brille erscheint eine neue Frage: „Wenn du möchtest, kannst du deinem alten Partner die Trennung leichter machen, indem du ihm einen Gutschein für eine neue QualityPartner-Partnerin in seinem Level schenkst. Dies kostet dich nur 100 Qualities. Möchtest du das tun?"

Sandra wählt „OK". Sofort fühlt sie sich besser.

Peters QualityPad vibriert noch einmal. Er bückt sich, kramt ein wenig in seinem auf dem Boden liegenden Rucksack und zieht es heraus. Als er wieder aufblickt, ist Sandra verschwunden.

Auf seinem QualityPad blinken zwei neue Nachrichten. Er liest die erste. „Ein neuer Hinweis von QualityPartner: ‚Hallo, Peter. Deine Beziehung mit Sandra Admin wurde unerwartet beendet. Wir entschuldigen uns für etwaige Unannehmlichkeiten und hoffen, dich bald wieder als Kunden von QualityPartner begrüßen zu dürfen."'

Peter würde gerne NEIN drücken, aber auf der einzigen Schaltfläche, die angezeigt wird, steht nur „OK". Peter drückt „OK" und liest die zweite Nachricht. „Ein neuer Hinweis von QualityPartner: ‚Hallo, Peter. Gute Nachrichten! Sandra Admin hat dir einen QualityPartner-Gutschein geschenkt. Wenn du möchtest, schlagen wir dir sofort und für dich kostenlos eine neue Partnerin in deinem Level vor."'

Peter seufzt, dann wählt er: „Erneut fragen in einem Tag."

Sein QualityPad signalisiert ihm durch eine traurige Tonfolge, dass er gerade ein Level abgestiegen ist. Alle Umsitzenden blinzeln so heimlich zu Peter hinüber, dass es auffällig ist. Sein Beziehungsstatus hat sich wohl gerade aktualisiert. Er ist jetzt offiziell nutzlos.

Peter aktiviert seinen persönlichen Assistenten. „Niemand, sende eine Nachricht an QualityPartner. Bitte um Reduktion des Relevanzwertes für ‚Aussehen' um fünfzig, nein, warte, fünfundzwanzig Prozent."

„Deine Bitte wurde abgelehnt", berichtet Niemand gleich darauf. „Sie entspricht nicht deinen wahren Wünschen."

Peter seufzt wieder, öffnet die Touch-Kiss-App und wählt aus der Liste der offenen Rechnungen das Abendessen. Sandras Gericht ist schon als bezahlt markiert. Immerhin. Peter drückt seine Lippen auf sein QualityPad, um den Rest zu bezahlen, und denkt: „Das war wohl der Abschiedskuss." Er schmeckt schal. Peter muss dringend mal wieder die Oberfläche reinigen.

(795 Wörter)

Aus: Marc-Uwe Kling: QualityLand. S. 48–51.

Vierter Schritt: Die Beziehungen zwischen Menschen in QualityLand und ihre Verrohung erläutern

7 Beschreibe, wie sich die Beziehung zwischen Sandra Admin und Peter entwickelt und warum sich Sandra von Peter trennt.

___

___

___

8 Erläutere, welchen Einfluss Angebote des Internet auf die Beziehung von Sandra und Peter haben.

9 Begründe, warum es durch die Technisierung zu einer Verrohung des Emotionalen bei Sandra kommt.

10 Beschreibe die Verrohung des Emotionalen durch die Technisierung bei Martyn Vorstand.

11 Erläutere mithilfe deiner Notizen, wie in QualityLand Beziehungen zwischen Menschen entstehen. Erkläre anschließend, inwiefern es durch die Technisierung der menschlichen Beziehung es zu einer Verrohung des Emotionalen bei Sandra Admin und Martyn Vorstand kommt. Du bearbeitest so die Aufgabe (2). Schreibe in dein Heft.

Fünfter Schritt: Einen Tagebucheintrag verfassen

TIPP Tagebucheintrag

Aufgabe (3) beinhaltet einen produktiven Schreibauftrag. Hier sollst du einen Tagebucheintrag aus der Sicht Peters schreiben. Ein Tagebucheintrag dient der Reflexion, das heißt, man denkt über Geschehenes und sich selbst nach und zieht eine Bilanz.
Schreibe den Tagebucheintrag **aus der persönlichen Sicht der literarischen Figur heraus**. Gehe dabei auf die **Gedanken** und **Gefühle** der Figur ein und begründe so ihre Handlungsweise und Urteile. Verwende die **Ich-Form**. Der Eintrag ist nicht an ein bestimmtes Tempus gebunden

12 Plane den Tagebucheintrag. Beachte dazu den Tipp und beantworte folgende Fragen. Mache dir Notizen. Achte darauf, dass deine Antworten zum Inhalt des Romans passen.
a) Wie wird Peter über Sandras Verhalten urteilen?
b) Was wird Peter über seine Beziehung mit Sandra denken?
c) Wie wird Peter über Beziehung in QualityLand im Allgemeinen und die Bedeutung des Netzes für die Beziehungen denken?
d) Wie wird Peter sich in Zukunft verhalten?

13 Verfasse den Tagebucheintrag, der bei Aufgabe (3) gefordert ist.

14 Für den E-Kurs: Begründe deine zentralen inhaltlichen und formalen Entscheidungen für die Gestaltung des Tagebucheintrags.

Sechster Schritt: Die eigenen Texte überarbeiten

15 Überarbeite am Schluss deine Texte zur Aufgabenstellung und vergleiche mit der Beispiellösung im Lösungsheft. Nutze dazu die Checkliste auf S. 70.

C 8 Für den E-Kurs: Erzähltechniken

Für die Interpretation eines Romans ist es wichtig, die Erzähltechniken/Merkmale des Erzählens zu kennen. Zu den Erzähltechniken/Merkmalen des Erzählens gehören:
- die **Erzählform:** Er-/Sie-Form, Ich-Form,
- die **Erzählhaltung** (die Erzählperspektive): auktorial (allwissend), personal (aus der Sicht einer Figur) oder neutral (sachlich beschreibend, wie ein Protokoll),
- **die Form der Darbietung**: Erzählbericht (Erzähler erzählt allein), Figurenrede (Figuren kommen zu Wort, z. B. in direkter Rede, in indirekter Rede, in einem inneren Monolog in der Ich-Form oder in der erlebten Rede in der Er-/Sie-Form).

Merkmale des Erzählens (am Beispiel des Romans „QualityLand")
Der Autor des Romans ist Marc-Uwe Kling. Als Erzählerin des Romans wird im Nachwort die E-Autorin Kalliope 7.3. vorstellt, die zu den handelnden Figuren des Romans gehört.
- **Erzählform:** *Der Roman wird in der Er-/Sie-Form wiedergeben.*
- **Erzählverhalten:** *Das Geschehen wird vorwiegend personal und neutral wiedergegeben. Manchmal ist die Erzählhaltung auch auktorial.*
  Kalliope bekennt erst zum Schluss, dass sie die Erzählerin des Romans ist. Als Erzählerin hält sie sich zurück, sie kommentiert nur sehr selten die Ereignisse oder die Figuren. Auch gibt es keine Vorausdeutungen oder Rückblenden durch die Erzählerin.
  Die Erzählerin blickt nur selten in das Innere ihrer Figuren, die Außensicht überwiegt. Das gilt auch für die Darstellung der Handlung. Die Erzählerin ist vorwiegend eine unbeteiligte Beobachterin. Dadurch gelingt es ihr, das Geschehen unmittelbar zu vergegenwärtigen. Obwohl der Roman in der Zukunft spielt, wirkt er grundsätzlich realistisch und glaubhaft. Allerdings wirken viele Ereignisse und Sachverhalte sehr übertrieben und damit komisch und/oder satirisch.
- **Form der Darbietung:** *Es überwiegt der Erzählbericht, auch Figurenrede kommt häufig vor. Die Erzählerin verzichtet darauf, die Innensicht der Figuren etwa durch innere Monologe darzustellen.*

Die Handlung: Zeit und Ort
Die erzählte Zeit, also die Dauer der Handlung, umfasst etwas mehr als drei Monate. Es ist nicht genau anzugeben, wann der Roman spielt, da in QualityLand eine neue Zeitrechnung eingeführt wurde. Das Geschehen ereignet sich in einer nicht allzu fernen Zukunft. In dem Roman gibt es mehrere kleine Zeitsprünge, genaue Zeitangaben zwischen den Kapiteln fehlen. Ort der Handlung ist QualityCity, die Hauptstadt von QualityLand.

Sprachliche Gestaltung
Die Sprache des Erzählers ist einfach und klar. Oft werden Hauptsätze (Parataxen) verwendet, aber auch einfache Satzgefüge (Hypotaxen). Auffällig ist der hohe Anteil der wörtlichen Rede.

1 Lies einen der im FiNALE-Arbeitsbuch abgedruckten Auszüge aus dem Roman „QualityLand" und beschreibe die Erzählhaltung anhand der Hinweise oben. Belege sie am Text und gehe auch auf die Wirkung ein.

C 9 Aufgabe für den E-Kurs: Eine Rezension über den Roman schreiben

INFO Rezension

Eine Rezension ist eine persönliche, kritische Besprechung eines Werkes, zum Beispiel eines Buches oder eines Films.

- In einer Rezension wird kurz der **Inhalt** eines Werkes vorgestellt, ohne dass zu viel verraten wird. Der Leser der Rezension soll wissen, worum es im Buch oder in dem Film geht.
- Eine Rezension ist **kritisch**, da sie Gelungenes und Misslungenes begründet darlegt. Das Werk wird beurteilt und bewertet.
- Eine Rezension ist **persönlich**, da sie oft mit einer Empfehlung endet und erklärt, für welche Altersgruppe oder Interessenten das Werk ansprechend sein könnte.

1 Plane eine Rezension zu dem Roman „QualityLand". Gehe dazu deine Notizen und Texte zu dem Werk durch und bearbeite folgende Aspekte in Stichworten.

a) Verfasse eine kurze Inhaltsangabe zu „QualityLand": Worum geht es in dem Roman? Was sind die Themen?

____

____

____

b) Überlege, inwiefern das Werk von Interesse und gelungen oder misslungen ist. Ist es verständlich, spannend, zeitgemäß, interessant oder unverständlich, langweilig, veraltet?
Belege deine Ansichten mit Beispielen.

Positives / Gelungenes	**Negatives / Misslungenes**

c) Notiere deine persönliche Meinung zu „QualityLand".

____

____

____

d) Gib eine Empfehlung ab: Wer sollte „QualityLand" lesen oder hören?

____

____

2 Verfasse mithilfe deiner Notizen eine Rezension zu „QualityLand".

D Themenbereich 3: „Kommunikation und Manipulation im digitalen Zeitalter“

D 1 Arbeitsplan und Checkliste für Inhaltsbereich 3: Umgang mit Sachtexten

Die Tabelle führt alle Aspekte auf, die du zur Vorbereitung für die Prüfung erarbeitet haben musst. Nutze das Lernprotokoll, um einen Überblick über deine Prüfungsvorbereitung zu gewinnen: Trage für jeden Aspekt ein, wann du ihn bearbeitet hast. Vergleiche zur Selbsteinschätzung deine Ergebnisse mit den Texten im beiliegenden Lösungsheft und notiere, wie gut deine Lösung gelungen ist:

+++ = sehr sicher / vollständig erfüllt
++ = größtenteils sicher / erfüllt
+ = manchmal unsicher / manches nicht erfüllt
0 = oft unsicher / oft nicht erfüllt
– = unsicher / nicht erfüllt.

In der rechten Spalte findest du Seitenverweise zu den Inhalten im FiNALE-Arbeitsheft.

Lernprotokoll

	Bearbeitet am	**Selbsteinschätzung**	**Seiten in FiNALE**
Sachtexten, auch biografischen Texten, Informationen und ggf. Argumente entnehmen			80–83, 87–93, 95–100, 104–107
Wiedergabe zentraler Aussagen			84, 93, 101, 113
Auswertung von nichtlinearen Texten, Grafiken, Schaubildern o. Ä.			87, 89, 91, 97, 98, 110
Erstellen einer Stoffsammlung (auch tabellarisch)			83, 92, 99, 106, 108
Vergleich von Informationen			87–93, 94–100, 104–107
Zentrale Themen			
Sprache in digitaler Kommunikation			79–84
Kommunikationsverhalten (digitale Verfügbarkeit, Anonymität, Mobbing)			86–93
sozialer Status, Anerkennung, Vernetzung und Einsamkeit in der analogen und digitalen Welt			94–100
Massenbewegung und Populismus			103–108
Textarten, die in der Prüfung vorkommen können			
materialgestütztes informierendes Schreiben			79–85, 86–93
Kommentar (materialgestützt)			115
Leserbrief (materialgestützt)			108
Stellungnahme: (materialgestützte) antithetische/ dialektische Erörterung			101–102, 108
Thema für den E-Kurs			
E Meinungsbildung durch Algorithmen und Filterblasen			86–93, 103–108, 109–115
E Appellative Schreibform (materialgestützt)			108

D 2 Prüfungsbeispiel zum Thema „Sprache in digitaler Kommunikation“

Der dritte Themenbereich, der dir in deiner Abschlussprüfung begegnen kann, gilt der „Kommunikation und Manipulation im digitalen Zeitalter“. In diesem Kapitel findest du verschiedene Sachtexte, die sich mit Fragestellungen aus diesem Umfeld beschäftigen, z. B. mit der Sprache in Chats oder der Anonymität im Netz, aber auch mit Cyber-Mobbing. Anhand der Informationen aus diesen Materialien (Zeitungsartikel, Karikaturen, Schaubilder) wirst du selbst informierende oder argumentierende Texte verfassen. Um welche Texte es sich jeweils handelt, gibt dir die Aufgabenstellung vor. Lies diese also aufmerksam (siehe Tipp).

Als Erstes wird der Einfluss in den Blick genommen, den die in sozialen Netzwerken verwendete Sprache auf die alltägliche Kommunikation hat. Ist es realistisch, dass die Deutschen wegen ihrer (oft schnellen) Kommunikation auf Instagram, WhatsApp usw. den „korrekten“ Sprachgebrauch vergessen und auch im Schulunterricht ein fehlerhaftes Deutsch verwenden? Die folgende Aufgabenstellung entspricht in etwa der Aufgabenstellung, wie sie in deiner Prüfungsaufgabe vorkommen kann. Bearbeite die Aufgaben in sechs Arbeitsschritten.

TIPP

Lies die Aufgabe genau und unterstreiche:
- Worum geht es? Was ist das **Thema?**
- Was musst du tun? Gibt es für bestimmte Teile der Aufgabe Vorgaben für **die Menge oder die Art des zu Erledigenden**?
- Welche **Textart** sollst du schreiben? Wer liest den Text? Wer ist der **Adressat**?

Erster Schritt: Die Aufgabenstellung verstehen

1 Lies die Aufgabenstellung genau durch und unterstreiche, was du jeweils tun sollst.

Aufgabenstellung

In deinem Jahrgang findet eine Projektwoche zum Thema „Tut uns die Digitalisierung gut?“ statt. Deine Projektgruppe setzt sich dabei mit dem Einfluss auseinander, den die Kommunikation im Internet, vor allem in sozialen Netzwerken, möglicherweise auf die Standardsprache nimmt: Ist ein Sprachverfall durch digitale Medien und/oder soziale Netzwerke zu beobachten?
Am Ende der Projektwoche soll es zu einer Diskussion über mögliche Gefahren für die deutsche Sprache kommen. Als Vorbereitung stellt ihr verschiedene Ansichten zum Thema vor, ohne sie zu werten, da dies erst in der Diskussion geschehen soll.
Verfasse einen informierenden Text für die Mitschülerinnen und Mitschüler auf Grundlage von M 1.

(1) Werte M 1 aus, indem du stichwortartig und mit eigenen Worten die wichtigsten Informationen für deinen informierenden Text notierst.

(2) Für den G-Kurs: Verfasse anhand deiner Stichworte aus Aufgabe 1 einen Text, in dem du über den Einfluss der sozialen Medien auf die deutsche Sprache informierst. Beschreibe dabei zwei Eigenarten des Sprachgebrauchs in sozialen Netzwerken und erkläre, inwiefern diese laut M 1 kein Zeichen für Sprachverfall sind.

(2) Für den E-Kurs: Verfasse anhand deiner Stichworte aus Aufgabe 1 einen Text, in dem du über den Einfluss der sozialen Medien auf die deutsche Sprache informierst. Beschreibe dabei drei Eigenarten des Sprachgebrauchs in sozialen Netzwerken und erkläre, inwiefern diese laut M 1 kein Zeichen für Sprachverfall sind. Erläutere abschließend den „ständig voranschreitenden Sprachwandel“ (M 1, Z. 166 f.).

Zweiter Schritt: Materialien erschließen und Inhalte erfassen

2 Lies die folgenden Informationen zum Sprachverfall.

Info Sprachverfall

Wahrscheinlich hast auch du schon einmal gehört, dass sich Menschen Sorgen über die Zukunft der deutschen Sprache machen. Vor allem im Hinblick auf die immer größere Bedeutung des Internets und der digitalen Kommunikation zeigt sich – eher bei älteren als bei jüngeren Menschen – die Angst, dass die deutsche Sprache sich verändert, sogar verschlechtert. In sozialen Netzwerken würden in den Chats so schnell und oft unüberlegt Nachrichten hin- und hergeschickt, dass auf die Regeln der deutschen Sprache nicht mehr geachtet werde, so die Kritik. Weder die Groß- und Kleinschreibung noch die Zeichensetzung würden beachtet, stattdessen viele Anglizismen wie „cool“, „chillig“, „nice“, „adden“, „liken“, „posten“ oder „chatten“ verwendet. Diese „andere“ Sprachform wird von Kritikern als Gefahr für den Sprachgebrauch in anderen Zusammenhängen gesehen, z. B. in offiziellen Briefen oder in Klassenarbeiten.
Die digitale Kommunikation gilt dann als Bedrohung der deutschen Sprache, man spricht von „Sprachverfall“, hat also den Eindruck, dass die Sprache „verfällt“/auseinanderbricht.

3 Untersuche das Material M 1. Sieh dir die Unterstreichungen und Randnotizen zu Beginn von M 1 an. Bearbeite in ähnlicher Weise den weiteren Text. Gehe so vor:

- Lies und untersuche den Artikel mehrmals. Unterstreiche Wörter oder Textstellen, die für dich wichtig oder schwer verständlich sind. Verwende ein Wörterbuch, wenn du die Bedeutung eines Begriffs nicht aus dem Textzusammenhang erschließen kannst.
- Schreibe Notizen an den Textrand oder auf ein Extrablatt.

M1 WhatsApp, Facebook: So beeinflussen soziale Medien die deutsche Sprache *Kira Urschinger*

Emojis, Kürzel und scheinbar verkrüppelter Satzbau: Wie wir uns in den sozialen Medien, bei Facebook oder WhatsApp ausdrücken, ist wirklich oft anders, als wir das im Deutschunterricht mal gelernt haben. Aber ist das schlimm?

Für die SWR3 Morningshow haben wir mit Konstanze Marx vom Institut für Deutsche Sprache (IDS) gesprochen. Die Sprachwissenschaftlerin sagt: Wie wir uns in den sozialen Medien mitteilen, hat eigentlich gar nichts mit dem zu tun, wie wir auf Standarddeutsch schreiben oder reden. „Da kann nichts verloren gehen und nichts kaputt gehen“, fasst die Expertin zusammen – denn es handle sich quasi um zwei Sprachen, die unabhängig voneinander funktionieren. Im Gegenteil, sei es sogar förderlich, wenn Menschen lernten, sich im Internet anders mitzuteilen als beispielsweise in einer formellen Situation im Beruf. „Sie haben jetzt drei Kompetenzen[1]“, erläutert die Sprachwissenschaftlerin:

Randnotiz: Kein Einfluss von Sprache in sozialen Netzwerken auf Standarddeutsch

Randnotiz: Drei Formen der Kommunikation

1. Kompetenz für formelle[2], schriftliche Kommunikation.
Beispiel: Bewerbungsschreiben, E-Mail ans Finanzamt.

2. Kompetenz für informelle, schriftliche Kommunikation.
Beispiel: WhatsApp-Message oder Insta-Post.

3. Kompetenz für mündliche Kommunikation.

Beispiel: Unterhaltung mit Freunden, Kollegen oder dem Paketboten.

Auch bei der mündlichen Kommunikation kann man weiter unterteilen. Hier unterscheidet ein Mensch genauso ganz selbstverständlich, wie er sich ausdrückt: Mit dem Chef reden wir anders als abends in der Kneipe mit Freunden. Mit Fremden sprechen wir anders als mit unseren Eltern. „Das ist immer angepasst an den Zweck der Kommunikation“, erläutert Expertin Marx. Bei einem Sprecher passiert also unterbewusst ganz viel, wenn er zu reden beginnt. Er überlegt sich: In welcher Situation bin ich, mit wem rede ich, was will ich bezwecken? Wie versteht mich mein Gegenüber am besten, wie vermeide ich Missverständnisse?

Was wir manchmal als unangemessen wahrnehmen, kann genauso ein bewusstes Ziel sein: Jugendliche reden Jugendsprache mit ihren Eltern – nicht OBWOHL die Eltern es nicht verstehen. Sondern WEIL die Eltern es nicht verstehen. Sie nutzen die Sprache vielleicht, um sich abzugrenzen und ihre Identität zu stärken. Einige Eltern kennen die Situation, dass andere Eltern (der Kumpels oder der Freundin) erzählen, wie gut sich das Kind bei ihnen benimmt und ausdrückt. Hier ist das kommunikative Ziel vielleicht einfach ein anderes als bei den eigenen Eltern. Bei fremden Eltern will ein Kind vielleicht nicht ganz so viel Abgrenzung ausdrücken und wählt automatisch einen anderen Sprachgebrauch. Für Sprachwissenschaftler ist das nicht negativ zu bewerten, sie nennen diese unterschiedlichen Möglichkeiten, zu kommunizieren: Varietäten. [...]

Das heißt: Es gibt nicht EINE deutsche Sprache, es gibt ganz unterschiedliche Gebrauchsformen. Das sind quasi Untersysteme, die gemeinsam die deutsche Sprache ergeben. Dazu gehört beispielsweise das Subsystem[3] der Fachsprachen (wie Juristen reden, Lehrer oder Informatiker), es gibt Dialekte (Hessisch oder Alemannisch) und es gibt eben auch sogenannte Soziolekte[4]. Wissenschaftler untersuchen diese Soziolekte und gucken sich an, was die Sprache kennzeichnet, wenn Frauen miteinander reden, Chefs mit Mitarbeitern, Verliebte beim Flirtversuch – und eben auch, wie Jugendliche untereinander kommunizieren oder wie sie per Messenger miteinander schreiben. [...]

Besonders auffällig in der Sprache in den sozialen Medien sind Abkürzungen. Auch die sind laut Experten nicht schlimm: „Wenn es schnell gehen muss, warum soll ich da nicht abkürzen?“, so Marx. Abkürzung gebe es seit jeher in der Sprache, das sei nicht neu. In verschiedenen Fachsprachen sei das weit verbreitet, in der Medizin oder bei der Bundeswehr. Da kommt auch keiner auf die Idee zu fragen, ob das langfristig zu einem Sprachverfall beim Militär oder unter Ärzten führen kann. „Das ist also nichts Neues, das ist etwas Ökonomisches[5], was wir verwenden.“ Sprachökonomie, nennen das die Wissenschaftler: Der Sprecher will sich unnötigen Aufwand ersparen. [...]

Emojis hätten sogar einen Zusatzwert für unsere Kommunikation, so die Sprach-Expertin im SWR3-Interview: „für diese schriftliche Interaktion, der ja doch ein bisschen was von der Mündlichkeit fehlt.“ Heißt: Wir versuchen zu schreiben, wie wir miteinander reden würden – und dazu gehört natürlich ein Gesichtsausdruck, den Emojis abbilden können. „Wenn wir Nähe signalisieren wollen, Freundlichkeit, eine gute Atmosphäre oder wie wir uns fühlen, das aber vielleicht gar nicht mit Worten ausdrücken können, dann ist so ein kleines Bild doch ganz gut als Ersatz. Es geht aber niemals so weit, dass wir nur noch über Bilder kommunizieren, weil wir dann nicht mehr eindeutig sein können.“ [...]

In sozialen Netzwerken wird oft die Groß- und Kleinschreibung nicht eingehalten, Punkte und Kommata werden ebenfalls oft weggelassen. Selbst hier sieht die Wissenschaftlerin keine negativen Auswirkungen auf die Sprache. Es habe Studien gegeben, die genau damit befasst haben, „und es gab tatsächlich keine Effekte.“ Die Erklärung: „Wir müssen davon ausgehen, dass Schriftsprache erlernt wird, bevor man überhaupt über soziale Medien agieren kann. Also: Ich brauche die Kompetenz, schreiben zu können, bevor ich überhaupt über Messenger oder auf sozialen Netzwerken schreibe.“ Der Deutschunterricht sei deshalb die Basis, das Fundament. Dies sei nach wie vor sehr wichtig. Und daran ließe sich die Kompetenz messen. [...]

Die deutsche Standardsprache (was wir umgangssprachlich als Hochdeutsch bezeichnen) verändert sich durchaus mit der Zeit. Sprachwissenschaftler sprechen von einem ständig voranschreitenden Sprachwandel, den gibt es aber schon länger als soziale Medien oder die aktuellen Jugendsprachen. [...] (816 Wörter)

1 **Kompetenz:** Fähigkeit
2 **formell:** offiziell, an formale Vorgaben gebunden; Gegenteil: informell
3 **Subsystem:** Teil eines Systems/Untersystem
4 **Soziolekt:** Sprachverwendung einer sozialen Gruppe, z. B. Jugendsprache
5 **ökonomisch:** wirtschaftlich, hier gemeint: sparsam

Quelle: https://www.swr3.de/aktuell/WhatsApp-Facebook-So-beeinflussen-soziale-Medien-die-deutsche-Sprache/-/id=4382120/did=5032834/1an4zdd/index.html (vom 12.03.2019, aufgerufen am 03.12.2019)

Dritter Schritt: Eine Stoffsammlung zu den Materialien erstellen

4 a) Sammle mithilfe deiner Randnotizen die wichtigsten Stichworte in einer Stoffsammlung. Hinweise zu einer Stichwortsammlung findest du im folgenden Infokasten.
b) Ergänze ggf. eigene Aspekte und/oder Beispiele.

Info Stoffsammlung

In einer Stoffsammlung stellst du verschiedene Aussagen und Aspekte zu einem Thema zusammen. Du wertest dazu einen oder mehrere Sachtext(e) oder Grafik(en) (vgl. S. 91) aus. Es gibt mehrere Möglichkeiten, eine Stoffsammlung anzulegen:

1. Stichwortsammlung
Beginne deine Stoffsammlung mit einer Überschrift. Du kannst dazu den Titel des Materials aufgreifen. Notiere darunter deine Ergebnisse in Stichworten mit Spiegelstrichen und mit Textbelegen: Notiere in Klammern die Zeilenangaben dazu.

2. Tabelle
Zur besseren Übersicht kannst du auch eine Tabelle anlegen. So ordnest du deine Eintragungen gleich thematisch nach verschiedenen Bereichen. Notiere deine Ergebnisse in Stichworten mit Spiegelstrichen. Hinter jedem Spiegelstrich solltest du einen Aspekt festhalten (mit Textbeleg).

Tipp: Du musst nicht alle Aspekte des Materials erfassen. Konzentriere dich auf die Fragestellung oder das Thema.

Stoffsammlung

Einfluss der sozialen Medien auf die deutsche Sprache
Laut Sprachwissenschaftlerin kein Einfluss von Sprache in sozialen Medien auf Standarddeutsch (vgl. Z. 11–16)
Drei Formen (sprachliche Kompetenzen) der Kommunikation: 1. formell schriftlich (Bewerbung), 2. … (vgl. Z. 29–41)

Vierter Schritt: Einen Schreibplan erstellen

5 Mithilfe deiner Stoffsammlung erstellst du nun in deinem Heft einen Schreibplan für den informierenden Text. Du kannst dich am folgenden Beispiel orientieren oder einen eigenen Schreibplan entwerfen. Durch diesen Plan legst du die Gliederung fest, die dir beim Schreiben Orientierung gibt.

Schreibplan

Titel: Einfluss der sozialen Medien auf die deutsche Sprache

1. Einleitung
   - Rahmenbedingungen (Projektwoche, anstehende Diskussion)
   - Adressaten (Mitschülerinnen und Mitschüler)
   - Vorstellung des Themas: befürchteter Sprachverfall durch Kommunikation in sozialen Netzwerken
   - Ankündigung der Argumentation von Sprachwissenschaftlerin Marx

2. Informierender Hauptteil
   - es gibt nicht nur EINE deutsche Sprache, sondern Subsysteme und unterschiedliche Formen der Kommunikation
   - Besonderheiten der Kommunikation im Internet

G-Kurs	E-Kurs
Erste Besonderheit: Abkürzungen Zweite Besonderheit: Emojis	Erste Besonderheit: Abkürzungen Zweite Besonderheit: Emojis Dritte Besonderheit: Missachtung sprachlicher Regeln

4. Schluss: zusammenfassendes Fazit mit Verweis auf Sprachwandel statt Sprachverfall
(ausführlich für E-Kurs!)

Fünfter Schritt: Den Text schreiben

6 Schreibe den informierenden Text in dein Heft. Die Formulierungen unten können dir helfen.

Sprachverfall durch digitale Medien und soziale Netzwerke?

Im Rahmen unserer Projektwoche zum Thema „Tut uns die Digitalisierung gut?“ hat sich unsere Projektgruppe mit ... auseinandergesetzt.
Schließlich haben wir immer wieder von unseren Eltern gehört, dass wir nicht so viel Zeit mit Chats im Internet verbringen sollen, weil ...
Auch in den Medien vernimmt man immer wieder Kritik ...
Am Ende unserer Projektwoche soll es zur Diskussion über mögliche Gefahren für die deutsche Sprache kommen. Damit ihr euch vorbereiten könnt, ...
Im Folgenden erfahrt ihr, was die Sprachwissenschaftlerin Konstanze Marx ...
... dass es drei verschiedene Formen oder auch Kompetenzen (Fähigkeiten) der Kommunikation gibt: 1. die formelle schriftliche (z. B. ein Bewerbungsschreiben oder eine E-Mail an den Vorgesetzten), 2. ...

Sechster Schritt: Den Text überarbeiten

7 Überarbeite deinen Text. Nutze dazu die folgende Checkliste und vergleiche deinen Text mit der Beispiellösung im Lösungsheft.

CHECKLISTE zur Überarbeitung von informierenden Texten

Plane **ausreichend Zeit** ein, um am Ende der Prüfung deinen Text noch gründlich Korrektur zu lesen. Im Idealfall kannst du ihn noch **mehrfach** prüfen, wobei du bei jedem Korrekturgang auf nur einen **Schwerpunkt** achten solltest. Zum Beispiel einmal nur auf den Inhalt, das andere Mal nur auf die Sprache (siehe unten).
Zuerst solltest du prüfen, ob dein Text sinnvoll **aufgebaut** ist. Hast du ihn durch **Absätze** gegliedert? Sehr wichtig ist auch, dass du **leserlich** schreibst: Können alle Wörter problemlos gelesen werden? Anschließend nimmst du den Inhalt und die Sprache unter die Lupe:

Den Text inhaltlich überarbeiten

Hast du ...

- ✓ in deinem Text die wesentlichen Aspekte aus deiner **Stichwortsammlung** verwendet?
- ✓ die Informationen (Zahlen, Fakten, Aussagen, Meinungen) richtig aus dem **Material** übernommen (und je nach Textsorte mit **Textbelegen** inkl. Zeilenangaben versehen)? ?
- ✓ die Informationen für den Leser **nachvollziehbar** und **interessant** dargestellt?
- ✓ unterschiedliche Beobachtungen **logisch verknüpft** und **Zusammenhänge deutlich** gemacht?

Den Text sprachlich überarbeiten

Hast du ...

- ✓ deinen Text überwiegend im Präsens geschrieben?
- ✓ Aussagen anderer in **indirekter Rede** im Konjunktiv, in eigenen Worten oder mit dass-Sätzen wiedergegeben?
- ✓ Wiederholungen vermieden (Weglassprobe) und **abwechslungsreiche Satzanfänge** gewählt?
- ✓ **vollständige Sätze** geschrieben, die grammatischen Bezüge richtig hergestellt, Satzgefüge verwendet, die Nebensätze mit den Hauptsätzen verknüpft, zu lange Sätze aufgelöst (Punkte gesetzt)?
- ✓ logische Zusammenhänge durch **passende Konjunktionen** verdeutlicht (z. B. „weil“, „da“, „obwohl“?)

Rechtschreibung und Zeichensetzung überprüfen

Alle wichtigen Rechtschreibregeln findest du im Internet auf www.finaleonline.de. Dort kannst du das kostenlose „Extra-Training Rechtschreibung“ herunterladen.

8 Prüfe abschließend, welche Punkte der Checkliste du besonders intensiv überarbeiten musstest. Formuliere Tipps für dich selbst, auf die du beim Schreiben des nächsten Textes besser achten wirst.

____

____

____

____

____

____

____

D 3 Prüfungsbeispiel zum Thema „Kommunikationsverhalten (digitale Verfügbarkeit, Anonymität, Mobbing)“

Die folgende Aufgabenstellung entspricht in etwa der Aufgabenstellung, wie sie in deiner Prüfungsaufgabe vorkommen kann. Sie beschäftigt sich mit dem Thema „Kommunikationsverhalten im digitalen Zeitalter“, z. B. mit den Fragen: Wie beeinflusst uns die Dauerkommunikation im Internet? Welche Gefahren entstehen durch anonymes Auftreten im Netz? Bearbeite die Aufgaben und orientiere dich dazu an den sechs Schritten auf Seite 79 bis 85.

Erster Schritt: Die Aufgabenstellung verstehen

1 Lies die Aufgabenstellung genau durch und unterstreiche, was du jeweils tun sollst.

Aufgabenstellung

Durch das (mobile) Internet hat sich die Kommunikation stark verändert: Einerseits sind wir schnell und jederzeit erreichbar und können auch unterwegs z. B. Nachrichten und Fotos versenden. Andererseits entstehen neue Risiken und Stressfaktoren durch die Dauerkommunikation. Du bist Mitglied der AG „Medienscout“, die einen Info-Flyer zum Thema „Aufgepasst im Internet – durch richtiges Kommunikationsverhalten Gefahren vermeiden“ entwirft und diesen an alle Schülerinnen und Schüler an deiner Schule verteilen will. Der Flyer soll einen informierenden Text über Gefahren der digitalen Kommunikation enthalten, der mit Tipps abschließt. Diesen Text sollst du auf der Grundlage der Materialien M 1 bis M 6 verfassen.

(1) Stelle in einer Stoffsammlung wesentliche Informationen aus M 1 bis M 6 zur digitalen Kommunikation und zu möglichen Problemen zusammen. Ergänze auch genannte Lösungsvorschläge und eigene Gedanken, Lösungen und Tipps. Lege zu diesem Zweck eine solche Tabelle an:

	Informationen zu digitaler Kommunikation und möglichen Problemen	Lösungen/Tipps/eigene Gedanken
Material 1	...	...
Material 2	...	...
Material 3	...	...
...	...	...

(2) Verfasse den informierenden Text für den Schulflyer. Denke daran, auch auf die Adressaten einzugehen: deine Mitschülerinnen und -schüler.

Für den G-Kurs:

(3) Gib am Ende des Textes zwei Tipps, worauf die Lesenden zukünftig bei ihrer Kommunikation im Internet achten sollten.

Für den E-Kurs:

(3) Gib am Ende des Textes mindestens vier Tipps, worauf die Lesenden zukünftig bei ihrer Kommunikation im Internet achten sollten.

Zweiter Schritt: Materialien erschließen und Inhalte erfassen

Info Cyber-Mobbing

Der Begriff „Mobbing" ist den meisten Menschen bekannt, was aber ist „Cyber-Mobbing"?
Während man unter „Mobbing" das Verletzen, Schikanieren, Beleidigen, Bedrohen und Ausgrenzen von Mitmenschen (meist über einen längeren Zeitraum hinweg) versteht, geschieht beim „Cyber-Mobbing" dasselbe mithilfe von Internet- und Telefondiensten. Oft werden Opfer gewählt, die sich nur schwer wehren können und durch die Angriffe sozial isoliert werden. Beispiele für Cyber-Mobbing sind das Verschicken von (privaten, auch peinlichen) Fotos, die Verbreitung falscher Tatsachen über eine Person, Hassbotschaften und beleidigende Kommentare in sozialen Netzwerken.
Der Täter, der auch „Bully" genannt wird (to bully someone = jemanden mobben/schikanieren), nutzt die Anonymität im Internet, um unerkannt zu handeln. Es kann dem Opfer besondere Angst machen, nicht zu wissen, wer hinter den Angriffen steckt. Der Bully hingegen sieht die Folgen seines Verhaltens nicht, weil er das Opfer nicht direkt angreift.
Trotzdem kennen sich Täter und Opfer meist aus dem wirklichen Leben, z. B. aus der Schule. So setzt sich das Mobbing häufig auch im realen Leben fort, bleibt also nicht auf das Internet beschränkt. Das Opfer hat daher kaum eine Chance, dem Mobbing zu entgehen.

❷ Werte M 1 bis M 6 aus, wie auf Seite 80 beschrieben. Lies dazu auch den Tipp auf Seite 91.

M1 Wege der Internetnutzung von 12- bis 19-Jährigen (JIM-Studie 2018)

Quelle: Basisuntersuchung zum Medienumgang 12- bis 19-Jähriger im Jahr 2018, https://www.mpfs.de/fileadmin/files/Studien/JIM/2018/Studie/JIM2018_Gesamt.pdf (aufgerufen am 06.12.2019)

M2 Auf dem Handy immer erreichbar: Junge Menschen gestresst

Das Privatleben stresst laut einer Studie jeden Dritten zwischen 14 und 34 mehr als die Arbeit. Experten empfehlen bewusste Medienpausen.

Die ständige Erreichbarkeit für Freunde und Familie und der Druck, schnell auf Nachrichten reagieren zu müssen, stresst junge Menschen zunehmend. Sie befürchten, wichtige Neuigkeiten aus ihrem Freundeskreis und Netzwerk zu verpassen. Drei von vier jungen Deutschen fühlen sich dadurch häufig müde und schlapp. Das ergab die repräsentative[1] Studie „Zukunft Gesundheit 2017“ der Schwenninger Krankenkasse und der Stiftung „Die Gesundarbeiter“. Mehr als 1000 Jugendliche und junge Erwachsene zwischen 14 und 34 Jahren wurden dafür befragt.

Über die Hälfte der Befragten will ständig erreichbar sein

Seit der ersten Zukunftsstudie im Jahr 2014 fühlten sich die Befragten durch die Dauerkommunikation zunehmend unter Druck gesetzt. 2014 glaubten 40 Prozent der 14- bis 34-Jährigen jederzeit auf Nachrichten reagieren zu müssen, 2017 sei dieser Wert auf 55 Prozent gestiegen. [...]

Frauen können Freizeit und Arbeit besser trennen

Jeder Dritte fühle sich durch das Privatleben mehr gestresst als durch den Beruf, die Ausbildung oder das Studium, so das Ergebnis der Studie. Frauen falle er schwerer, sich der ständigen Kommunikation mit Freunden und Bekannten zu entziehen. Dafür könnten sie sich in ihrer Freizeit aber besser von ihrem Arbeitgeber abgrenzen. 37 Prozent der Männer hätten das Gefühl, über digitale Medien ständig für den Arbeitgeber erreichbar sein zu müssen. Das treffe nur auf 27 Prozent der Frauen zu.

Eltern und Schulen sollten früh darüber aufklären, wie sich exzessiver Medienkonsum auf die Gesundheit auswirken kann und die Heranwachsenden mit bewussten Medienpausen schützen, empfiehlt die Gesundheitsexpertin. Eltern könnten beispielsweise die Smartphone-Nutzung während gemeinsamer Mahlzeiten unterbinden. Und sie sollten ihren Kindern selbst ein gutes Vorbild sein.

(282 Wörter)

1 **repräsentativ:** typisch; aussagekräftig für eine Gruppe sprechend

Quelle: https://www.waz.de/region/rhein-und-ruhr/auf-dem-handy-immer-erreichbar-junge-menschen-gestresst-id211822681.html (vom 05.09.2017, aufgerufen am 03.12.2019)

M3 Internetnutzung pro Tag (von 12- bis 25-Jährigen laut Shell Jugendstudie 2019)

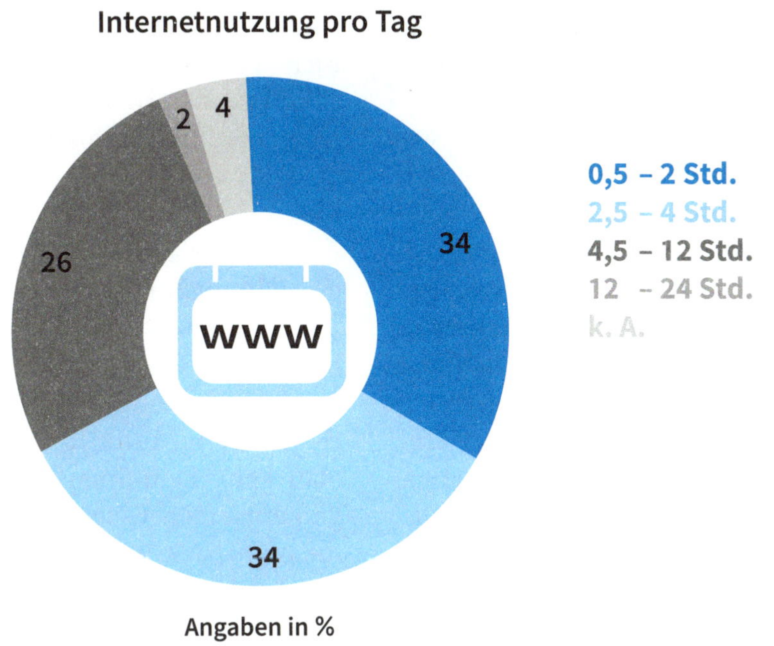

Quelle: https://www.shell.de/ueber-uns/shell-jugendstudie/alle-schaubilder-und-grafiken/_jcr_content/par/expandablelist/expandablesection_1282266101.stream/1571049402294/ab26230442fab4de6a19beeb785ee74a0a8e046d/shell-youth-study-infographic-digitales-internet-usage-per-day.jpg (aufgerufen am 06.12.2019)

M4 Weniger Smartphone-Zeit, glücklichere Jugendliche

Andrea Barthélémy

[...] Instagram-Likes checken, die täglichen Snapchat-Kontakte am Laufen halten, mit Freunden texten und dann noch online Hausaufgaben machen. Viele Teenager nutzen mittlerweile mehrere Stunden am Tag Smartphone oder Laptop. Eine neue US-Studie liefert weitere Hinweise für etwas, das selbst viele der jungen Dauernutzer schon ahnen: Immer mehr Zeit online zu verbringen heißt nicht zwingend, sich immer besser zu fühlen.

Im Gegenteil. Am glücklichsten sind die Teens, die nur knapp eine Stunde täglich online sind – das zumindest ergab die Studie der San Diego State University, die im Fachmagazin „Emotion“ veröffentlicht ist. Für die, die länger als eine Stunde pro Tag am Bildschirm kleben, sinken die Zufriedenheitswerte – ebenso bei denen, die gar keine Digitalmedien nutzen (dürfen). [...]

Insgesamt zeigte sich: Jugendliche, die einen größeren Teil ihrer Freizeit mit Sport, Lesen oder Verabredungen verbringen als mit Onlineaktivitäten wie Computerspielen, sozialen Medien oder Videochats mit Freunden, fühlen sich deutlich glücklicher als solche, bei denen das Verhältnis umgekehrt ist.

Das Team um die Psychologin Jean Twenge durchforstete dazu Daten einer jährlichen, repräsentativen US-Langzeituntersuchung (Monitoring the Future), für die seit 1991 mehr als eine Million Acht-, Zehnt- und Zwölftklässler befragt wurde. Dabei stiegen Selbstachtung, Lebenszufriedenheit und das Gefühl,

glücklich zu sein, seit den 1990er-Jahren bei den Teenagern insgesamt stetig an. Ab 2012 jedoch – dem Jahr, in dem die Hälfte aller US-Teens ein Smartphone besaß – kehrte sich der Trend abrupt um. [...]
Kommunikationsforscherin Dorothée Hefner [...], die selbst jüngst ein Buch zum Phänomen „Permanent Online, Permanent Connected“ mit herausgegeben hat, glaubt, dass die Angst davor, etwas zu verpassen, für viele Jugendliche ein wichtiges Motiv bei der exzessiven Smartphone-Nutzung ist. Dann sei auch eine Abwärtsspirale möglich – etwa, wenn man passiv mitlese und sehe, wovon man alles ausgeschlossen sei. Auch Neid spiele beim Lesen von Posts oft eine Rolle.
Bei instabilen Jugendlichen könne der ständige Vergleich mit anderen möglicherweise eine Depression anfeuern. „Ich würde mich jedoch nicht so weit aus dem Fenster lehnen, zu behaupten, dass das Smartphone die Suizidrate nach oben treibt“, sagt Hefner. Und es dürfe nicht vergessen werden, wie viele Chancen der sozialen Unterstützung, der Information und Bildung die Onlinewelt für junge Menschen biete.
Ähnlich wie andere deutsche Studien zieht auch Hefner den Schluss: „Beschränkung macht mit Sicherheit Sinn.“ Fraglich sei, ob beim Smartphone eine strikte zeitliche Begrenzung funktioniere. „Was aber geht: kein Smartphone beim gemeinsamen Essen und bei Gemeinschaftsaktivitäten, kein Smartphone abends und nachts im Bett. Und tagsüber smartphonefreie Zeitfenster.“ All dies in Absprache und Aushandlung mit dem Nachwuchs. [...]

(476 Wörter)

Quelle: https://www.welt.de/gesundheit/article172930544/Internet-Co-Weniger-Smartphone-Zeit-gluecklichere-Jugendliche.html (vom 28.01.2018, aufgerufen am 03.12.2019)

M5 Probleme in sozialen Netzwerken

[...] Anonymität kann eine enthemmte[1] Online-Kommunikation begünstigen, die Hetze und Verleumdung[2] an anderen Nutzern Vorschub leistet: Wer anonym im Netz unterwegs ist, muss kaum mit negativen Konsequenzen für sein Tun rechnen. Außerdem entbehrt[3] die Online-Kommunikation der direkten Reaktionen des Gegenübers (es sei denn, man kommuniziert über Videochat miteinander). Der Nutzer kann deshalb oft nicht einschätzen, wie seine Äußerungen bei anderen Nutzern ankommen, weil er nicht sieht, wie der Andere in Mimik und Gestik reagiert. Es ist daher leicht, andere online zu verletzen, weil man dem Anderen eben nicht von Angesicht zu Angesicht begegnet. [...]
Problematisch ist auch, dass innerhalb von Sozialen Netzwerken mitunter gezielt gemobbt (siehe auch: Cyber-Mobbing) wird. Abfällige Kommentare auf Pinnwänden und hämische Bemerkungen zu Fotos gehören da noch zu den „harmloseren“ Fällen. Wirklich schlimm wird es, wenn Hassgruppen gegründet werden, die gezielt eine Person bloßstellen und beleidigen – für die Gemobbten eine fast unerträgliche Situation. Oder es werden sog. „Fake-Profile“, falsche Profile im Namen einer Person erstellt, auf

denen allerlei Rufschädigendes behauptet werden kann. Oftmals erfahren Geschädigte erst sehr spät von ihrer „zweiten" Existenz. Durch Meldebuttons, die inzwischen in jedem Netzwerk vorhanden sind, kann man all diese Verstöße dem Seitenbetreiber melden. Der Handlungsspielraum erstreckt sich dann von Verwarnung über Löschung der Profile des Täters/der Täter bis hin zu strafrechtlicher Verfolgung.

(211 Wörter)

1 **enthemmt:** hemmungslos, frei
2 **die Verleumdung:** Lüge, Rufschädigung
3 **entbehren:** fehlen, auskommen ohne

Quelle: https://www.klicksafe.de/themen/kommunizieren/cyber-mobbing/cyber-mobbing-was-ist-das/ und https://www.klicksafe.de/themen/kommunizieren/soziale-netzwerke/probleme-in-sozialen-netzwerken/ (aufgerufen am 06.12.2019)

M6 Im Bekanntenkreis wurde schon mal jemand per Handy/im Internet fertiggemacht (von 12- bis 19-Jährigen)

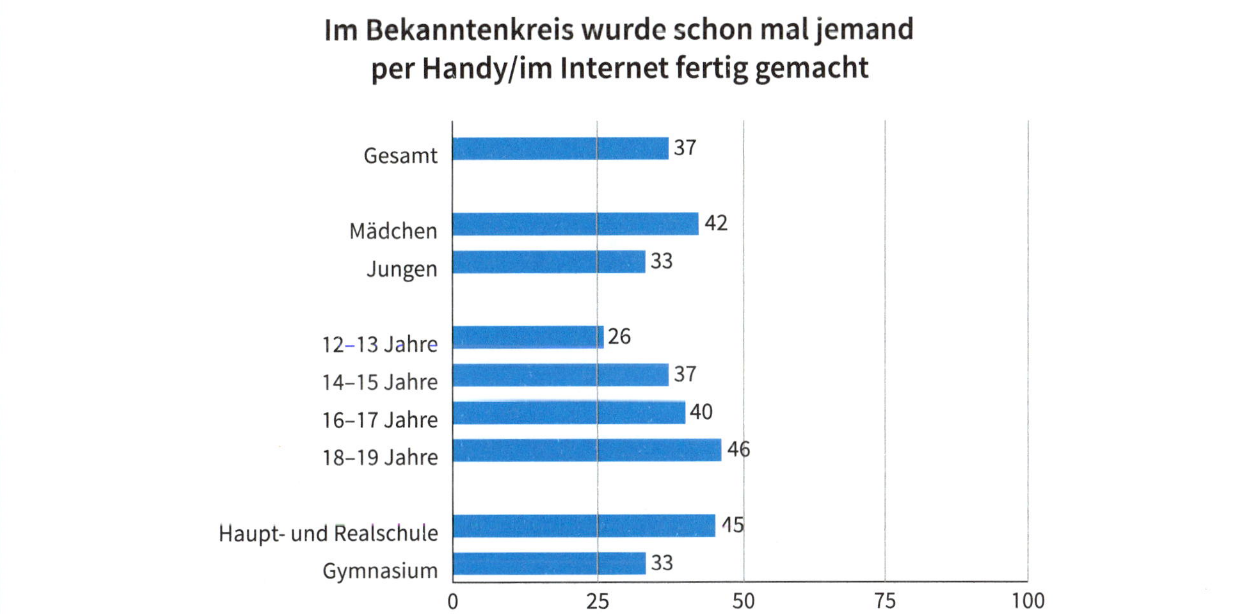

Quelle: Basisuntersuchung zum Medienumgang 12- bis 19-Jähriger im Jahr 2017, https://www.mpfs.de/fileadmin/files/Studien/JIM/2017/JIM_2017.pdf (aufgerufen am 06.12.2019)

TIPP Grafiken und Schaubilder auswerten

Die folgenden Fragestellungen helfen dir, eine Grafik, eine Tabelle oder ein Schaubild auszuwerten:
- Was für ein **Grafiktyp** liegt vor (Säulen-, Kreis-/Torten-, Balken- oder Verlaufsdiagramm)?
- Um welches **Thema** geht es? Welche Hinweise geben dir Überschriften und Erläuterungen?
- Welche **Art von Zahlenangaben** liegt vor? Werden Werte in Prozent, Promille oder in absoluten Zahlen (z. B. in Tausend) angegeben? Was ist der höchste, was ist der niedrigste Wert? Werden die Gesamtwerte oder nur ein Auszug, was das Verhältnis der Werte zueinander verschieben kann, gezeigt?
- Auf welcher **Grundlage** wurden die Daten erhoben? Wird etwas miteinander verglichen?
- Was ist die **Kernaussage** des Schaubildes?

Dritter Schritt: Eine Stoffsammlung zu den Materialien erstellen

3 Notiere in der Tabelle stichwortartig Informationen, die du für deinen Text verwenden willst. Links fasst du die Fakten und Probleme zusammen, rechts ergänzt du Lösungen, Tipps und eigene Gedanken. Beachte auch den Infokasten zur Stoffsammlung auf Seite 82.

Stoffsammlung

	Informationen zu digitaler Kommunikation und möglichen Problemen	**Eigene Meinung/Standpunkt**
Material 1	– Fast alle Mädchen (96%) und Jungen (92%) zwischen 12 und 19 Jahren haben 2018 in einer Basisuntersuchung zum Medienumgang angegeben, in den letzten 14 Tagen über das Smartphone ins Internet gegangen zu sein. (vgl. Grafik S. 87, 1. Zeile)	– Jugendliche fast ausnahmslos permanent erreichbar – um das Internet kommt kaum ein Jugendlicher herum – wichtig: sich Internetkonsum bewusst machen und ihn evtl. einschränken
Material 2		
Material 3		
Material 4		

Material 5		
Material 6		

Vierter Schritt: Einen Schreibplan anlegen

4 Erstelle in deinem Heft einen Schreibplan für deinen Flyer-Beitrag. Orientiere dich am folgenden Beispiel oder entwirf eine eigene Gliederung.

Schreibplan

Titel: Aufgepasst im Internet – durch richtiges Kommunikationsverhalten Gefahren vermeiden!

1. Einleitung
- Bezug zu Adressaten herstellen (Handykonsum der Mitschülerinnen und -schüler)
- Überleitung zu Thema des Flyers (Daten aus Studie zu Wegen der Internetnutzung)
- Ankündigung des folgenden Textes und der Tipps am Ende

2. Hauptteil A: Darstellung der Probleme von digitaler Kommunikation
- ständige Erreichbarkeit (Daten aus Studie!) und Konsequenzen (Stress, Erschöpfung)
- Zusammenhang von Glück/Zufriedenheit mit Dauer der Onlinezeit
- ...

3. Hauptteil B: Tipps
- sich informieren (wie hier anhand des Flyers)
- sich Online-Zeit bewusst machen (aufschreiben)
- Beschränkung der Online-Zeit (Alternativen wie Sport usw. finden)
- ...

4. Schluss
- Rückbezug auf Adressaten und Grußformel

Fünfter Schritt: Den Text schreiben

5 Setze deinen Schreibplan um und verfasse den informierenden Text mit abschließenden Tipps für den AG-Flyer.

Sechster Schritt: Den Text überarbeiten

6 Überarbeite deinen Text. Nutze dazu die Checkliste auf Seite 85 und vergleiche deinen Text mit der Beispiellösung im Lösungsheft.

D 4 Prüfungsbeispiel zum Thema „Sozialer Status, Anerkennung, Vernetzung und Einsamkeit in der analogen und digitalen Welt“

Die folgende Aufgabenstellung entspricht in etwa der Aufgabenstellung, wie sie in deiner Prüfungsaufgabe vorkommen kann. Sie beschäftigt sich unter anderem mit der Selbstpräsentation im Internet und deren Folgen. Bearbeite die Aufgaben und orientiere dich dazu an den sechs Schritten auf Seite 79 bis 85.

Erster Schritt: Die Aufgabenstellung verstehen

1 Lies die Aufgabenstellung genau durch und unterstreiche, was du jeweils tun sollst.

Aufgabenstellung

„Tausend Freunde bei Facebook sind die neue Einsamkeit“, schreibt die Berliner Zeitung 2016. Ist das nicht widersprüchlich? Hilft uns die Vernetzung über digitale Medien, Freundschaften zu knüpfen und zu pflegen, oder vereinsamen wir eher? Erörtere, ob man durch (mobile) Internetnutzung einsamer wird.

(1) a) Finde in den Materialien M 1 bis M 6 Pro- und Kontra-Argumente, die du stichwortartig in eigenen Worten in einer Tabelle festhältst.

	Pro (einsamer)	**Kontra (weniger einsam)**
Material 1	...	...
Material 2	...	...
Material 3	...	...
Material 4	...	...
Material 5	...	...
Material 6	...	...
Eigene Ideen/ Erfahrungen	...	...

Für den G-Kurs:

(2) Verfasse mithilfe deiner Stoffsammlung aus Aufgabe 1 eine dialektische Erörterung zu der Fragestellung, ob man durch (mobile) Internetnutzung einsamer wird. Führe jeweils zwei Pro- und zwei Kontra-Argumente an.

Für den E-Kurs:

(2) Verfasse mithilfe deiner Stoffsammlung aus Aufgabe 1 eine dialektische Erörterung zu der Fragestellung, ob man durch (mobile) Internetnutzung einsamer wird. Führe jeweils mindestens drei Pro- und drei Kontra-Argumente an.

Zweiter Schritt: Materialien erschließen und Inhalte erfassen

❷ Untersuche M 1 bis M 6, wie auf Seite 80 beschrieben.

M1 Studie: Jugendliche sehen Handy als besten Freund

Denise Bergert

Eine aktuelle Studie von Motorola zeigt, […] dass sich viele Menschen mittlerweile abhängig von ihrem Smartphone fühlen. Ein Drittel der Teilnehmer verbringt sogar lieber Zeit mit dem Mobilgerät als der eigenen Familie. Beim Jahrgang der 18- bis 23-Jährigen betrachten ganze 23 Prozent ihr Smartphone als besten Freund. Ein Großteil der Befragten ist sich der Gefahren von Handy-Sucht und ihrer eigenen Verhaltensweisen jedoch bewusst. Rund 60 Prozent gaben an, sie hätten gerne einen Lebensbereich, der vom Smartphone getrennt sei. Die Befragten wünschen sich weniger Zeit mit ihrem Handy. Das zwanghafte Einschalten und nach Benachrichtigungen schauen stört ebenfalls einen Großteil der Studienteilnehmer. Viele Nutzer erhoffen sich von einer geringeren Handy-Nutzung mehr Glück. […]

(109 Wörter)

Quelle: https://www.pcwelt.de/a/studie-jugendliche-sehen-handy-als-besten-freund,3449855 ttps://www.mpfs.de/fileadmin/files/Studien/JIM/2017/JIM_2017.pdf (vom 22.02.2018, aufgerufen am 12.12.2019)

M2 Hunderte „Freunde" bei Facebook – und doch allein

Viele Jugendliche hängen ständig in Facebook und anderen sozialen Netzwerken herum. Fragt man sie, fühlen sich viele trotzdem einsam – auch, weil sie sich immerfort mit ihren „Freunden" vergleichen. […] Es gibt offenbar einen Widerspruch: Fast jeder ist in eine große virtuelle Gemeinschaft eingebunden – doch das Gefühl dazu passt nicht. Das zeigen auch neuere Studien über das größte soziale Netzwerk Facebook, die zunehmend kritischere Ergebnisse liefern. Wissenschaftler um den Psychologen Ethan Kross von der University of Michigan fanden zum Beispiel heraus, dass die Nutzung von Facebook das subjektive[1] Wohlbefinden junger Menschen eher reduziert als steigert – obwohl das Netzwerk ja eigentlich das Bedürfnis nach Austausch und Kommunikation befriedigen müsste.

„Das Ego steht im Mittelpunkt"

Auch der langjährige Jugendforscher Bernhard Heinzlmaier sieht die Rolle von sozialen Netzwerken in zwischenmenschlichen Beziehungen kritisch: „Das Ego steht im Mittelpunkt und nicht die Beziehung zu anderen. Es dreht sich alles ums eigene Ich", sagt der Gründer des Instituts für Jugendkulturforschung in Wien. Auf Facebook sei man aber nicht man selbst, sondern reduziere sich auf ein angelegtes Profil, das immer verzerrt ist. „Facebook ist für viele nur eine Scheinwelt: Ich kann Bilder von Hawaii hochladen und sagen, ich habe dort Urlaub gemacht" – selbst, wenn das gar nicht stimme, nennt Zacharias als extremes Beispiel. Schwierig wird diese Inszenierung[2] dadurch, dass man sein eigenes Profil ständig mit dem von Freunden und Bekannten vergleichen kann – die scheinbar alle richtig tolle Dinge tun. „Gleichzeitig sitzt man allein vor dem Bildschirm. Am Ende des Tages bleibt die eigene Defiziterfahrung[3]“, sagt Heinzlmaier. Die Nutzer in sozialen Netzwerken sind also immer auf sich selbst zurückgeworfen: Warum bin ich nicht so erfolgreich, beliebt oder glücklich wie der andere? Dabei vergleichen sich viele mit Leuten, die ihnen eigentlich egal sein könnten: „Viele wollen gerade herausfinden, was Leute machen, mit denen sie eigentlich wenig Kontakt haben“, sagt Zacharias.

Warten auf ein Feedback zum eigenen Leben

Jugendliche säßen also vor ihrem Gerät und warteten auf ein Feedback zum eigenen Leben, sagt Heinzlmaier. [...] Mit echtem Austausch und richtiger Kommunikation hat das wenig zu tun. Wichtige Merkmale von echter Freundschaft fallen im sozialen Netzwerk einfach weg. [...] „Man kriegt auch nur wenig Feedback, das ersetzt nie ein Telefonat oder persönliches Gespräch“, ergänzt Zacharias. „Echte Emotionen lassen sich durch Profile nur schlecht vermitteln.“

Unterstützung ohne eigenen Vorteil

Aus Sicht von Heinzlmaier darf man ein Netzwerk im Internet nicht mit einer Gemeinschaft in einer Clique verwechseln: „In der Gemeinschaft überwindet man das Nutzenprinzip. Man unterstützt andere, ohne selbst einen Vorteil zu haben. Ein Netzwerk ist immer sehr nutzenorientiert.“ [...]

„Es geht nicht darum, sich aus den sozialen Netzwerken zu verabschieden, sondern möglichst schnell von einer virtuellen zu einer realen Beziehung zu kommen.“ Denn Freundschaft entstehe durch gemeinsames Erleben – und das wird in einem abstrakten Raum wie dem Internet naturgemäß schwierig.

(493 Wörter)

1 **subjektiv:** individuell, persönlich

2 **die Inszenierung:** Vorstellung, Darbietung

3 **das Defizit:** Mangel, Zuwenig

Quelle: https://www.welt.de/gesundheit/psychologie/article122536789/Hunderte-Freunde-bei-Facebook-und-doch-alleine.html (04.12.2013, aufgerufen am 12.12.2019)

M3 Ich brauche ein Gerät …

Quelle: http://www.deutschlandundeuropa.de/74_17/neue_medien_meinungsbildung.pdf, (aufgerufen am 06.12.2019)

M4 Freunde versus Bekannte

Social Communities und Instant Messenger bieten die Möglichkeit, schnell und unkompliziert neue Bekanntschaften zu machen. Diese werden dann umgehend auf Facebook, WhatsApp und Co. geadded. Auf diese Weise sammeln sich im Laufe der Zeit immer mehr Kontakte an, die aus verschiedensten Kontexten stammen. Nicht immer ist es da noch leicht, den Überblick zu wahren. Dieser ist aber wichtig, denn nicht alle Posts sind für alle anderen Nutzer geeignet. Mittlerweile bieten Social Communities den Nutzern die Option, ihre Kontakte in verschiedene Gruppen zu sortieren. Die Beiträge, die der Nutzer hochlädt, können daraufhin gezielt für die einzelnen Gruppen (Freunde, Bekannte etc.) freigegeben werden. So können unliebsame Reaktionen von Unbekannten oder losen Bekannten auf sehr persönliche Beiträge vermieden werden.

(119 Wörter)

Quelle: https://www.klicksafe.de/themen/kommunizieren/cyber-mobbing/cyber-mobbing-was-ist-das/ (aufgerufen am 06.12.2019)

M5 Ausgelassene Feier unter Facebook-Freunden

Quelle: STERN 42/2010

M6 Die Vorteile und Gefahren sozialer Netze *Sofie Lisken*

Immer auf dem neuesten Stand zu sein, ist einer der Vorteile von Facebook und Co. Doch man sollte aufpassen, was man mit seinen Freunden teilt.

Heutzutage sitzen Jugendliche ständig an ihren Smartphones, Handys oder Laptops, um immer auf dem aktuellsten Stand zu sein. Soziale Netzwerke bieten dafür vielfältige Möglichkeiten: Hier kann man Informationen finden, aber auch schauen, was die Freunde so treiben und selbst Inhalte wie Fotos oder Videos teilen. Eine der häufigsten Anwendungen von sozialen Netzwerken ist das Anschauen von Fotos und Profilen von Freunden und Bekannten sowie Chatten. Aber auch zum Spielen von Onlinespielen und zum Kontakte knüpfen werden Facebook und Co. oft genutzt. […]

(111 Wörter)

Quelle: https://www.waz.de/mediacampus/best-of/die-vorteile-und-gefahren-sozialer-netze-id12005068.html (vom 15.07.2016, aufgerufen am 12.12.2019)

Dritter Schritt: Eine Stoffsammlung zu den Materialien erstellen

3 Werte M 1 bis M 6 aus und notiere für die Stoffsammlung in der folgenden Tabelle die Pro- und Kontra-Argumente, die du in den Materialien gefunden hast. Ergänze ggf. noch eigene Ideen oder Erfahrungen.

	Pro (einsamer)	**Kontra (weniger einsam)**
Material 1	– ein Drittel der Teilnehmer einer Studie verbringt lieber Zeit mit Smartphone als mit Familie (vgl. Z. 47) – ca. jeder Vierte 18- bis 23-Jährige betrachtet Handy als besten Freund (vgl. Z. 7–10) – …	
Material 2		
Material 3		
Material 4		– schnell und unkompliziert neue Bekanntschaften (vgl. Z. 3 f.) – Verwaltung von Kontakten aus verschiedenen Bereichen (vgl. Z. 8 ff., 16 ff.)
Material 5		

Material 6	________________ ________________ ________________ ________________	________________ ________________ ________________ ________________
eigene Ideen / Erfahrungen	________________ ________________ ________________ ________________	________________ ________________ ________________ ________________

Info Dialektische Erörterung (Pro und Kontra)

In einer **dialektischen** (auch: antithetischen) Erörterung wird im Gegensatz zu einer **linearen** Erörterung eine Streitfrage von **zwei Seiten** betrachtet. Es wird also für und gegen eine These/Behauptung argumentiert (**Pro UND Kontra**) und abschließend eine eigene Position gefunden oder bekräftigt. Eine dialektische Erörterung wird so gegliedert:

Einleitung: Stelle das Thema/die Streitfrage vor. Erkläre, warum das Thema bzw. die Fragestellung (aktuell) von Bedeutung ist. Du kannst hier auch deine (vorläufige) Position nennen.

Hauptteil: Du setzt dich mit der Streitfrage auseinander, indem du die jeweiligen Argumente ausführst. Dazu kannst du das Sanduhr- oder Ping-Pong-Modell verwenden:
- **Sanduhr-Modell:** Du nennst zuerst die Argumente, die deiner Position nicht entsprechen, und ordnest sie vom wichtigen zum weniger wichtigen Argument (abnehmende Wichtigkeit). Darauf führst du die Argumente an, die deine Ansicht/Position unterstützen, und zwar vom weniger wichtigen zum wichtigsten Argument (zunehmende Überzeugungskraft).
- **Ping-Pong-Modell:** Beim Ping-Pong-Modell wechseln die Argumente für deine Position und die Argumente der Gegenposition ab. Du springst also zwischen Pro und Kontra hin und her. Dabei startest du mit dem stärksten Gegenargument und entkräftest es und endest am Ende bei dem überzeugendsten Argument für deine Position.

Schlussteil: Nach der Darstellung aller Argumente nennst du – falls nicht in der Einleitung schon geschehen – deine Position und gehst noch kurz darauf ein. Außerdem formulierst du ein zusammenfassendes Fazit, mögliche offene Fragestellungen, einen Ausblick (Wie könnte sich das Thema weiterentwickeln?) und einen Lösungsansatz, ggf. als Appell. Auch ein Kompromiss zwischen beiden Positionen kann vorgeschlagen werden.

Denke daran, an geeigneten Stellen auch Zitate aus den Materialien in die Argumentation einfließen zu lassen, z. B. als Begründung oder als Beispiel.

TIPP Richtig argumentieren

Der Kern einer Erörterung ist die **Argumentation** im Hauptteil (siehe Infokasten zur dialektischen Erörterung). Hier werden Pro-Argumente (dafür) und Kontra-Argumente (dagegen) aufgeführt.
Jedes vollständige **Argument** (gleichgültig, ob pro oder kontra) besteht in der Regel aus drei Teilen:

1. **These/Behauptung:** *Das Kommunizieren in sozialen Netzwerken kann unglücklich machen, weil …*
2. **Begründung:** *… die Menschen nur auf positives Feedback warten und sich entsprechend schlecht fühlen, wenn sie keine begeisterten Kommentare wegen ihres neuen Profilbilds erhalten.*
3. **Beispiel:** *So war ich zum Beispiel erst neulich selbst sehr traurig und deprimiert, weil niemand auf meinen Instagram-Beitrag reagiert hatte.*

Vierter Schritt: Einen Schreibplan ertsellen

4 Erstelle in deinem Heft einen Schreibplan für deine Erörterung. Durch den Schreibplan legst du die Gliederung fest, die dir beim Schreiben einen Überblick gibt.
Orientiere dich an dem Beispiel (hier wird im Sanduhr-Modell zunächst die Kontra- und dann die Pro-Seite angeführt) oder entwirf einen eigenen Schreibplan (wenn du z. B. gegen Vereinsamung durch das Internet argumentieren und daher nicht mit der Pro-Seite enden möchtest).

Schreibplan

Titel: 1000 Freunde bei Facebook – die neue Einsamkeit?

1. Einleitung:
   - Einführung ins Thema
   - Formulierung der Fragestellung
   - Ankündigung der folgenden Erörterung

2. Hauptteil (Argumentation mithilfe des Sanduhr-Modells):
   A: Kontra
   - stärkstes Kontra-Argument (These – Begründung – Beispiel): jederzeit in Verbindung mit Freunden
   - mittelstarkes Kontra-Argument (These – Begründung – Beispiel): Finden neuer Kontakte
   - schwächstes Kontra-Argument (These – Begründung – Beispiel): stets auf dem neuesten Stand

   B: Pro
   - schwächstes Pro-Argument (These – Begründung – Beispiel): „Freunde“ nicht gleich „Freunde“
     mittelstarkes Pro-Argument (These – Begründung – Beispiel): Traurigkeit und das Gefühl von Wertlosigkeit durch zu viel Internetkonsum
   - stärkstes Pro-Argument (These – Begründung – Beispiel): Einsamkeit, Handy als bester Freund

3. Schluss:
   - eigene Position
   - zusammenfassendes Fazit
   - offene Fragestellungen und Ausblick (Wie könnte sich das Thema weiterentwickeln?)
   - Lösungsansatz

Fünfter Schritt: Den Text schreiben

5 Schreibe die Erörterung in dein Heft. Folgende Formulierungen und der Tipp können dir helfen:

Studien belegen, dass das Smartphone und das mobile Internet ...
Aber erleichtert uns das Internet, vor allem mobil über das Smartphone, tatsächlich Freundschaften oder führt es nicht eher zur Vereinsamung der Nutzer? Dies soll im Folgenden erörtert werden.
Der Vorteil des Internets ist, dass ...
So hat man ganz andere Möglichkeiten, Menschen kennenzulernen ...
Ist zum Beispiel jemand gerade im Urlaub, kann man ...
Allerdings muss unterschieden werden zwischen Facebook-„Freunden" und wahren Freunden, da ...
Es kann sogar sein, dass diese vielen Kontakte ...
Ein Beleg dafür ist, dass sich viele Internetnutzer trotz ihrer Kontakte ...
Diese Daten verdeutlichen, dass das Internet und die Kommunikation in sozialen Netzwerken ...
Fraglich ist, wohin diese Tendenz zukünftig noch führen soll ...
Meiner Ansicht nach sollte man genau prüfen, ...

TIPP Richtig formulieren beim Argumentieren

Folgende **Formulierungen** helfen dir, die Argumentation sprachlich flüssig zu gestalten:

Begründung:

- Satzverknüpfungen, die Nebensätze einleiten: *weil, da, weswegen, warum ...*
- Satzverknüpfungen, die Hauptsätze einleiten: *denn, daher, darum, deswegen, deshalb ...*
  - *Ein Grund dafür ist ...*
  - *Als Begründung dafür kann angeführt werden, dass ...*
  - *Das liegt daran, dass ...*
  - *Besonders deutlich zeigt sich dies an ...*
  - *Dies wird besonders deutlich an ...*

Beispiel:

- *beispielsweise, zum Beispiel ...*
- *Das lässt sich dadurch beweisen/belegen, dass ...*
- *Am Beispiel ... wird deutlich, dass ...*
- *So zeigt sich, dass ...*
- *Viele kennen ...*
- *Ein Beleg dafür ist ...*
- *Bekannt ist ...*

Überleitung zur Gegenposition:

- *Obwohl dies überzeugend klingt, ...*
- *Jedoch/Allerdings/Trotzdem/Nichtsdestotrotz/Auf der anderen Seite/Andererseits ... muss berücksichtigt werden/darf nicht vergessen werden/ist klar/wird deutlich ...*
- *Nicht zu vernachlässigen ist aber, dass ...*

Sechster Schritt: Den Text überarbeiten

6 Überarbeite deinen Text. Nutze dazu die Checkliste auf Seite 85 und prüfe zusätzlich,
- ob du die Argumente (Behauptung, Begründung, Beispiel) vollständig und plausibel ausgeführt hast.
- ob du deine eigene Meinung nachvollziehbar begründet hast.

Vergleiche deinen Text mit der Beispiellösung im Lösungsheft.

D 5 Prüfungsbeispiel zum Thema „Massenbewegung und Populismus“

Die folgende Aufgabenstellung entspricht in etwa der Aufgabenstellung, wie sie in deiner Prüfungsaufgabe vorkommen kann. Sie beschäftigt sich mit dem Phänomen des Populismus und inwiefern dieses durch digitale Medien begünstigt wird. Bearbeite die Aufgaben und orientiere dich dazu an den sechs Schritten auf Seite 79 bis 85.

Erster Schritt: Die Aufgabenstellung verstehen

1 Lies die Aufgabenstellung genau durch und unterstreiche, was du jeweils tun sollst.

Aufgabenstellung

Im Artikel M 1 ist vom „Dilemma“[1] der Journalisten klassischer Nachrichtenmedien (Zeitung, Radio, TV) die Rede: Sollen sie über Äußerungen populistischer Parteien berichten und dadurch den Provokationen nachgeben oder diese ignorieren und sie unkommentiert stehen lassen? (vgl. M 1, Z. 10–14) Deine Tageszeitung steht genau vor diesem Dilemma und berichtet darüber. Verfasse mit dem Wissen, das du aus M 1 gewinnst, einen Leserbrief an deine Tageszeitung, in dem du Stellung zur Problematik der Journalisten nimmst.

1 **das Dilemma:** Zwang, sich zwischen zwei Möglichkeiten entscheiden zu müssen, die beide gleich unangenehm sind

(1) a) Werte M 1 aus und notiere die wichtigsten Informationen.
b) Gib die Pro- und Kontra-Argumente in Bezug auf das Dilemma in eigenen Worten wieder. Lege dazu eine Tabelle an. Ergänze eigene Aspekte (eigene Ideen möglich für **G-Kurs**, Pflicht für **E-Kurs**).

	Pro (Berichterstattung)	**Kontra (keine Berichterstattung)**
Material 1	...	...
Eigene Aspekte	...	...

Für den G-Kurs:
(2) Verfasse auf Grundlage deiner Stoffsammlung einen Leserbrief an die Redaktion deiner Tageszeitung, in dem du Stellung zu der Frage nimmst, ob klassische journalistische Nachrichtenmedien über links- oder rechtspopulistische Aussagen aus dem Internet berichten sollten. Führe drei Argumente für deine Position an. Diese kannst du M 1 entnehmen.

Für den E-Kurs:
(2) Verfasse auf Grundlage deiner Stoffsammlung einen Leserbrief an die Redaktion deiner Tageszeitung, in dem du Stellung zu der Frage nimmst, ob klassische journalistische Nachrichtenmedien über links- oder rechtspopulistische Aussagen aus dem Internet berichten sollten. Führe drei Argumente für deine Position an, von denen zwei über die in M 1 vorgestellten hinausgehen.

Zweiter Schritt: Materialien erschließen und Inhalte erfassen

2 Untersuche M 1, wie auf Seite 80 beschrieben.

Info Populismus

Nach dem lateinischen Begriff „populus“ = „das Volk“ bedeutet Populismus, dass dem Volk die Macht gehört und die Politik den Volkswillen abbildet. Im Kern beinhaltet Populismus also das Prinzip der Demokratie: Das Volk bestimmt anhand der von ihm gewählten Vertreter, wie die Macht im Staat ausgeübt wird.
Allerdings hat der Populismus auch eine undemokratische Seite, indem das Volk idealisiert und eine Feindschaft zur Elite (z. B. der Regierung) aufgebaut wird, von der sich das Volk betrogen fühlt. Der Anführer einer populistischen Partei gilt entsprechend als Befreier, der dem Volk seine Macht wieder zurückgibt. So wird oft in Gegensätzen (gut – böse, Freund – Feind) gedacht, die Realität extrem vereinfacht, verkürzt oder falsch wiedergegeben und das Volk stets als Opfer dargestellt. Die für die Demokratie wichtige Diskussion und der Austausch von Meinungen und Argumenten sind dann nicht mehr möglich. Zudem wird ignoriert, dass das Volk nicht nur eine Meinung hat, sondern von einer Meinungsvielfalt ausgegangen werden kann.
Zu unterscheiden ist zwischen Populismus, Rechts- und Linkspopulismus. Der Populismus idealisiert das Volk, ohne zu definieren, wer zum Volk gehört. Nach rechtspopulistischer Ansicht gehört nur zum Volk, wer nicht Migrant, Ausländer usw. ist. Diese Gruppen werden als Feinde angesehen. Die Denkweise der Rechtspopulisten widerspricht also der Demokratie und dem Gleichheitsprinzip. Linkspopulistische Parteien sehen ihr Feindbild hingegen in den wirtschaftlichen Eliten, z. B. Unternehmern und großen Konzernen.
Wenn die Demokratie in eine Krise gerät und die Bürger das Vertrauen in die politischen Institutionen verlieren, erlebt der Populismus einen Aufwind.

Text verfasst von der Autorin, auch mit Informationen nach: Paula Diehl: Was ist Populismus?, 28.02.2018; https://www.bpb.de/dialog/netzdebatte/260878/was-ist-populismus, 6.12.2019

M1 Die Bedeutung digitaler Medien für populistische Parteien

Marcus Maurer

Populistische Parteien benötigen, wie alle anderen Parteien auch, öffentliche Aufmerksamkeit, um bei den Wählern um Unterstützung für ihre Positionen und Ziele zu werben. Klassische journalistische Nachrichtenmedien wie Tageszeitungen oder Fernsehnachrichten wollen sich in der Regel aber nicht zum Sprachrohr von Populisten machen. Sie berichten deshalb entweder gar nicht oder sehr negativ über populistische Parteien. [...] Neue Medien, vor allem Soziale Netzwerke wie Facebook, Twitter oder YouTube, sind für populistische Parteien deshalb ausgesprochen wichtige Kommunikationskanäle: Sie nutzen sie erstens, um ihre Botschaften direkt und ungefiltert an ihre Anhänger zu verbreiten. Zweitens versuchen sie, durch gezielte Provokationen die Aufmerksamkeit der klassischen Massenmedien auf sich zu lenken. Auch wenn die Berichterstattung dann meist negativ ausfällt, gelingt es ihnen so, im Gespräch zu bleiben. Zugleich können sie die negative Berichterstattung als weiteren Beleg dafür ins Feld führen, dass sie in klassischen Medien stigmatisiert[1] werden. [...]
Soziale Medien geben den Bürgern zudem zu einem gewissen Grad die Möglichkeit, mit Politikern zu interagieren, indem sie z. B. Posts

schreiben, bewerten oder kommentieren. Dies suggeriert zumindest eine gewisse Einflussmöglichkeit auf die Politik und schafft zugleich eine Nähe zwischen Politikern und ihren Anhängern, die vermutlich stärkere Bindungen erzeugt, als es Wahlplakate oder klassische Medienberichterstattung können. […]

Wie lässt es sich erklären, dass populistische Parteien in Sozialen Medien besonders erfolgreich sind?

Eine häufig diskutierte Erklärung hierfür ist, dass ein Großteil der scheinbaren Anhänger populistischer Parteien in Sozialen Medien schlicht nicht existiert. Dabei kann man einerseits annehmen, dass sich viele Anhänger populistischer Parteien gleich mehrfach unter verschiedenen fiktiven Facebook-Accounts auf den Seiten ihrer Partei anmelden, um die Zahl der Anhänger größer erscheinen zu lassen, als sie in Wirklichkeit ist. Zudem könnte es sich bei den vermeintlichen Anhängern populistischer Parteien auch um sogenannte „Social Bots“ handeln, also fiktive Nutzerprofile auf Basis von Algorithmen[2], die beispielsweise automatisiert Kommentare auf Sozialen Medien platzieren. Inwieweit populistische Parteien von solchen Möglichkeiten stärker Gebrauch machen als andere Parteien, ist bislang aber noch nicht zuverlässig geklärt, weil es vergleichsweise schwierig ist, gefälschte Accounts und Social Bots großflächig zu identifizieren. Als zweite Erklärung für den Erfolg populistischer Parteien in Sozialen Medien wird gelegentlich angeführt, dass diese Parteien in besonderem Maße über junge, online-affine[3] Mitglieder verfügten, die für kontinuierliche Diskussionen auf den Plattformen sorgten. Dies mache die Plattformen dann wieder für neue Nutzer interessant. Eine dritte Erklärung […]: Anhänger populistischer Parteien [finden] ihren Standpunkt in journalistischen Nachrichtenmedien kaum wieder. Vor allem Menschen mit dezidierten[4] politischen Einstellungen neigen aber dazu, Informationen zu vermeiden, die ihren Einstellungen widersprechen, und stattdessen aktiv nach Informationen zu suchen, die ihre bestehenden Einstellungen bestätigen. Dies gibt ihnen das gute Gefühl, im Recht zu sein, und hilft ihnen dabei, ihr bestehendes Weltbild aufrecht zu erhalten. Populisten und ihre Anhänger haben folglich jeweils gute Gründe, sich auf einer Plattform zu treffen, auf der sie sich ungestört durch Journalisten und politische Gegner austauschen können. […]

Vor allem Rechtspopulisten verbreiten über Soziale Medien oder über die Kommentarfunktion von journalistischen Nachrichtenmedien Hassbotschaften gegen Zuwanderer, Massenmedien und politische Gegner. Dabei kommt ihnen die Anonymität Sozialer Medien entgegen. Obwohl viele Plattformen mittlerweile verlangen, dass die Nutzer ihren richtigen Namen angeben, unterscheidet sich das Posten von Botschaften über Soziale Medien in erheblicher Weise von einem persönlichen Gespräch: Das Fehlen eines direkten Kontakts und der fehlende Zwang, seinen eigenen Standpunkt gegen die Argumente eines physisch anwesenden Gesprächspartners verteidigen zu müssen, reduziert die kommunikative Hemmschwelle erheblich. Auch die populistischen Hasskommentare mehr oder weniger anonymer Nutzer Sozialer Medien haben in den letzten Jahren eine erhebliche Medienaufmerksamkeit erhalten. So haben mehrere Tageszeitungen teilweise ganzseitig Zusammenstellungen solcher Kommentare abgedruckt. Die Journalisten stehen hier vor einem Dilemma: Ihnen ist vermutlich weitgehend klar, dass sie von populistischen Parteien und deren Anhängern instrumentalisiert[1] werden. Eine gezielte Provokation führt fast zwangsläufig zu Medienberichterstattung, sodass sich Journalisten Zeitpunkt und Anlass der Berichterstattung über populistische Parteien mehr oder weniger von diesen selbst diktieren lassen. Die Provokationen zu ignorieren und somit quasi unwidersprochen stehen zu lassen, scheint für Journalisten aber keine denkbare Lösung zu sein. Dies kann man vermutlich damit erklären, dass sie es als ihre Aufgabe sehen, auf Missstände in der Gesellschaft aufmerksam zu machen und die Bevölkerung beispielsweise vor populistischen Strömungen zu warnen. Zugleich kann man annehmen, dass sie auch ihren Lesern und Zuschauern ein hohes Interesse an der Berichterstattung über die Provokationen populistischer Parteien unterstellen, sodass ein Verzicht auf die Berichterstattung auch aus wirtschaftlichen Gründen kaum möglich erscheint. [...]

(725 Wörter)

1 **stigmatisieren:** anprangern, diskriminieren

2 **der Algorithmus:** Rechenvorgang nach speziellem Schema

3 **online-affin:** eine starke Verbindung zum Internet habend

4 **dezidiert:** bestimmt, entschieden

5 **instrumentalisieren:** ausnutzen, missbrauchen

Quelle: Marcus Maurer: Die Bedeutung digitaler Medien für populistische Parteien. In: Deutschland & Europa. Die neuen Medien und die politische Meinungsbildung. „Fake News“ – ein Produkt der neuen Medien? Heft 74-2017, 2. Quartal, 34. Jahrgang. Hrsg. von der Landeszentrale für politische Bildung Baden-Württemberg. Stuttgart 2017.

Dritter Schritt: Eine Stoffsammlung zu den Materialien erstellen

3 Notiere in der Tabelle in Stichworten Informationen zum Dilemma sowie Aspekte für die beiden Positionen.

Stoffsammlung
- populistische Parteien auf Internet und Soziale Medien angewiesen, da ... (vgl. Z. 1–5, 18 ff.)
- Erfolg populistischer Parteien in Sozialen Medien: ... (vgl. Z. 46 ff., 77–91)
- Dilemma der Journalisten: entweder Provokationen nachgeben oder ... (vgl. Z. 139–155)

	Pro (Berichterstattung über Populisten)	**Kontra** (keine Berichterstattung)
Material 1	Berichterstattung muss ALLES umfassen (Aufgabe der Journalisten, auf Probleme in Gesellschaft aufmerksam zu machen und zu warnen) (vgl. Z. 157 ff.)	kein Sprachrohr geben für populistische Propaganda (vgl. Z. 9 f., 144 ff.)

Eigene Aspekte	Populisten nicht in Opferrolle bestätigen („Lügenpresse hat sich verschworen!“)	Risiko, nicht objektiv zu berichten

Vierter Schritt: Einen Schreibplan anlegen

Info In einem Leserbrief Stellung nehmen

In einem Leserbrief (oder im Internet in einem Kommentar) **nimmt ein Leser/eine Leserin Stellung** zu einem Thema, indem er/sie einen Brief oder eine E-Mail an die Redaktion z. B. einer Zeitung schreibt. Nur ein Bruchteil der Leserbriefe kann aufgrund des verfügbaren Platzes in der Zeitung abgedruckt werden. Voraussetzung für die Veröffentlichung sind die Nennung des Namens und des Wohnortes des Verfassers sowie der Bezug auf ein in der Zeitung behandeltes Thema. Wichtig ist es also, dass du im Leserbrief auf das Thema/den Artikel eingehst, persönlich Stellung dazu nimmst und **nachvollziehbar argumentierst**.

So baust du einen Leserbrief auf:

1. Formuliere eine **Überschrift**.
2. Verfasse eine **Einleitung**:
   - Beziehe dich auf den Beitrag, führe in das Thema ein (hier: grundlegende Informationen aus M 1) und wecke das Interesse der Leser, z. B. indem du die strittige Frage oder deren Aktualität benennst.
   - Nutze deine Stoffsammlung (Tabelle) zur Wiedergabe der wichtigsten Informationen zum Thema.
3. Erläutere **deine Meinung** zum Thema:
   - Nenne deinen eigenen Standpunkt zu der strittigen Frage.
   - Biete zu deinem Standpunkt überzeugende Argumente (mit Begründungen und Beispielen) an. Bringe diese in eine sinnvolle Reihenfolge (lineare Argumentation; am Ende das stärkste Argument).
4. Formuliere am **Schluss** ein zusammenfassendes Fazit oder, falls es sich anbietet, einen Appell.
5. Nenne deinen **Vor- und Nachnamen** sowie deinen **Wohnort** (z. B. Max Mustermann, Hannover).

4 Erstelle in deinem Heft einen Schreibplan für den Leserbrief. Orientiere dich an dem Beispiel oder entwirf einen eigenen Schreibplan. Durch den Schreibplan legst du die Gliederung fest, die dir beim Schreiben Orientierung gibt.
Achtung: Der G-Kurs darf für die Stellungnahme Argumente aus M 1 verwenden, der E-Kurs findet auch weitere, eigene Argumente.

Schreibplan

Überschrift: Populisten ein Sprachrohr geben oder Provokation ignorieren?

1. Einleitung:
- Einführung ins Thema (Hinweis auf Bericht in der Zeitung, Aktualitätsbezug, Bedeutung des Internets für populistische Parteien, Dilemma der Journalisten, Hinführung zur Stellungnahme)

2. Argumentativer Hauptteil: „Sollten klassische Medien über Populisten berichten?“
Stellungnahme (G-Kurs, Beispiele)
- erstes Argument: Verantwortung der Journalisten
- zweites Argument: wirtschaftliches Interesse (Verkaufszahlen)

...

3. Argumentativer Hauptteil: „Sollten klassische Medien über Populisten berichten?“
Stellungnahme (E-Kurs, Beispiele)
- erstes Argument: Demokratie muss Populismus aushalten
- zweites Argument: Falschaussagen aus der Welt schaffen

...

4. Schluss
persönliches, zusammenfassendes Fazit mit Kompromissvorschlag, Ausblick in die Zukunft

Max Mustermann, Hannover

Fünfter Schritt: Den Text schreiben

5 Schreibe den Leserbrief in dein Heft. Die folgenden Formulierungen können dir helfen.

- Neulich habe ich in Ihrer Zeitung einen Artikel über ... gelesen.
- Bekannt ist, dass populistische Parteien aktuell sehr aktiv in Sozialen Medien sind, weil sie ...
- Nun stehen Journalisten dieser klassischen Medien vor der Frage, ob sie entweder ...
- Das Dilemma der Journalisten kann ich mir sehr gut vorstellen, bin allerdings der Meinung ...
- Erstens ..., denn ...
- Außerdem interessieren sich die Bürger ...
- Am besten sollten ...
- Ich hoffe, dass weiterhin über das Dilemma der Journalisten berichtet wird.
- Gern möchte ich erfahren, wie diese Zeitung mit dem Problem umgehen wird.

Sechster Schritt: Den Text überarbeiten

6 Überarbeite deinen Text. Nutze dazu die Checkliste auf Seite 85 und vergleiche deinen Text mit der Beispiellösung im Lösungsheft.

D 6 Für den E-Kurs: Prüfungsbeispiel zum Thema „Meinungsbildung durch Algorithmen und Filterblasen“

Die folgende Aufgabenstellung entspricht in etwa der Aufgabenstellung, wie sie in deiner Prüfungsaufgabe vorkommen kann. Sie beschäftigt sich mit dem Einfluss des Internets auf unsere Meinungsbildung. Lassen sich vor allem Jugendliche zu sehr durch digitale Medien beeinflussen? Bearbeite zu dieser Thematik die folgenden Aufgaben und orientiere dich an den sechs Schritten auf Seite 79 bis 85.

Erster Schritt: Die Aufgabenstellung verstehen

1 Lies die Aufgabenstellung genau und unterstreiche, was du tun sollst.

Aufgabenstellung

Sagt uns das Internet, was wir zu denken haben? Wird der Einfluss der digitalen Medien und der künstlichen Intelligenz auf unsere eigene Meinungsbildung zu groß?

Über die Hälfte der jungen Menschen bildet sich ihre Meinung im Internet, wo oftmals keine Kontrolle über veröffentlichte Inhalte existiert. Verfasse deshalb einen Kommentar für die Schülerzeitung, in dem du zur Frage Stellung nimmst, ob man sich überhaupt über das Internet informieren sollte. Nenne Argumente für beide Seiten und appelliere am Ende eindringlich an deine Leserinnen und Leser, vorsichtig mit ihren Datenspuren und bei der Informationsbeschaffung im Internet zu sein.

(1) Stelle in einer Stoffsammlung stichwortartig und in eigenen Worten wesentliche Informationen zur Meinungsbildung im Internet, v. a. durch Algorithmen und Filterblasen, zusammen, indem du M 1 und M 2 auswertest. Sammle in einer Tabelle Pro- und Kontra-Argumente zur Frage, ob man sich im Internet informieren sollte. Ergänze auch eigene Aspekte.

(2) Verfasse den Kommentar.
  a) Beschreibe und erkläre darin die Besonderheit der Meinungsbildung im Internet, u. a. das Phänomen der Manipulation durch Algorithmen und Filterblasen.
  b) Nimm zu der Frage Stellung, ob man sich überhaupt im Internet informieren sollte. Präsentiere dafür jeweils drei Argumente für beide Seiten und positioniere dich am Schluss klar: Bist du dafür oder dagegen? Nenne überzeugende Begründungen und Beispiele.
  c) Wende dich schließlich appellierend an die Leser, indem du passende Ratschläge zum Thema gibst.

Info Algorithmen und Filterblasen

Mit welchen Mitteln können wir im Internet manipuliert werden? Dank künstlicher Intelligenz existieren zahlreiche Einflussfaktoren, z. B. „Fake Friends/Follower“, also kommentierende oder bewertende Profile von „Personen“, die in Wirklichkeit gar nicht existieren und von Agenturen erfunden werden.
Bedeutsam sind darüber hinaus „**Algorithmen**“ (der Algorithmus = Rechenvorgang nach einem bestimmten Schema), die berechnen, welche Informationen interessant für einen User sein könnten. So erhält dieser, ohne es zu wissen, häufig bereits gefilterte Informationen in Suchmaschinen oder in sozialen Netzwerken. Hat sich jemand z. B. auf Facebook für Sportvideos oder für Make-up-Werbung interessiert, so bekommt er zukünftig automatisch ähnliche Clips angezeigt. Diese Vorauswahl ist meist intransparent, also für uns nicht zu durchschauen. Es kann daher vorkommen, dass zwei Personen, die in die Suchmaschine den gleichen Begriff eingeben, unterschiedliche Suchergebnisse erhalten – je nach ihren früheren Internetaktivitäten und Vorlieben.
Auch der Begriff der „**Filterblase**“ hängt mit Algorithmen zusammen: Indem ein Benutzer wegen der Algorithmen immer wieder Informationen der anfangs bevorzugten Art angezeigt bekommt, bestätigt und verfestigt sich seine Auffassung. Liest jemand z. B. mehrfach Artikel über Autounfälle, bekommt er auch in der Folge automatisch weitere Texte zu Autounfällen angezeigt und hat auf die Dauer den Eindruck, dass es immer mehr Autounfälle gebe. Handelt es sich um politische Texte, wird so eine Radikalisierung der Menschen möglich (z. B. immer wieder Artikel über Gewalt von bestimmten Personengruppen). Alternative Sichtweisen werden ausgeblendet, da sie nicht im gleichen Maße präsentiert werden. So lebt der Mensch in einer Art „Filterblase“ – abgeschirmt und nur mit gefilterten Informationen versorgt.

Zweiter Schritt: Materialien erschließen und Inhalte erfassen

❷ Untersuche die Materialien M 1 und M 2, wie auf Seite 80 beschrieben.

M1 „Widewide, wie sie mir gefällt“

Quelle: http://www.deutschlandundeuropa.de/74_17/neue_medien_meinungsbildung.pdf (aufgerufen am 06.12.2019)

M2 Zwischen Rosarot und Rabenschwarz – Wie das Internet unsere Meinung beeinflusst *Nora Frerichmann*

Facebook, Twitter und Co. haben die Wege der politischen Meinungsbildung revolutioniert. Auch wenn Filterblasen und Algorithmen jede Menge Negativschlagzeilen machen: Eine zu pessimistische Sicht auf die Entwicklungen im Netz wird die Probleme nicht lösen.

[...] Klar ist allerdings, dass sich die Prozesse der Meinungsbildung und damit die Grundlagen demokratischer Entscheidungen von Bürger:innen durch die digitale Revolution[1] immer mehr ins Internet verlagern. Der Anteil des Netzes unter den meinungsbildenden Medien ist laut der MedienGewichtungsStudie 2018 der Medienanstalten auf mittlerweile knapp 27 Prozent gestiegen. Unter den 14- bis 29-Jährigen liege der Wert sogar bei knapp 54 Prozent. Davor liegt bei der Gesamtbevölkerung nur noch das Fernsehen mit rund 33 Prozent. Mehr als die Hälfte der täglichen Reichweite von sozialen Medien und Suchmaschinen entfällt laut der Studie mittlerweile auf eine Nutzung, die für die Meinungsbildung eine Rolle spielt.

Im Netz löst sich die Deutungshoheit von Medienhäusern und Journalist:innen als Gatekeeper[2] von Informationen weitgehend auf. Über soziale Netzwerke, Blogs und Foren kann inzwischen jede:r die eigene Meinung öffentlich äußern und eine Vielzahl anderer Menschen erreichen. Rund um den Arabischen Frühling[3] 2011 wurden soziale Medien deshalb als Technologie der Selbstermächtigung, Liberalisierung und Demokratisierung gefeiert. Menschen in verschiedenen arabischen Ländern entdeckten durch die Kommunikation im Netz ihre Gemeinsamkeiten und organisierten Proteste gegen autoritäre Regimes[4]. Damals lag das Augenmerk vor allem auf den verbindenden Eigenschaften des Internets.

Mittlerweile hat sich das stark verändert. Die Rede ist immer wieder von einer Spaltung der Gesellschaft durch soziale Medien, von einer zunehmenden Radikalisierung und von einer verstärkten Polarisierung[5] öffentlicher Debatten. [...]

Auch die US-Wahl 2016 und das Brexit-Votum 2017 färbten die ehemals rosarote Sicht auf die digitalen Prozesse der Meinungsbildung schwarz. Die Diskussion kreiste vor allem um eine Beeinflussung der öffentlichen Meinung mithilfe von US-Tech-Riesen wie Twitter und Facebook. Durch Datenmissbrauch zu Propagandazwecken[6] und gezielte Falschinformationen seien Wähler manipuliert worden, so die Befürchtungen. Teilweise hat sich das mittlerweile bewahrheitet. Das britische Parlament zwang Facebook 2018 einige der verborgenen Anzeigen offenzulegen, die für potenzielle Brexit-Befürworter geschaltet wurden.

„Sie sind gespickt mit Halbwahrheiten und glatten Lügen über die Absichten der EU und die vermeintlichen Vorteile eines Austritts. Es sind Kuriositäten darunter wie das Gerücht, die EU wolle Teekessel verbieten. Auch die Behauptung, Großbritannien könne durch den Brexit 350 Millionen Pfund pro Woche sparen, taucht in unterschiedlicher Form auf“, berichtete der Deutschlandfunk. [...]

Dennoch greift es zu kurz, das Internet und digitale Entwicklungen wie Algorithmen oder Bots nun als Teufelszeug zu deklarieren. Erstere sind grundsätzlich lediglich ein Hilfsmittel, um große Mengen von Daten auszuwerten und komplexe Fragestellungen zu beantworten. Auch ein Bot (Kurzform vom englischen Wort robot) ist erstmal nur ein Mittel, Informationen schnell und automatisiert zu verbreiten. Wie diese Mittel letztendlich eingesetzt werden, hängt immer auch von gesellschaftlichen Entwicklungen, Interessen der Verwender und gesetzlichen Rahmenbedingungen ab. Digitale Technologien wirken sich also nicht nur positiv oder negativ auf unsere Meinungsbildung aus. Sie sind zunächst einmal nur neue Vehikel zur Informationsvermittlung und Vernetzung. [...]

Wie wirken Filterblasen?

Ein erster Schritt in diese Richtung wurde z. B. mit der Untersuchung des Phänomens der Filterblasen gemacht. Der Begriff wurde von Eli Pariser, Autor und ehemaliger Chef der Aktivisten-Plattform Moveon.org, geprägt. Er geht von der Annahme aus, dass einzelne Nutzer/innen das Internet nur noch durch von Algorithmen kreierte Filter wahrnehmen. So werde die Gefahr, in einer Blase zu leben, in der alle einer Meinung sind, immer größer. Verschiedenen Forschungsergebnissen zufolge sind solche Filterblasen bisher nicht so dramatisch ausgeprägt.
So hat z. B. das Forschungsprojekt #Datenspende ergeben, dass die Suchergebnisse der einzelnen Nutzer bei Google gar nicht so stark personalisiert sind, wie angenommen. Wissenschaftler der TU Kaiserslautern fanden dabei heraus, dass sich von etwa neun Suchergebnissen zu prominenten Politikern oder Politikerinnen und Parteien nur ein bis zwei voneinander unterscheiden. Bei Parteien gebe es mit drei bis vier Ergebnissen zwar mehr Abweichungen. Berücksichtige man dabei allerdings die stärkere Regionalisierung, etwa durch Webseiten einzelner Ortsverbände, blieben ebenfalls nur noch ein bis zwei Abweichungen. Bei Google News seien die die Unterschiede ähnlich gering.
Die Diskussion um Filterblasen sei „völlig entgleist", kritisierte auch die Leiterin des Oxford Internet Institutes Helen Margetts im Interview mit dem Tagesspiegel . Denn trotz Personalisierung seien Nutzer z. B. bei Facebook mehr Menschen und Meinungen ausgesetzt, als etwa beim Lesen einer einzelnen Zeitung. Wichtig sei vor allem auch Transparenz:
Um unsere politische Welt zu verbessern, müssen wir unweigerlich damit anfangen, Forderungen gegenüber Facebook und Twitter zu stellen. Ihre Algorithmen sind geheim und formen doch, was wir sehen. Ihr Argument dagegen ist immer ihr Firmengeheimnis. Aber ihr Geschäftsmodell ist Werbung. Wie sie Werbung zeigen, müssen sie ja nicht sagen. Trotzdem können sie erklären, nach welchen Kriterien welche Nachrichten angezeigt werden.

Digitale Komfortzone auflockern

Wer trotzdem die eigene digitale Komfortzone etwas auflockern und häufiger einen Blick über deren Rand werfen möchte, kann verschiedene Dinge tun:

1. Wenig Datenspuren hinterlassen, denn so bekommen große Anbie-

ter weniger Informationen, um Nutzer:innen genau zu kategorisieren [...].

2. Google-Suche vermeiden: Suchmaschinen wie Duckduckgo oder Startpage sammeln deutlich weniger Daten als Marktführer Google. Die Metasuchmaschine Unbubble geht noch darüber hinaus: hier werden die Ergebnisse anderer Suchmaschinen durchforstet, um Personalisierung und die Gewichtung interessensgeleiteter oder bezahlter Inhalte zu umgehen.
3. Andere Meinungsspektren im Blick behalten: In sozialen Netzwerken lohnt es sich, auch Menschen, Organisationen und Medien zu folgen, deren Haltung man tendenziell eher nicht teilt. Man muss nervige, ärgerliche oder auch falsche Beiträge ja nicht mit Likes belohnen. [...]

(938 Wörter)

1 **die digitale Revolution:** Umbruch in versch. Lebensbereichen durch Computer
2 **der Gatekeeper:** „Türsteher“/„Torwächter“: Person, die die Informationen filtert
3 **der Arabische Frühling:** revolutionäre Aufstände in der arabischen Welt ab Dezember 2010
4 **das autoritäre Regime:** Regierung, die keine Kritik zulässt und Parteien unterdrückt
5 **die Polarisierung:** Aufspaltung in zwei Lager
6 **die Propaganda:** Werbung, aber auch gezielte politische Beeinflussung

Quelle: https://www.mdr.de/medien360g/medienpolitik/digitale-meinungsbildung-100.html (vom 14.03.2019, aufgerufen am 06.12.2019)

Dritter Schritt: Eine Stoffsammlung und eine Pro- und Kontratabelle erstellen

3 Werte M 1 und M 2 aus und notiere in eigenen Worten wesentliche Informationen zur Meinungsbildung im Internet, v. a. durch Algorithmen und Filterblasen.

M 1:
- Menschen sortieren zwischen ... (vgl. Z. Karikatur S. 110)
  Gefahr: durch Algorithmen wird dies immer weiter verstärkt; in der Filterblase merkt man womöglich nicht, dass ...

M 2:
- Laut Studie 2018 bilden sich fast ... der Deutschen ihre Meinung im Internet (vs. ... über TV), bei den 14- bis 29-Jährigen ... (vgl. Z. 15 f.)
- Früher Journalisten verantwortlich für ... (vgl. Z. 31–34)
- 2011: Soziale Medien als Instrument der Demokratisierung gefeiert ... (vgl. Z. 39–43)
- Heute eher Angst vor Spaltung der Gesellschaft, Radikalisierung und Polarisierung (vgl. Z. 52–57)
- Beispiele: US-Wahl 2016 und Brexit-Votum 2017 ... (vgl. Z. 59 f.)
- Algorithmen, Bots, Filterblasen: ... (vgl. Z. 89–100, 112 ff.)

4 Stelle nun Pro- und Kontra-Argumente zusammen, die du den Materialien entnimmst und durch eigene Ideen ergänzt. Sammle auch Lösungsvorschläge/Tipps.

Pro-Argumente (für Internetinfos)	**Kontra-Argumente** (gegen Internetinfos)
– auch Informationen aus anderen Ländern (z. B. Arabischer Frühling) (vgl. Z. 39 ff.)	– keine Kontrolle der Inhalte durch Journalisten (vgl. Z. 31 ff., 119 ff.)

– Meinungsvielfalt (mehr als in klassischen Medien, vgl. Z. 36 f.) – – –	– Algorithmen und Filterblasen (nur eingeschränkte Information, Leben in „eigener“ Welt) (vgl. Z. 119–123) – – –
Eigene Pro-Argumente	**Eigene Kontra-Argumente**
– unkompliziert: schnell, jederzeit, überall möglich, aktuell – – –	– Journalisten verlieren Arbeit – – –

Lösungsvorschläge (aus den Materialien und eigene)

– wenige Datenspuren hinterlassen (vgl. Z. 181 f.)

– Transparenz von Facebook und Twitter fordern (Kriterien für Auswahl der angezeigten Nachrichten) (vgl. Z. 161 ff.)

5 Entscheide dich für Pro oder Kontra, wähle die überzeugendsten Argumente aus und sortiere sie entsprechend dem gewählten Modell (siehe Tipp zum Sanduhr- und Ping-Pong-Modell auf Seite 110). Siehe auch die Formulierungshilfen auf Seite 100.

TIPP Einen Kommentar schreiben

Ein Kommentar ist eine journalistische Textsorte. Der Autor nimmt Stellung zu einer Thematik und wird dabei namentlich genannt. Orientiere dich an folgendem **Aufbau**:

1. Formuliere eine **Überschrift.**
2. Nenne deinen **Namen** (z. B. „ein Kommentar von Max Mustermann“).
3. Stelle die wichtigsten **Informationen** zum Sachverhalt dar (hier: Informationsbeschaffung im Internet, Manipulation durch Algorithmen, Filterblasen).
4. Präsentiere **Argumente** für beide Seiten und **positioniere dich** dann zustimmend oder ablehnend zur Ausgangsfrage/zur Problematik.
5. Schließe den Kommentar mit einem Ausblick und/oder mit einem **Appell** ab (hier in der Aufgabenstellung gefordert: Appell (Ratschläge für die Leserschaft).

Vierter Schritt: Einen Schreibplan erstellen

6 Erstelle mithilfe deiner Vorarbeiten einen Schreibplan für deinen Kommentar in deinem Heft. Orientiere dich dabei am Tipp oben zum Aufbau eines Kommentars.

Schreibplan

Titel: Was soll ich denken? Das Internet wird es mir schon sagen!

Ein Kommentar von ...

1. Einleitung (Einführung ins Thema, z. B. mit Studienergebnissen zu Informationsquellen)

2. Hauptteil
   - Information zur Meinungsbildung im Internet und zur Manipulation durch Algorithmen und Filterblasen
   - Argumentation (hier nach Ping-Pong-Prinzip)
     Stärkstes Kontra-Argument: Gefahr, Opfer von Algorithmen zu werden
     Schwächstes Pro-Argument: Verbreitung von Algorithmen noch nicht allzu groß
     ...
     Schwächstes Kontra-Argument: Journalisten verlieren Arbeitsplätze
     Stärkstes Pro-Argument: Nutzen für Menschheit durch Infos im Internet sehr hoch
   - Eigene Positionierung (trotzdem Internet nutzen)

3. Schluss (Zusammenfassung und Appell, sich an bestimmte Ratschläge zu halten: weniger Datenspuren hinterlassen usw.)

Fünfter Schritt: Den Text schreiben

7 Schreibe deinen Kommentar in dein Heft.

Sechster Schritt: Den Text überarbeiten

8 Überarbeite deinen Text. Nutze dazu die Checkliste auf Seite 85 und vergleiche deinen Text mit der Beispiellösung im Lösungsheft.

E Trainingsaufgaben zum selbstständigen Üben

Mit Prüfungsbeispielen aus dem FiNALE-Arbeitsheft bist du umfassend auf die drei Themenbereiche und die unterschiedlichen Aufgabenformate vorbereitet. Wende nun dein Wissen und deine Kompetenzen an, um die beispielhaften Prüfungsaufgaben auf den folgenden Seiten zu lösen. Achte auf die Zeit: In der Abschlussprüfung hast du **180** Minuten zur Verfügung.

E 1 Prüfungsbeispiel zum Themabereich: Kurzprosa nach 1945 bis zur Gegenwart

Aufgabenstellung für den G-Kurs

(1) Verfasse eine Inhaltsangabe des vorliegenden Textes.

(2) Vergleiche ihn inhaltlich mit Wolfgang Borcherts Kurzgeschichte „Das Holz für morgen" (1947), die dir aus dem Unterricht bekannt ist. Achte auf folgende Aspekte:

- In welcher Lage befindet sich jeweils der Protagonist?
- Wie fühlt er sich und warum? (Berücksichtige die Nachkriegszeit als historischen Kontext.)
- Inwiefern ändert sich seine Situation im Laufe der Geschichte?

Aufgabenstellung für den E-Kurs

(1) Vergleiche den vorliegenden Text inhaltlich mit Wolfgang Borcherts „Das Holz für morgen" (1947). Der Schwerpunkt deines Vergleichs soll auf der emotionalen Lage des Protagonisten unter Berücksichtigung des historischen Kontextes liegen.

(2) a) Wechsle die Perspektive und überlege, was die Frau des Protagonisten am Ende der Geschichte über das Geschehene und ihre Zukunft denken könnte. Verfasse einen inneren Monolog der Frau.

b) Begründe deine gestalterischen Entscheidungen.

M1 Die drei dunklen Könige (1946) *Wolfgang Borchert*

Er tappte durch die dunkle Vorstadt. Die Häuser standen abgebrochen gegen den Himmel. Der Mond fehlte und das Pflaster war erschrocken über den späten Schritt. Dann fand er eine alte Planke. Da trat er mit dem Fuß gegen, bis eine Latte morsch aufseufzte und losbrach. Das Holz roch mürbe und süß. Durch die dunkle Vorstadt tappte er zurück. Sterne waren nicht da.

Als er die Tür aufmachte (sie weinte dabei, die Tür), sahen ihm die blassblauen Augen seiner Frau entgegen. Sie kamen aus einem müden Gesicht. Ihr Atem hing weiß im Zimmer, so kalt war es. Er beugte sein knochiges Knie und brach das Holz. Das Holz seufzte. Dann roch es mürbe und süß ringsum. Er hielt sich ein Stück davon unter die Nase. Riecht beinahe wie Kuchen, lachte er leise. Nicht, sagten die Augen der Frau, nicht lachen. Er schläft.

Der Mann legte das süße mürbe Holz in den kleinen Blechofen. Da glomm es auf und warf eine Handvoll warmes Licht durch das Zimmer. Die fiel hell auf ein winziges rundes Gesicht und blieb einen Augenblick. Das Gesicht war erst eine Stunde alt, aber es hatte schon alles, was dazugehört: Ohren, Nase, Mund und Augen. Die Augen mussten groß sein, das konnte man sehen, obgleich sie zu waren. Aber der Mund war offen und es pustete leise daraus. Nase und Ohren waren rot. Er lebt, dachte die Mutter. Und das kleine Gesicht schlief.

Da sind noch Haferflocken, sagte der Mann. Ja, antwortete die Frau, das ist gut. Es ist kalt. Der Mann nahm noch von dem süßen weichen Holz. Nun hat sie ihr Kind gekriegt und muss frieren, dachte er. Aber er hatte keinen, dem er dafür die Fäuste ins Gesicht schlagen konnte. Als er die Ofentür aufmachte, fiel wieder eine Handvoll Licht über das schlafende Gesicht. Die Frau sagte leise: Kuck, wie ein Heiligenschein, siehst du? Heiligenschein! dachte er und er hatte keinen, dem er die Fäuste ins Gesicht schlagen konnte.

Dann waren welche an der Tür. Wir sahen das Licht, sagten sie, vom Fenster. Wir wollen uns zehn Minuten hinsetzen.

Aber wir haben ein Kind, sagte der Mann zu ihnen. Da sagten sie nichts weiter, aber sie kamen doch ins Zimmer, stießen Nebel aus den Nasen und hoben die Füße hoch. Wir sind ganz leise, flüsterten sie und hoben die Füße hoch. Dann fiel das Licht auf sie. Drei waren es. In drei alten Uniformen. Einer hatte einen Pappkarton, einer einen Sack. Und der dritte hatte keine Hände. Erfroren, sagte er, und hielt die Stümpfe hoch. Dann drehte er dem Mann die Manteltasche hin. Tabak war darin und dünnes Papier. Sie drehten Zigaretten. Aber die Frau sagte: Nicht, das Kind.

Da gingen die vier vor die Tür und ihre Zigaretten waren vier Punkte in der Nacht. Der eine hatte dicke umwickelte Füße. Er nahm ein Stück Holz aus seinem Sack. Ein Esel, sagte er, ich habe sieben Monate daran geschnitzt. Für das Kind. Das sagte er und gab es dem Mann. Was ist mit den Füßen? fragte der Mann. Wasser, sagte der Eselschnitzer, vom Hunger. Und der andere, der dritte? fragte der Mann und befühlte im Dunkeln den Esel. Der dritte zitterte in seiner Uniform: Oh, nichts, wisperte er, das sind nur die Nerven. Man hat eben zu viel Angst gehabt. Dann traten sie die Zigaretten aus und gingen wieder hinein.

Sie hoben die Füße hoch und sahen auf das kleine schlafende Gesicht. Der Zitternde nahm aus seinem Pappkarton zwei gelbe Bonbons und sagte dazu: Für die Frau sind die.

Die Frau machte die blassen blauen Augen weit auf, als sie die drei Dunklen über das Kind gebeugt sah. Sie fürchtete sich. Aber da stemmte das Kind seine Beine gegen ihre Brust und schrie so kräftig, dass die drei Dunklen die Füße aufhoben und zur Tür schlichen. Hier nickten sie nochmal, dann stiegen sie in die Nacht hinein.

Der Mann sah ihnen nach. Sonderbare Heilige, sagte er zu seiner Frau. Dann machte er die Tür zu. Schöne Heilige sind das, brummte er und sah nach den Haferflocken. Aber er hatte kein Gesicht für seine Fäuste.

Aber das Kind hat geschrien, flüsterte die Frau, ganz stark hat es geschrien. Da sind sie gegangen. Kuck mal, wie lebendig es ist, sagte sie stolz. Das Gesicht machte den Mund auf und schrie.

Weint er? fragte der Mann.

Nein, ich glaube, er lacht, antwortete die Frau.

Beinahe wie Kuchen, sagte der Mann und roch an dem Holz, wie Kuchen. Ganz süß.

Heute ist ja auch Weihnachten, sagte die Frau.

Ja, Weihnachten, brummte er und vom Ofen her fiel eine Handvoll Licht hell auf das kleine schlafende Gesicht.

(765 Wörter)

Quelle: Wolfgang Borchert: Das Gesamtwerk. Hrsg. v. Michael Töteberg unter Mitarbeit von Irmgard Schindler. Rowohlt, Reinbek 2007.

E 2 Prüfungsbeispiel zum Themabereich Epik: Marc-Uwe Kling: QualityLand

Aufgabenstellung für den G-Kurs

(1) Gib den Inhalt des vorliegenden Textausschnitts wieder.
(2 Ordne den Textausschnitt in den Romanzusammenhang ein, indem du erläuterst, wie das Treffen zwischen Melissa Sexarbeiterin und Peter Arbeitsloser zustande gekommen ist.
(3) Stell dir vor, dass Peter nach dem Treffen Melissa eine E-Mail schreibt, in der er ihr erklärt, dass er nicht mit ihr schlafen will. Gestalte diese E-Mail. Nutze dazu die Ergebnisse aus Aufgabe 1 und 2 sowie deine Vorkenntnisse über die Gesellschaft in QualityLand.

Aufgabenstellung für den E-Kurs

(1) Fasse den Inhalt des vorliegenden Textausschnitts zusammen.
(2) Erläutere am Beispiel des Textausschnitts satirische Merkmale des Romans. Beziehe dich dabei auf den Titel „Vorstellungsgepräch“ und den Ablauf und Inhalt des Gesprächs sowie auf Peters Ausbildung und Beruf.
(3) Stell dir vor, dass Peter nach dem Treffen Melissa eine E-Mail schreibt, in der er ihr erklärt, dass er nicht mit ihr schlafen will. Gestalte diese E-Mail. Nutze dazu die Ergebnisse aus Aufgabe 1 sowie deine Vorkenntnisse über die Gesellschaft in QualityLand.
(4) Begründe deine zentralen inhaltlichen und formalen Entscheidungen, die der Gestaltung der E-Mail zugrunde liegen.

M1 Vorstellungsgespräch

Es ist ein kalter, unpersönlicher Raum, aber immerhin ist er durch eine Glaswand von den einhundertsechsundzwanzig anderen Menschen abgetrennt, die in einem großen Saal an genormten Tischen hocken. Vierundsechzig von ihnen telefonieren, zweiunddreißig arbeiten an Computern, alle bis auf sechzehn schieben sich hastig Essen in den Mund. Es ist Mittagszeit. Peter gegenüber, an der anderen Seite des Tisches, sitzt eine junge Frau. Sie heißt Melissa. Mehr verrät ihr Namens-Call-out nicht. Vor ihr liegt ein QualityPad, auf dem sie sich Notizen macht.

„Erzählen Sie mir etwas über sich“, sagt Melissa und zupft an ihrem Businesskostüm herum.

„Tja, also, eigentlich steht alles in meinem Profil“, sagt Peter.

„Ich lese mir die Profile der Bewerber nie durch“, sagt Melissa. „Sonst hätten wir ja gar kein Gesprächsthema mehr.“

„Okay. Ich heiße Peter.“

„Nachname?“

„Arbeitsloser.“

„Verstehe.“

„Was verstehen Sie?“

„Genug. Level?“

„Zehn“, lügt Peter.

„Aktueller Beruf?“

„Ich ... äh ... bin Maschinenverschrotter. Allerdings ist das eine Tätigkeit, die mich nicht gerade mit Leidenschaft erfüllt.“

„Verständlich.“

„Darum könnte ich mir gut vorstellen, in Zukunft etwas anderes zu arbeiten.“

„Haben Sie irgendwelche Ausbildungen?“, fragt die Frau. „Zusatzqualifikationen?“

„Ich habe eine Ausbildung zum Maschinentherapeuten angefangen."

„Ist das nicht verboten?"

„Jetzt schon", sagt Peter. „Aber als ich mit der Schule ..."

„Sie meinen Ausbildungsstufe 2?"

„Ja. Als ich mit Stufe 2 fertig war, schien Maschinentherapeut ein Beruf mit Zukunft zu sein."

„Tatsächlich? Für mich klingt es nach esoterischem Unsinn. Was gibt es an Maschinen zu therapieren? Eine Maschine funktioniert, oder sie funktioniert nicht."

„Na ja", sagt Peter. „Die meisten Leute glauben immer noch, dass künstliche Intelligenzen von Menschen programmiert werden. Aber das stimmt nicht. Moderne Maschinen werden angetrieben von selbstlernenden Algorithmen, die dadurch schlauer werden, dass sie unsere Daten, unsere Gespräche, Mails, Fotos und Videos analysieren. Es ist wohl unvermeidlich, dass einige davon psychische Probleme bekommen. Gemobbte Drucker. Großrechner mit Burn out. Digitale Übersetzer mit Tourette. Elektronische Haushaltshilfen mit zwanghafter Persönlichkeitsstörung. Ich hatte aber die Ausbildung noch nicht abgeschlossen, da wurde das Therapieren von Maschinen leider verboten."

„Warum? Konsumschutzgesetze?"

„Ja", sagt Peter. „Das Therapieren wurde als eine Art Reparatur angesehen, und Sie wissen ja, wie der Kinderreim geht: Neues kaufen, das ist recht. Reparieren, das ist schlecht."

„Und anstatt Maschinentherapeut zu werden, wurden Sie Maschinenverschrotter?"

Peter zuckt mit den Achseln.

„Ich habe nichts gefunden, und als mein Großvater gestorben ist, hat mir das Ministerium für Produktivität gesagt, ich solle seinen Laden mit der Schrottpresse übernehmen." Er lächelt. „Meine Sachbearbeiterin meinte, ich solle froh sein, denn ich hätte doch irgendwas mit Maschinen machen wollen."

„Wo sehen Sie sich in fünf Jahren?", fragt Melissa.

„Ich ... äh ... puh. Keine Ahnung. Ich muss gestehen, die Frage hat etwas Deprimierendes."

„Was, würden Sie sagen, sind Ihre Stärken, Ihre Schwächen?"

Jetzt muss Peter doch lachen.

„Können Sie mir sagen, was so witzig ist?", fragt die junge Frau. „Ich amüsiere mich auch gern."

„Das bezweifle ich", sagt Peter und muss gegen seinen Willen noch lauter lachen.

Melissa verzieht ihr Gesicht. „Bin ich lächerlich für Sie?"

Peter beruhigt sich.

„Nein, nein. Ich musste nur daran denken, dass ich vor Jahren mal ein Bewerbungsgespräch hatte, das sich wie ein Rendezvous anfühlte, und jetzt habe ich ein Rendezvous, das mir wie ein Bewerbungsgespräch vorkommt."

Er lächelt. „Wollen wir uns nicht wenigstens duzen?"

Melissa zuckt mit den Schultern und gewährt ihm dann seine Bitte durch eine herablassende Geste. Kurz bereut Peter es, den QualityPartner-Gutschein aktiviert zu haben. Dann kommt glücklicherweise der Kellner mit dem Essen in ihr Separee und beendet die unangenehme Stille. Als er wieder gegangen ist, fragt Peter: „Ist dir schon aufgefallen, dass wir beide fast die Einzigen in diesem Restaurant sind, die nicht arbeiten?"

„Sprich bitte nur für dich", sagt Melissa. „Ich arbeite konstant an mir selbst."

„Na, jedenfalls hatte ich mich während der Ausbildungsstufe 3 als Aushilfe bei einem Start-up beworben. Es gab da dieses Regierungsprogramm, das Stellen für Leute mit meinem Nachnamen sechs Monate lang subventionierte. Arbeit für einen Arbeitslosen! Ich kann mich noch gut an das Vorstellungsgespräch erinnern. Aus einem Lautsprecher kam Soulmusik, es gab vom Chef frischgebackenen Kuchen, die Human-Resources-Managerin schäumte mir die Kaffeemilch auf und setzte sich dann sehr nah zu mir auf die Couch. Ich habe ein paarmal gesagt, wie sehr ich liebe, was die Firma tut, und dass ich ihre Produkte total geil finde, und die HR-Frau hat mir erzählt, wie wichtig ich der Firma als Mensch sei. Den Rest der Zeit haben wir uns nur über Filme, Musik und Hobbys unterhalten. Hauptsächlich haben wir über das Virtual-Reality-Remake von Der Herr der Ringe gefachsimpelt. Zum Beispiel hatten wir uns beide schon mal nach einer Riesenadlerflugsequenz übergeben müssen. Und immer wenn ich was sagte, was sie lustig fand, hat sie mir freundschaftlich gegen die Schulter gepufft. Beim Unterschreiben des Arbeitsvertrages hat sie geweint, weil es für sie ein so emotionaler Moment war. Ein Moment, von dem sie immer geträumt habe. Es sei okay zu weinen, hat sie gesagt. Als sie mich sechs Monate später entlassen hat, stand in der Kündigung, es liege nicht an mir, sondern an ihr, und sie hoffe, dass wir Freunde bleiben."

Peter schiebt sich ein paar Nudeln in den Mund. „Ich hab nie wieder von ihr gehört."

Melissa hat sich während Peters Erzählung nicht gerührt.

„Mein Name ist Melissa Sexarbeiterin", sagt sie nun. „Ich komme von ganz unten und will nach ganz oben, und ich verschwende ungern meine Zeit."

Peter nickt. „Verstehe."

„Was verstehst du?"

„Genug."

„Also", sagt Melissa. „Seit wann bist du schon Analoger?"

„Was ist denn ein Analoger?"

„Ein Single. Das sagt man jetzt so."

„Nicht lange."

„Warum hat dich deine vorherige Partnerin verlassen?"

„Wieso denkst du, dass ich verlassen worden bin? Vielleicht habe ich selber Schluss gemacht."

Melissa lächelt. „Ich glaube nicht."

Peter seufzt. „Wollen wir nicht das Thema wechseln? Als was arbeitest du denn eigentlich?"

„Ich schreibe Kommentare."

„Für die Nachrichten?", fragt Peter. „Du bist Journalistin?"

„Nein", sagt Melissa. „Ich schreibe Kommentare unter Videos, Fotos, Blogbeiträge, Meldungen."

„Du bist ein Troll?"

„Nein. Trolle sind Idioten, die versuchen, Diskussionen kaputtzumachen. Sie tun das, weil es ihnen auf kranke Art Spaß bereitet. Mir macht das Kommentieren keinen Spaß. Ich verdiene damit mein Geld. Ich bin Meinungsmacherin."

„Und welche politische Meinung vertrittst du?"

„Eine eigene politische Meinung kann ich mir nicht leisten. Ich nehme, was kommt. Am liebsten kommentiere ich aber für Kampagnen rechtsradikaler Auftraggeber."

„Warum das denn?", fragt Peter entsetzt.

„Ich werde pro Kommentar bezahlt, und rechte Kommentare schreiben sich schneller, weil man nicht auf so nervigen Kram wie Orthographie, Grammatik, Fakten oder Logik

Rücksicht nehmen muss. Auch die Programmierung meiner Bot-Armee wird dadurch leichter.“

Dazu fällt Peter nichts ein. Sie essen schweigend weiter, dann erinnert sich Peter an ein neues, praktisches Feature der QualityPartner-App. Sie kann für jedes Date gute Gesprächsthemen vorschlagen. Peter tut so, als habe er eine Nachricht bekommen, und öffnet die App. Das vorgeschlagene Gesprächsthema lautet: Wetter.

„Für diese Jahreszeit“, beginnt Peter, „ist es draußen, äh, genauso warm, wie man es erwarten würde.“

Melissa blickt ihn fragend an.

„Findest du nicht?“, fragt Peter.

Melissa schiebt wortlos ihren leeren Teller von sich. „Na gut“, sagt sie. „Dann gehen wir mal zu mir und überprüfen, wie das mit dem Geschlechtsverkehr klappt. Alles unter phänomenal scheint mir unmöglich.“

„Wieso?“

„Nun, QualityPartner hat unsere Profile verglichen und ist sich sicher, dass wir gut zueinanderpassen, und das liegt ganz offensichtlich nicht daran, dass du ein toller Gesprächspartner bist. Also probieren wir‘s mal mit Sex.“

„Das ... äh ...“, sagt Peter, „... das klingt einleuchtend.“

(1 229 Wörter)

Quelle: Auszug aus: Marc-Uwe Kling: QualityLand, S. 88–93

E 3 Prüfungsbeispiel zum Themabereich „Kommunikation und Manipulation im digitalen Zeitalter“

Der sogenannten „Generation Smartphone“ wird immer wieder von Kritikern vorgeworfen, durch die Dauernutzung ihrer Handys unsozialer geworden zu sein: ständig online, am „Texten“, am Aufnehmen von „Selfies“, ihre Umwelt missachtend, ich-bezogen, naiv und unhöflich. Könnten Benimmkurse den Jugendlichen helfen, wieder höfliche Umgangsformen zu erlernen?

Aufgabenstellung für den G-Kurs

Stell dir vor, die Elternvertreter deiner Schule schlagen Alarm, da sie angesichts der Handynutzung ihrer Kinder nur noch „Machtlosigkeit, Kontrollverlust und Überforderung“ (M 1, Z. 58) empfinden (siehe auch Einleitungstext oben). Sie fordern daher von der Schule verpflichtende Kurse für ihre Kinder zum Erlernen der nötigen „Etikette“ (M 1, Z. 94), also der höflichen Umgangsformen. Schreibe einen Brief an den Elternbeirat, in dem du als Schülerin/Schüler zu dieser Forderung Stellung nimmst: Bist du dafür oder dagegen?

(1) Werte M 1 aus und fasse in einer Stoffsammlung stichwortartig die Informationen zusammen, die du anschließend für Aufgabe 2 nutzen möchtest. Finde gegebenenfalls weitere eigene Aspekte und Beispiele.

(2) Verfasse den Brief. Gehe so vor:
- Leite in die Problematik ein.
- Informiere über die wichtigsten Aspekte zur Smartphone-Nutzung Jugendlicher, die du M 1 entnommen hast und selbst ergänzen kannst.
- Nimm Stellung zur Forderung der Elternvertreter: Formuliere deine Meinung und unterstütze sie durch überzeugende Argumente und Beispiele.
- Denke an die Form des Briefs, also auch an eine höfliche Anrede und eine Grußformel mit Unterschrift am Ende.

Aufgabenstellung für den E-Kurs

Stell dir vor, die Elternvertreter deiner Schule schlagen Alarm, da sie angesichts der Handynutzung ihrer Kinder nur noch „Machtlosigkeit, Kontrollverlust und Überforderung“ (M 1, Z. 58 f.) empfinden (siehe auch Einleitungstext oben). Sie fordern daher von der Schule verpflichtende Kurse für ihre Kinder zum Erlernen der nötigen „Etikette“ (M 1, Z. 94), also der höflichen Umgangsformen. Schreibe einen Brief an den Elternbeirat, in dem du als Schülerin/Schüler zu dieser Forderung Stellung nimmst.

(1) Werte M 1 aus und fasse in einer Stoffsammlung stichwortartig die Informationen zusammen, die du anschließend für Aufgabe 2 nutzen möchtest. Sammle die Argumente für deine Erörterung in einer Tabelle. Finde weitere eigene Aspekte und Beispiele.

(2) Verfasse den Brief, in dem du die Forderung nach einer neuen Etikette, die in der Schule erlernt werden soll, erörterst. Stelle sowohl Pro- als auch Kontra-Argumente dar, bevor du dich positionierst. Denke an den Adressatenbezug und an Lösungsvorschläge am Ende.

M1 „Handy-Umgangsformen – Eltern, hört auf zu motzen!“

Christian Stöcker

Kinder sind süchtig nach ihren Handys, sie schlampen bei den Hausaufgaben und geben zu viel von sich preis: Eine aktuelle Smartphone-Studie wird wieder einmal als Menetekel[1] gedeutet. Das lenkt vom eigentlichen Problem ab: uns Eltern.

[...] Die Landeszentrale für Medien Nordrhein-Westfalen hat eben die Ergebnisse einer Umfrage zu diesem Thema vorgestellt. 500 Kinder und Jugendliche von 8 bis 14 und jeweils ein Elternteil wurden dazu befragt, wie sie ihre Telefone nutzen, was dabei Probleme macht und wie sich das auf die Schule auswirkt. Das sei für die Altersgruppe repräsentativ[2], sagen die Autoren. [...]

„Insbesondere die Kommunikation mit Gleichaltrigen – durch Instant Messaging sowie Telefonieren – nimmt stark zu.“ Mit anderen Worten: Wenn diese Jugendlichen nach irgendetwas süchtig sind, dann danach, sich mit ihren Freunden zu unterhalten. Es gibt Schlimmeres. Abgesehen davon war das bei uns früher auch schon so, nur haben wir eben wegen stundenlangen Telefonierens Ärger mit den Eltern bekommen, nicht wegen WhatsApp. Auf wirklich problematische Weise nutzen Smartphones zudem nur vergleichsweise wenige der Befragten: Etwa acht Prozent seien „so stark involviert, dass sie als suchtgefährdet bezeichnet werden müssen“, schreiben die Autoren. [...]

Die Studie zeigt aber auch, dass Handys natürlich tatsächlich Probleme im Alltag verursachen. Knapp die Hälfte der Befragten haben sie schon einmal von den Hausaufgaben abgelenkt – gut, das bekam man früher auch anders ganz gut hin. 42 Prozent haben schon einmal „unüberlegt Daten preisgegeben“, knapp ein Viertel schon einmal „Kommunikationsstress empfunden“. 20 Prozent berichten von schulischen Problemen wegen ihrer Handynutzung. Außerdem gibt es Mobbing und andere digitale Formen der Gemeinheit, wenn auch vergleichsweise selten.

Und dann sind da die Nöte die Eltern. Viele leiden „unter wahrgenommener Machtlosigkeit, Kontrollverlust und Überforderung“, weil die Kinder ständig mit ihren Handys zugange sind. [...]

Später schreiben die Autoren, neben Erziehungsmaßnahmen habe „insbesondere das Vorbildverhalten der Eltern und ihre Beziehungsqualität zum Kind Einfluss auf den Umgang mit dem Handy“. Genau.

Der Prozess, der sich im Moment vollzieht, bereitet der Gesellschaft deshalb solche Schwierigkeiten, weil er ein nie zuvor dagewesener ist. Wissen Sie noch, wann das erste iPhone auf den Markt kam? Na? Es war 2007.

Mobiles Internet für den Normalanwender gibt es also seit weniger als acht Jahren. In diesen acht Jahren hat es unser Sozialverhalten und unseren Alltag sichtbar umgekrempelt. Sinnlose Streitgespräche über Fakten („Gibt es unterschiedliche Versionen der 10 Gebote?“) konnten sich früher lange hinziehen, heute werden sie mit einmal Googeln beendet. In U-Bahnen starren die Leute nicht mehr auf unhandliche Zeitungen, sondern auf handliche Telefone. Und viele von uns haben elementare Höflichkeitsregeln augenscheinlich vergessen.

Wie Steinzeitmenschen mit Messer und Gabel

Darum geht es nämlich im Kern: Die Etikette[3], die Vorstellung davon, was anständiges Benehmen ist, schafft es nicht, mit der exponentiell[4] verlaufenden Entwicklung mitzuhalten. Und das liegt nicht an vermeintlich handysüchtigen Jugendlichen, es liegt an uns. Wir haben selbst keine Handymanieren, es hat uns ja auch nie jemand welche beigebracht. Wir benehmen uns im Umgang mit dem mobilen Netz wie Steinzeitmenschen, denen man zum ersten Mal Messer und Gabel in die Hand drückt. Dass dabei keine ordentlichen Tischsitten herauskommen, kann kaum verwundern. Es ist an uns selbst, an der Generation, die jetzt Kinder großzieht, im Eiltempo eine neue Etikette zu entwickeln. So schwer ist das eigentlich auch gar nicht, wenn man sich an die Ur- und Grundmotivation aller Höflichkeit erinnert: Seinen Mitmenschen das Leben möglichst angenehm zu machen, sofern man das kann. Deshalb hält man jemandem die Tür auf, deshalb fällt man Gesprächspartnern nicht ins Wort, deshalb spricht man nicht mit vollem Mund.

Anwesenden ist der Vorzug zu geben

Von der Grundfrage aus, was für das eigene Gegenüber unangenehm sein könnte, lassen sich sinnvolle Umgangsformen und sogar Lebensregeln ableiten, die auch im Smartphone-Zeitalter Gültigkeit haben.

Zum Beispiel: Wenn du mit jemandem von Angesicht zu Angesicht sprichst, sei nicht so unverschämt, währenddessen plötzlich und kommentarlos deine Aufmerksamkeit auf den Bildschirm deines Handys zu richten. Das kannst Du selbst bei Anderen doch auch nicht leiden. Es ist verblüffend, wie wenige erwachsene (!) Menschen diese simple Regel derzeit beherzigen.

Die gleichen Erwachsenen aber regen sich über Kinder und Jugendliche auf, die ständig auf vermeintlich unangemessene Weise mit ihren Handys herummachen. Wenn Sie selbst es nicht schaffen, beim Mittagessen das Telefon außer Sichtweite zu lassen, wie sollen es Ihre Kinder dann lernen? Ihre Ellenbogen legen Sie ja auch nicht auf den Tisch.

Wenn Sie selbst bereitwillig jedes Gespräch mit Ihren Kindern pausieren lassen, weil gerade eine WhatsApp-Nachricht hereingekommen ist, wie sollen Ihre Kinder auf die Idee kommen, es anders zu machen? Wenn Sie selbst am Strand oder auf dem Spielplatz ständig Ihre Mails checken, wie sollen Ihre Kinder lernen, dass man das während der Hausaufgaben oder beim Gespräch mit Freunden lieber lassen sollte?

Es ist an der Zeit zuzugeben, dass Smartphones nicht wie eine unkontrollierbare Urgewalt über unsere Gesellschaft hereingebrochen sind, der wir hilflos ausgeliefert sind. Es ist an der Zeit, uns schleunigst auf Regeln zu einigen, an die wir uns dann auch selbst halten. Simple Regeln wie „Anwesenden ist im Gespräch gegenüber Abwesenden der Vorzug zu geben, außer es handelt sich um einen Notfall“.

Wir brauchen eine neue Etikette, und niemand außer uns selbst kann sie entwickeln. Und sie wird sich auch nur dann durchsetzen, wenn wir sie selbst vorleben.

(862 Wörter)

1 **das Menetekel:** Warnung

2 **repräsentativ:** typisch; aussagekräftig für eine Gruppe sprechend

3 **die Etikette:** Benimmregeln, die gesellschaftliche Umgangsformen beschreiben

4 **exponentiell:** plötzlich immer schneller (wachsend)

Quelle: https://www.spiegel.de/netzwelt/gadgets/handy-umgangsformen-eltern-muessen-etikette-vorleben-a-1055768.html (vom 01.10.2015, aufgerufen am 06.12.2019)

Original-Abschlussarbeiten 2019

Prüfungsaufgabe 1: Inhaltsbereich Dramatik/Hörspiel

Text: Fred von Hoerschelmann: Das Schiff Esperanza (© 1967, Ausgabe v. 2016)

Quelle der Aufgabenstellung: Niedersächsisches Kultusministerium. Hinweis: Die Musterlösungen zu den Aufgaben sind nicht amtlich, sondern wurden vom Autor des Bandes „FiNALE-Prüfungstraing" erstellt.

E-Kurs: Aufgabenstellung

In den vorliegenden Auszügen aus dem Hörspiel „Das Schiff Esperanza" steht Megerlin im Mittelpunkt des Geschehens.

1. Fasse den Inhalt beider Materialien (M 1, M 2) zusammen.

2. Nachdem das Schiff Esperanza gewendet hat, kommt es zu diesem Schlussmonolog Megerlins: *„Jetzt wird sie bald erscheinen, die Sonne,- kaum zu glauben, dass in diese Dunkelheit und diese Stelle der Tag einbrechen wird. Wir ich mich darauf freue. Als wäre ich von Neuem zur Welt gekommen, eine ganz andere, herrliche, riesige Welt [...]"* (M 2, S. 4, Z. 99–104; Quelle unter den Texten, S. 67)

   Stell dir vor, dass sich Megerlin in dieser Situation jemandem mitteilen möchte und sich an den Wirt Sorriso erinnert. Er verfasst deshalb einen ausführlichen Brief an den Wirt. In diesem Brief schildert Megerlein ihm
   - seine Beweggründe für die Fahrt,
   - seine Begegnungen mit anderen Menschen,
   - seine Empfindungen während der Fahrt und seine derzeitige Stimmung sowie
   - seine Vorstellungen von de Zukunft.

   Gestalte diesen Brief. Nutze dazu die Ergebnisse aus Aufgabe 1 sowie deine Vorkenntnisse über die Figur Megerlin.

3. Begründe deine zentralen inhaltlichen und formalen Entscheidungen, die der Gestaltung des Briefes zugrunde liegen.

M1 (Auszug)

[...]
SORRISO. He, Sie, Herr...
MEGERLIN. O Gott ...! Was ist ...?
SORRISO. Ich hab's Ihnen doch gesagt: Sie dürfen nicht so klopfen.
MEGERLIN. Ich will die Zeitung.
SORRISO. Wozu? Es steht längst nichts mehr drin über Ihre Sache.
MEGERLIN. Was wissen Sie von meiner Sache?
SORRISO. Nichts. Nur, dass es eine ganz kleine, gewöhnliche Sache gewesen ist. Wäre es nämlich eine große Sache gewesen, würde ich es wissen.
MEGERLIN. Sie können mir trotzdem die Zeitung bringen. Zehn Tage lang habe ich nichts anderes gemacht, als dass ich in diesem Zimmer auf und ab

gegangen bin und die braunen Butterblumen an der Tapete gezählt habe. Oder sagt man hier Löwenzahn?
SORRISO. Ich habe was für Sie. Eben erfahren.
MEGERLIN. Was?
SORRISO. Heute Nacht fährt Ihr Schiff.
MEGERLIN. Bestimmt?
SORRISO. So gegen zehn führe ich Sie zur alten Mole. Da sind noch ein paar andere. Von dort werden Sie dann aufs Schiff gebracht.
MEGERLIN. Was für ein Schiff?
SORRISO. Sie steigen nachts an Bord. Sie bleiben vierzehn Tage unter Deck. Sie werden nachts an Land gebracht. Dazu brauchen Sie nicht zu wissen, wie das Schiff heißt.
MEGERLIN. Alles nachts. Alles im Dunkeln.
SORRISO. Das ist nun mal so. Und wenn Sie angekommen sind, dann schicken Sie mir bitte eine Ansichtskarte von der Freiheitsstatue. Aber Sie werden es vergessen.
MEGERLIN. Wenn Ihnen daran gelegen ist? Warum sollte ich es vergessen?
SORRISO. Ich hab schon mehreren zur Überfahrt verholfen. Alle haben mir versprochen zu schreiben. Aber wenn sie erst drüben sind, denken sie nicht mehr daran. Nicht einer!

(248 Wörter)

Quelle: Fred von Hoerschelmann: Das Schiff Esperanza. Reclam Verlag, Stuttgart 1967 (Ausgabe 2016), S. 10 f.

M2 (Auszug)

[...]
GROVE. Wer sind Sie? Warum sind Sie nicht mit den anderen zusammen von Bord gegangen?
MEGERLIN. Ich hatte auf einmal keine Lust.
GROVE. Ja, und jetzt? Wie stellen Sie sich das vor?
MEGERLIN. Es ist mir ganz gleichgültig, was Sie mit mir machen. Sind Sie der Kapitän?
GROVE. Ja.
MEGERLIN. Sie können mich im Hafen der Polizei abliefern.
GROVE. Ich kann Sie auch sofort über Bord schmeißen lassen.
MEGERLIN. Können Sie. Ist mir alles ganz gleichgültig.
GROVE. Weshalb kommen Sie dann überhaupt aufs Schiff, wenn Sie nachher Angst haben?
MEGERLIN. Ja, es war alles verkehrt. Ich habe gemerkt, dass ich zu nichts mehr tauge.
GROVE. Das hätte Ihnen früher einfallen können.
MEGERLIN. Wenigstens dachte ich das da unten in diesem schrecklichen Raum. Dieses Drohnen unentwegt. Und man konnte kaum atmen da unten.
GROVE. So, und das passte Ihnen nicht.
MEGERLIN. Hier ist es besser. Hier kann man wenigstens atmen. Es tut mir leid, dass ich Ihr Programm gestört habe, Herr Kapitän.

GROVE. Und jetzt gehen Sie mal wieder runter in ihr Loch. Ich werde sehen, was ich mit Ihnen jetzt anfange.

MEGERLIN. Der ganze Himmel ist voller Sterne. Wer hätte das gedacht?

GROVE. Was sagen Sie da?

MEGERLIN. Darf ich hier oben bleiben, bis es Tag wird?

GROVE. Wenn Sie sich ruhig verhalten –

MEGERLIN. Ganz ruhig. Ich will nur zusehen, wie es hell wird, ich habe noch nie gesehen, wie die Sonne aufgeht.

GROVE. Dann bleiben Sie hier sitzen.

MEGERLIN. Ja. Danke. Haben Sie vielleicht eine Decke?

GROVE. Was??

MEGERLIN. Ich würde gern eine Decke um die Schultern legen. Es ist kühl.

GROVE. Ich schicke Ihnen eine Decke.

(Schritte.)

(Im Gehen) Vor zehn Minuten wollte er sich aufhängen, und jetzt fürchtet er, sich zu erkälten.

BENGTSEN *(lacht leise)*

GROVE. Warum lachen Sie?

BENGTSEN. Dieser Mann wollte sich das Leben nehmen. Und jetzt ist er der Einzige von den sieben, der nicht tot ist.

[...]

MEGERLIN *(pfeift vor sich hin. Schritte, hört auf zu pfeifen).* Bitte, erlauben Sie mir, noch etwas hier zu bleiben.

GROVE. Sie dürfen bleiben, bis es hell wird, sagte ich schon.

MEGERLIN. Bis die Sonne kommt?

GROVE. Meinetwegen. Aber Sie müssen uns vorher was erklären.

MEGERLIN. Es war furchtbar da unten, es war schlimmer als die Hölle, Herr Kapitän. Ich wollte einfach nicht mehr weiter. Aber jetzt – hören Sie, Herr Kapitän –, jetzt ist mir auf einmal ganz anders zumute. Wäre es wohl möglich, dass Sie mich im Hafen irgendwie an Land schmuggeln?

GROVE. Was soll ich denn sonst mit Ihnen anfangen?

MEGERLIN. Ich danke Ihnen.

GROVE. Sagen Sie mal, wie viele Leute waren unten mit Ihnen zusammen?

MEGERLIN. Ich weiß es nicht. Stellen Sie sich das vor. Ich weiß es nicht. Ich müsste scharf nachdenken ... Aber ersparen Sie es mir bitte.

GROVE. Dann denken Sie gefälligst nach. Wie viele waren Sie?

MEGERLIN. Sehr ungern.

GROVE. Nun?

MEGERLIN. Im Ganzen sieben.

BENGTSEN. Natürlich waren es sieben, Herr Kapitän.

GROVE. Hören Sie mal – es sind sieben Leute von Bord gegangen.

MEGERLIN. Ach so. Wissen Sie das nicht? Einer gehörte gar nicht eigentlich zu uns.

GROVE. Was heißt das?

MEGERLIN. Als ich sagte, dass ich nicht mehr mitmache, da sagte das Mädchen, ob ich das im Ernst meine, und ich sagte, natürlich, vollster Ernst. Und dann sagte sie, dass dann an meiner Stelle ein anderer das Schiff verlassen würde ...

GROVE. Wer?

MEGERLIN. Das sagte sie nicht. Aber sie hätten es besprochen. Noch als wir diese steilen, eisernen Treppen hinaufgingen, und ich ging als Letzter, das Mädchen vor mir – da kam jemand und sagte, jetzt kehren Sie um, wenn Sie wollen. Und ich kehrte um und ging zurück. Und der andere ging als Letzter statt meiner die eiserne Treppe hinauf. Ich dachte damals wirklich, es hat keinen Sinn, ich gehe keinen Schritt mehr, mag mit mir geschehen, was geschehen will. Egal was. Das war unten. Ich ging wieder nach unten. Aber hier ist die Luft so herrlich ...

GROVE. Seien Sie still. – Das kann doch nicht sein ... Hören Sie, Bengtsen, das kann doch nicht –

(Wieder leise – aber deutlich – das Hämmern.)

Er ist doch noch an Bord, hören Sie ...

BENGTSEN. Wer?

GROVE. Mein Sohn.

BENGTSEN. Natürlich ist er an Bord. Vorn im Ankerhaus. Soll ich ihn rufen?

GROVE. Ich gehe selbst.

(Schritte, die sich rasch entfernen)

MEGERLIN. Herrlich ... herrlich ... Ich glaube, das war so ein Augenblick, wo sich plötzlich das ganze Leben verändert. Das war, als ich hier saß und auf einmal bemerkte, dass ich mitten in einer riesigen Nacht dasaß, mit dem Ozean rings herum, ebenso riesig wie die Nacht, der lebte und bewegte sich schwach im Dunkeln, und ein ganz zarter Wind fasste mich – und – sehen Sie – da auf einmal hatte ich das Gefühl, ganz frei zu sein, und alles, was geschehen war, ist ganz unwichtig – nur die Welt, die ungeheure Welt liegt da und atmet mich an. Ich bin nur ein kleiner Angestellter, und ein unehrlicher dazu ... [...]

MEGERLIN. Jetzt hat das Schiff gewendet. Fahren wir wieder zurück auf das offene Meer? Wie herrlich ... Das dunkle Meer ... das dunkle Schiff ... der dunkle Himmel ... Aber es wird immer heller, immer heller. Jetzt wird sie bald erscheinen, die Sonne – kaum zu glauben, dass in diese Dunkelheit und diese Stille der Tag einbrechen wird. Wie ich mich darauf freue. Als wäre ich von neuem zur Welt gekommen, eine ganz andere, herrliche, riesige Welt ...

(889 Wörter)

Quelle: Fred von Hoerschelmann: Das Schiff Esperanza. Reclam Verlag, Stuttgart 1967 (Ausgabe 2016), S. 57–67

G-Kurs: Aufgabenstellung

1. Gib den Inhalt beider Hörspielauszüge (M 1, M 2) mit eigenen Worten wieder.

2. Stell dir vor, Axel führt im Anschluss an den Streit mit seinem Vater (M 2) ein Gespräch mit Edna. Dieses Gespräch soll von dir als Hörspielszene gestaltet werden.
   a) Fertige zunächst einen Schreibplan an. Berücksichtige dabei deine Ergebnisse aus Aufgabe 1 sowie deine Vorkenntnisse. Dein Schreibplan soll Stichworte zu folgenden Aspekten enthalten:
      - Ednas und Axels Charaktereigenschaften
      - Axels Beweggründe, das Schiff zu verlassen
      - Ednas mögliche Reaktionen auf Axels Entschluss
      - Ednas Beweggründe, ein neues Leben zu beginnen
      - Ideen für Regieanweisungen zur Akustik
   b) Gestalte den Dialog auf Grundlage deiner Ergebnisse als Hörspielszene.

M1 (Auszug)

[...]

AXEL. Und Sie? Sind Sie allein?

EDNA. Vorläufig bin ich noch mit meinem Vater zusammen. Meinem Stiefvater. Ich bin für ihn so eine Art Betriebskapital.

AXEL. Das verstehe ich nicht.

EDNA. Ich muss ihm seine Kunden zuführen ... Wenn Sie wüssten, was einem Mädchen seit seinem vierzehnten Jahr zugemutet werden kann ...

AXEL. Warum sind Sie ihm nicht davongelaufen?

EDNA. Ich werde es tun. Er ahnt nichts. Aber sobald wir an Land sind – er sieht mich nie wieder.

AXEL. Wie alt sind Sie?

EDNA. Achtzehn.

AXEL. Und Sie fürchten sich gar nicht?

EDNA. Nein. Ich habe so viel Gemeines erlebt, ich weiß sofort, was an einem Menschen dran ist. Ich habe einen ganz genauen Plan. Ich werde zuerst ein Jahr in irgendeiner Fabrik arbeiten, bis ich mich an das Land drüben gewöhnt habe. Dann werde ich vielleicht Verkäuferin oder so. Und ich werde mich mit niemandem einlassen und mich auf niemand verlassen, außer wenn ich weiß, dass es ein guter Mensch ist.

AXEL. Sie haben ja auch die ... verrückten Hoffnungen.

EDNA *(lacht)*. Nein. Meine sind ganz normal. Und dann – ich sehe sonst ... nun, eben bin ich ein bisschen zerzaust – aber sonst sehe ich so kindlich aus, dass niemand darauf käme – außer wenn mein Vater ihn auf mich hetzt –, mir etwas Böses zu tun.

(216 Wörter)

Quelle: Fred von Hoerschelmann: Das Schiff Esperanza. Reclam Verlag, Stuttgart 1967 (Ausgabe 2016), S. 39–40.

M2 (Auszug)

[...]

GROVE. Wenn du schon mein Sohn bist, dann solltest du versuchen, so zu sein, wie ich mir einen tüchtigen Kerl vorstelle.

AXEL. So wie du? Das wolltest du wohl sagen?

GROVE. Jawohl, meinetwegen. Sieh mich an, sprich mit mir, dann weißt du, wie man die Dinge anzupacken hat.

[...]

AXEL. Da sitzen sieben Leute eingepfercht im Laderaum.

GROVE. Wer hat dir das erzählt?

AXEL. Ich bin selber unten gewesen.

GROVE. So? Herumgeschnüffelt also?

AXEL. Nein. Ich ging herum, und zufällig –

GROVE. Jetzt hör mal zu: Die Leute unten – die gehen dich gar nichts an.

[...]

AXEL. Sie taten mir leid. Sie wussten nicht einmal, auf was für einem Schiff sie sind.

GROVE. Und das hast du ihnen gesagt?

AXEL. Ja. Warum nicht?

[...]

GROVE. Warum? Was meinst du denn, was so einer tut, wenn er heute Nacht an der Küste oder auch später im Lande aufgegriffen wird? Papiere? Keine. Wo kommen Sie her? Und dann packt er aus, natürlich. So und so, mit der Esperanza, dann und dann. Und dann können wir im nächsten Hafen was erleben! Da steht die Kriminalpolizei schon am Kai, wenn wir einlaufen.

AXEL. Ich glaube, der Mann, den sie an der Küste schnappen, würde mir mehr leidtun als der, auf den sie im Hafen warten.

GROVE. Du weißt nicht, was du redest. Irgendein Tölpel! Irgendein Galgenvogel! Und ich riskiere seinetwegen mein Schiff und meinen Kragen!

AXEL. Wieso denn seinetwegen? Doch nur, weil er dich bezahlt hat.

GROVE. Nu hör aber auf!

AXEL. Und bist obendrein – ich weiß gar nicht, wieso du besser sein solltest als einer von denen, gerade du –

GROVE. Axel!

AXEL. Im Sommer 37 habe ich gewartet auf dich. Hätte ich gewusst, dass du gar nicht irgendwo auf den Meeren der Welt unterwegs warst, sondern bloß im Kittchen –

GROVE. Axel!

[...]

GROVE. Jetzt habe ich aber genug...

AXEL. Und auf so was habe ich gewartet, jahrelang. Du kannst mir beinahe leidtun. Es ist nicht weit her mit deiner Herrlichkeit.

GROVE. Was bist du für ein Kind! Wenn dich solche Bagatellen[1] derartig aus dem Häuschen bringen...Lass dir von deinen Freunden unten im Laderaum erzählen, wie ein Zuchthaus von innen aussieht.

AXEL. Das sind arme Schweine.

GROVE. Jawohl, sind sie! Und du selber? Willst du auch so ein armes Schwein bleiben oder –

AXEL. Ich will im nächsten Hafen abmustern.

GROVE. So.

AXEL. Morgen.

GROVE. Morgen in Wilmington, ja?

AXEL. Ja. In Wilmington. Ich bleibe nicht auf deinem Schiff.

GROVE. *(lacht).*

AXEL. Ich denke nicht daran, zu bleiben!

GROVE. Du ... Versager ... du Dummkopf!

AXEL. Es ist mir egal, wofür du mich hältst.

GROVE. ... weil du dir einbildest, ein staatenloser Leichtmatrose könnte so ohne Weiteres in einem amerikanischen Hafen abmustern.

AXEL. Daran habe ich nicht gedacht.

GROVE. Jetzt weißt du es. Und ich verlange von dir, dass du bleibst. Du wirst zur Vernunft kommen. Verstanden?

AXEL. Ich will nicht.

GROVE. Du bist ein Mann und keine alte Tante. Und das Leben ist eine wüste Sache, man kann nicht hindurchschweben wie irgendein Engel. Man schwimmt im Dreck, und man strampelt sich frei, wenn man nicht ersticken will, und man wird dreckig dabei.

AXEL. Und darum stiehlt man? Und darum plündert man ein paar Verzweifelte aus, die sich nicht zu helfen wissen? Rupft sie, setzt sie an einer fremden Küste aus – du kannst tun, was du willst. Aber ich will allein sein. Du bist mir widerlich.

(Tür schlägt zu. Schritte auf und ab.)

(565 Wörter)

1 **Bagatelle:** Kleinigkeit, Nebensache

Quelle: Fred von Hoerschelmann: Das Schiff Esperanza. Reclam Verlag, Stuttgart 1967 (Ausgabe 2016), S. 44–48

Prüfungsaufgabe 2: Inhaltsbereich Umgang mit Sachtexten

Thema: Identitätsfindung und Selbstdarstellung

E-Kurs: Aufgabenstellung

Roofing ist ein relativ neues Phänomen: Jugendliche und junge Erwachsene klettern ohne Sicherung auf hohe Bauwerke oder Gebäude, um sich dort zu fotografieren oder zu filmen und die Bilder später im Internet zu präsentieren. Personen, die dieser umstrittenen Extremsportart nachgehen, werden als Roofer bezeichnet. Der Begriff ist von dem englischen Wort „roof" (Dach) abgeleitet.

Ein Jugendmagazin plant, das Themenheft „Identitätsfindung und Selbstdarstellung im Sport" herauszugeben. Du bist aufgefordert, dich mit diesem Thema am Beispiel „Roofing" auseinanderzusetzen und einen Kommentar zu verfassen.

1. Gib die wesentlichen Aspekte zum Thema „Identitätsfindung und Selbstdarstellung im Sport", die den Materialien (M 1–M 3) zu entnehmen sind, in einer Stoffsammlung wieder. Ergänze diese um eigene Aspekte.

2. Verfasse auf der Grundlage deiner Ergebnisse aus Aufgabe 1 einen Kommentar zum Thema „Identitätsfindung und Selbstdarstellung am Beispiel Roofing" für das Themenhaft eines Jugendmagazins. Formuliere auch eine geeignete Überschrift. (mindestens 300 Wörter)

M1 Alice Bota: Festgehalten!

Roofer klettern ohne Sicherung auf Hochhäuser, sie riskieren ihr Leben für gute Selfies. Was suchen sie an der Grenze zum Tod?

Vor dem Aufstieg kommt die Angst. Breitet sich wie eine Plage im Körper aus. […] Die Körpertemperatur: erhöht. Hunger, Durst: nicht mehr spürbar. Alles im Körper schreit: Bloß weg hier! Dreh um! Angela Nikolau dreht aber nicht um, Iwan Kusnetsow auch nicht. […]

Roofer sind sie. *Roof* bedeutet Dach auf Englisch, aber die Bezeichnung Roofer hat in Russland die allersteilste Karriere hingelegt: Nirgendwo soll es so viele von ihnen geben, hier entstand der Trend. Roofer, das klingt harmlos, nach Jugendlichen, die aus Spaß über die Dächer geduckter Altbauhäuser jagen. Aber Angela Nikolau und Iwan Kusnetsow bezwingen Dächer, Brücken und Kräne in absurden Höhen – und damit ihre Angst. Packen jedes Mal den Selfiestick in den Rucksack, die Drohne, um zu filmen, das Wasser, etwas zu essen. Den Fotoapparat mit dem Teleobjektiv oder die kleine GoPro für die Tasche. Die Kleider zum Umziehen für die Fotos, mal hochhackige Schuhe, mal den Badeanzug oder das Abendkleid. Die Angst spüren sie jedes Mal bei den ersten zwei, drei Schritten. Die sind die schwersten. […]

Haben sie es aber aufs Dach geschafft, klettern sie los, ungesichert. Ganz oben legen sie ihre schmalen, muskulösen Körper auf Vorsprüngen ab, nur Zentimeter getrennt vom freien Fall: 300 Meter Tiefe, klick, ein Foto. [...] Zigtausende werden sie feiern für diesen Flirt mit der Gefahr: Like, gefällt mir! Die Schar der Anhänger bei Instagram: Mehr als 200 000 hat er, mehr als eine halbe Million hat sie, was sie zur wohl berühmtesten Rooferin Russlands macht. [...] Und die Angst ist der Berater, immerzu dabei, nervend: Sei vorsichtig, kenne deine Kräfte. Sie wollen nicht sterben, im Gegenteil – sie wollen das Leben spüren.

Solange die Jugendlichen bloß ihr Leben riskieren, schert sich die Polizei wenig um sie. Es gibt zwar Gesetze, die ihr Handeln erschweren, aber keine Staatsmacht, die sie einschüchtert. Vielleicht ein Dutzend Mal wurde Iwan Kusnetsow festgenommen – und kam mit kleinen Geldstrafen davon. Angela Nikolau lässt man fast immer laufen. Einzige Konsequenz: Ihr Kanal auf YouTube ist gesperrt. [...]

Warum tun sie das dann? Er begann in der Schule damit. Hatte Probleme, die Gedanken führten ihn nirgendwo hin, aber beim Klettern spürte er sich. Irgendwann trieb es ihn jeden Tag auf die Dächer hinauf. Sie hatte genug von der Profigymnastik, zu der sie ihre Eltern, zwei Luftakrobaten, ihr Leben lang genötigt hatten. Begann, Kunst zu studieren, hatte diesen Überschuss an Energie und Zeit. Tat sich irgendwann mit ihm zusammen. [...]

Der Psychiater Wladimir Mendelewitsch [...] arbeitet für die Weltgesundheitsorganisation und fliegt von einem internationalen Kongress zum nächsten. [...] Die Dachbezwinger, glaubt Mendelewitsch, versuchen, [dem] „Sumpf des Lebens" zu entkommen. Er sagt, sie fühlten sich als „Überflüssige", stünden außerhalb der Gesellschaft, und sei es nur für die Dauer eines Aufstiegs aufs Dach. Empfindsam seien sie, zur Selbstreflexion neigend. Sie wollen ihren Platz in der Welt spüren. [...] Die Bilder sind weniger Belege der Waghalsigkeit als Dokumente einer Popkultur: aufwändig montierte Videos, professionelle Fotos, glamouröses Outfit und Make-up. Perfektes Marketing.

(525 Wörter)

Quelle: Alice Bota: „Festgehalten!". In: Die Zeit 29/201, erschienen 14.7.2018; ZEIT ONLINE GmbH https://www.zeit.de/2018/29/roofer-klettern-hochhaeuser-mut (letzter Zugriff 01.07.2019)

M2 Thomas Müller: Kalkulierter Wahnsinn

[...]

Hochrisikosportler sind sich der Gefahren durchaus bewusst, sagte der Sportpsychologe Professor Martin Kopp von der Universität Innsbruck beim DGPPN-Kongress in Berlin. Sie wissen, dass ein kleiner Fehler tödlich ist, sie leugnen das Verletzungsrisiko nicht und sie zeigen auch keinen unrealistischen Optimismus, nach dem Motto „mir kann das aber nicht passieren", so Kopp. Darauf deuteten neuere Untersuchungen. [...] In der Vergangenheit hatten Psychologen bei Extrem- und Hochrisikosportlern häufig einen Mangel an empfundener Verletzbarkeit sowie ein überhöhtes Selbstvertrauen und eine gesteigerte Zuversicht vermutet. Als Motivation wurde oft nur der Nervenkitzel, das „Sensation Seeking" gesehen.

Doch mittlerweile ergibt sich ein weitaus komplexeres Bild, das auch die Steigerung des Selbstwerts und des Identitätsgefühls berücksichtigt. Risikosport kann zudem als Alleinstellungsmerkmal verstanden werden und als Wunsch, aus einem überzivilisierten Leben voller Langweile und Leere auszubrechen. Nicht zu unterschätzen sind dabei die sozialen Medien: Die modernen Helden finden ihr Publikum über Videos auf Youtube und Facebook – die Helmkamera ist längst zu einem unverzichtbaren Accessoire in der Szene geworden. Diese Form der Selbstdarstellung, so Kopp, ist heute oft wichtiger als der Nervenkitzel. [...]

(201 Wörter)

Quelle: Thomas Müller, „Kalkulierter Wahnsinn“. In: ÄrzteZeitung, 15.01.2016. https://link.springer.com/article/10.1007/s15006-016-7850-8 (verändert und gekürzt, letzter Zugriff 01.07.2019)

M3 Christoph Donauer: Ich habe keine Angst, herunterzufallen

Im Interview erklärt ein junger Roofer, warum er sein Leben beim Klettern aufs Spiel setzt. Zusammen mit seiner Gruppe, den „Grave Yard Kidz“[1], – stellt er Videos der lebensgefährlichen Kletteraktionen ins Netz – und erntet dafür sowohl Hass als auch Anerkennung.

[...]

Die Menschen waren entsetzt, dass du ungesichert auf den Turm des Ulmer Münsters[2] geklettert bist. Kannst du das verstehen?

Das kann ich auf jeden Fall verstehen. Auch mir fällt es schwer, zu beschreiben, warum ich das mache. Aber ich muss ehrlich sagen, dass ich mehr Hass erwartet hätte. Ein anderer Roofer ist auf die Pyramiden in Kairo geklettert und hat damit eine riesige Hasswelle losgetreten, weil er eine heilige Stätte entweiht hatte. [...]

Meinst du, jemand könnte dir nacheifern wollen?

Ich denke, das kann man schon nachmachen, aber ich würde es keinem raten. Die meisten sagen eh nur „Respekt“ oder „verrückte Sache“, würden es aber nie nachmachen. Einfach wegen der immensen Höhe. Da ist eine gewisse Vernunft vorhanden, dass man stirbt, wenn man da runterfliegt. Das ist den meisten Menschen eigentlich bewusst.

Aber du hast diese Vernunft nicht?

Ich habe einiges an Routine und mich langsam herangetastet. Wenn das ein anderer sieht und direkt aufs Ulmer Münster klettert, wird das nicht gut gehen. Einfach weil er da oben Schockzustände bekommt, weil er noch nie auf einem so hohen Turm gestanden ist. Wir haben da eine gewisse geistige und körperliche Routine und da ist das eine relativ sichere Sache. Auch wenn das schwer zu glauben ist, wenn man die Videos sieht.

Wie trainierst du für deine Kletteraktionen?

Wir klettern an Felsen und in der Kletterhalle. Das klingt jetzt komisch, das über einen selbst zu sagen, aber wir sind alle relativ sportlich und das schon immer gewesen. [...] Die Höhe sind wir mittlerweile einfach gewohnt und haben keine Angst davor. Wenn wir Angst hätten, herunterzufallen, würden wir nicht hochgehen.

(339 Wörter)

1 **Grave Yard Kids (Friedhofskinder):** süddeutsche Gruppe von Roofern
2 **Ulmer Münster:** Kirche, der 161,53 m hohe Turm ist der höchste Kirchturm der Welt.

Quelle: Christoph Donauer: „Ich habe keine Angst, herunterzufallen". In: Stuttgarter Zeitung, 18.04.2019. https://www.stuttgarter-zeitung.de/inhalt.grave-yard-kidz-roofer-im-interview-ich-habe-keine-angst-herunterzufallen.fb34e5b3-e38d-45cb-a3fc-b102c31f36c9.html (zuletzt abgerufen am 01.07.2019)

G-Kurs: Aufgabenstellung

Roofing ist ein relativ neues Phänomen: Jugendliche und junge Erwachsene klettern ohne Sicherung auf hohe Bauwerke oder Gebäude, um sich dort zu fotografieren oder zu filmen und die Bilder später im Internet zu präsentieren. Personen, die dieser umstrittenen Extremsportart nachgehen, werden als Roofer bezeichnet. Der Begriff ist von dem englischen Wort „roof" (Dach) abgeleitet.

Ein Jugendmagazin plant, das Themenheft „Identitätsfindung und Selbstdarstellung im Sport" herauszugeben, Du bist aufgefordert, dich mit diesem Thema am Beispiel „Roofing" auseinanderzusetzen und einen informierenden Artikel für dieses Themenhaft zu schreiben.

1. Gib die wesentlichen Aspekte zum Thema „Roofing", die den Materialien (M 1–M 3) zu entnehmen sind, in einer nachvollziehbaren Stoffsammlung wieder. Ergänze diese um eigene Aspekte.

2. Verfasse einen informierenden Artikel zum Thema „Identitätsfindung und Selbstdarstellung am Beispiel Roofing" für das Themenheft des Jugendmagazins. Berücksichtige dabei
   - die Motivation der jugendlichen Roofer,
   - das Potenzial dieser Sportart und
   - die Gefahren des Roofings.

   Nutze dazu deine Ergebnisse aus Aufgabe 1. Formuliere auch eine passende Überschrift.

M1 Roswitha Engelen: „Mio ist Roofer"

Ungesichert klettert er auf hohe Bauwerke. Ein lebensgefährliches Hobby.

Es ist fast fünf Uhr an diesem Sonntagmorgen. Noch ist es stockdunkel, lediglich ein paar Lampen erhellen vereinzelt das umzäunte Gelände eines Energiekonzerns im Nordwesten Berlins. Im Schutz der Dunkelheit steigen Mio [Pseudonym des Roofers, um unerkannt zu bleiben – Anm. d. Red.] und sein Kumpel rasch über das Eingangstor, vorbei an dem Schild, das Fremden den Zutritt verbietet. Geduckt huschen sie zu einem freistehenden Schornstein. Immer wieder schauen sie sich um, ob sie auch wirklich alleine sind. An der Außenwand des Schlots[1] führt eine Leiter 150 Meter senkrecht in die Höhe. Stufe für Stufe klettern die beiden nach oben. Mio ist ein sogenannter Roofer. Er klettert meist illegal und immer ohne Sicherung auf hohe Türme, Masten oder Dächer. [...] Der gebürtige Würzburger versteht sein Hobby als Chance, aus dem Alltag auszubrechen und einen Ort für sich zu haben, ohne die ständigen Einflüsse der Großstadt. [...] Roofing wird immer populärer bei jungen Menschen. Fotos im Netz haben teilweise mehrere Tausend Likes, Videos Hunderttausende Views. Auch in Deutschland gibt es inzwischen einige Roofer – ein äußerst gefährlicher Trend. Im Internet sind Meldungen über zu Tode gestürzte Hochhauskletterer zu finden, teilweise sogar auf Videos festgehalten. Ein Roofer mit dem Pseudonym Aiko7 äußert sich in einem Internetforum abgeklärt zu den Gefahren: „Natürlich gibt es Tote, ich habe selbst schon jemanden abstürzen sehen. Roofing ist gefährlich, aber über Unfälle reden wir nicht gerne. Jeder ist für sich selbst verantwortlich, wer zu übermütig ist oder Pech hat, der fällt halt einfach runter." Auch Mio scheint ein lockeres Verhältnis zu den Gefahren seines Hobbys zu haben: „Wenn man weiß, was man tut, und unvorhergesehene Risikofaktoren einplant, dann besteht auch keine Gefahr", meint er. Die Höhe könne Mio gedanklich ausschalten, er vergleicht den Balanceakt auf einem Fabrikschlot in 150 Metern mit einem Gang über die Gehsteigkante. „Da kann ja auch jeder darüber laufen, ohne runterzufallen." Wie wenig Kontrolle Mio in schwindelerregenden Höhen noch darüber hat, ob er sich hält oder fällt, scheint er nicht zu realisieren. Eine rutschige oder rostige Sprosse, eine Windböe reichen, und der 19-Jährige verliert den Halt.

Dass sich die Gefahren des Roofings kaum mit denen gleichsetzen lassen, die von gewöhnlichen Hobbys Jugendlicher ausgehen, scheinen Roofer nicht realisieren zu wollen. „Jemand soll sich an einen erinnern", erklärt Artjom Pirmijasow, einer der populärsten russischen Roofer, seine Motivation in einem SternTV-Bericht. Er setzt sein Leben nicht nur für den Nervenkitzel aufs Spiel, ihm geht es um mediale Unsterblichkeit, für die er im Zweifelsfall mit dem Leben zahlt. [...] Mio zeigt sich davon wenig beeindruckt. Unter dem Synonym mio.roofing lädt er immer wieder Fotos und Videos auf seinen Instagramaccount. Damit möchte er seinen Bekanntheitsgrad steigern und der Welt zeigen, was er in seiner Freizeit macht.

(458 Wörter)

1 **Schlot:** Schornstein

Quelle: https://www.spreewild.de/zwischendurch/2016/12/abrutschen-gleich-tod-unterwegs-mit-einem-roofer (zuletzt abgerufen am 01.07.2019)

M2 Roofing: Das sagen Polizei, Justiz und Hausbesitzer dazu

[...]

„Roofing“-Aktionen können als Hausfriedensbruch gelten und werden dann laut Paragraph 123 des Strafgesetzbuchs „mit Freiheitsstrafe bis zu einem Jahr oder mit Geldstrafe bestraft.“ [...]

Werde die Polizei wegen „Roofern“ gerufen, müsse sie einschreiten. „Die Motivlage ist schwer einzuordnen: Man weiß nicht, ob die Personen in ein Objekt einbrechen oder nur die Aussicht genießen wollen. Vielleicht ist es gar ein verliebtes Paar, das einen romantischen Abend verbringen will.“ [...] Doch auch wenn mangels Kläger keine Strafverfolgung resultiert, behält sich die Polizei vor, „im Einzelfall den Einsatz in Rechnung zu stellen“.

(95 Wörter)

Quelle: https://www.fnp.de/frankfurt/roofing-sagen-polizei-justiz-hausbesitzer-dazu-10488819.html (zuletzt abgerufen am 01.07.2019)

M3 Michael Birnthaler: Verkörperungen der Jugend

Natürliche Bewegungsanreize schwinden in unserer urbanisierten[1] und medienfixierten Welt allmählich aus dem Alltagsleben der Kinder. [...] Neben [einer] Wellfit-Bewegung[2] breiten sich vor allem die Extremsportarten epidemisch[3] aus. Fallschirmspringen, River Rafting, Canyoning, Drachenfliegen, Wildwasserfahren, Freeclimbing, Bungee-Jumping, Tiefseetauchen und vieles mehr ist für etliche junge Menschen zum letzten Abenteuer geworden. Viele von ihnen werden dabei von einer merkwürdigen Sehnsucht getrieben. Von der Sehnsucht, an die eigenen Grenzen zu stoßen und dabei in den Momenten der höchsten Gefahr und Herausforderung zu bestehen. [...] Grenzerfahrungen scheinen in unserer Vollkaskogesellschaft[4] Mangelware geworden zu sein. Unersättlich scheint dagegen das Verlangen der gegenwärtigen Jugend, Grenzen zu überschreiten [...] – mit dem Risiko des vollen Scheiterns und des Untergangs. [...] Die im Kindesalter erworbenen, im Abenteuer und der Grenzerfahrung geschulten Fähigkeiten und Haltungen [sind] später die inneren Energiequellen und Tugenden[5] des reifen Erwachsenen.

(161 Wörter)

1 **urbanisiert:** (groß-)städtisch
2 **Wellfit-Bewegung:** Trend, der Wellness und Fitness vereint
3 **epidemisch:** zunehmend
4 **Vollkaskogesellschaft:** Gesellschaft, in der niemand mehr unabgesichert Risiken eingeht
5 **Tugend:** Haltung, moralisch wertvolle Eigenschaft

Quelle: Michael Birnthaler, Verkörperung der Jugend. In: Erziehungskunst 5/2008, S. 551f.

Glossar

Auktorialer Erzähler: → *Merkmale erzählender Texte*

Bericht: → *Journalistische Textsorten*

Diagramm: → *Grafik*

Direkte Rede: → *Merkmale erzählender Texte*

Drama: Die Handlung der Geschichte wird auf einer Bühne aufgeführt. Der Text des Dramas enthält **Dialoge** (Gespräche zwischen Figuren) und **Monologe** (eine Figur spricht ihre Gedanken aus). Regieanweisungen steuern die Schauspieler und das Bühnenbild.

Dramen werden in mehrere **Akte** eingeteilt, die die Handlung des Dramas gliedern. Ein **geschlossenes Drama** hat fünf Akte und folgenden Aufbau:
1. Akt = Einleitung oder Exposition. Vorstellung der Figuren und der Konflikte.
2. Akt = Die Handlung kommt in Gang und alle Konflikte werden deutlich.
3. Akt = Höhepunkt der Konflikte. Der Held muss sich seinem Schicksal oder seiner Aufgabe stellen.
4. Akt = Vorbereitung auf das Ende. Einige, aber noch nicht alle Konflikte werden gelöst.
5. Akt = Ende. Alle Konflikte werden aufgelöst.

In einem traditionell angelegt Drama ist jeder Akt in mehrere **Szenen** unterteilt. Der Anfang einer Szene wird oft durch den Auftritt, das Ende durch den Abgang von Figuren bestimmt. Während der Szene findet die Aktion auf der Bühne statt. Eine Szene stellt oft einen Handlungsabschnitt dar.

Epik: Unter diesem Begriff fasst man alle Arten der erzählenden Dichtung zusammen. Es gibt viele epische Kleinformen (→ *Erzählung*, → *Novelle*). Zu den umfangreicheren epischen Texten gehört der → *Roman.*

Erlebte Rede: → *Merkmale erzählender Texte*

Er-/Sie-Form: → *Merkmale erzählender Texte*

Erzählperspektive: → *Merkmale erzählender Texte*

Erzählung: In der Literatur versteht man unter einer Erzählung alle kurzen, erzählenden Texte, die nicht eindeutig einer anderen Kurzform (→ *Fabel, Märchen, Sage, Schwank*) zugeordnet werden können.

Grafik: Grafiken stellen statistische Größen und Größenverhältnisse mithilfe von Diagrammen bildlich dar. Man unterscheidet folgende Typen von Diagrammen:
1. **Balkendiagramme** oder **Säulendiagramme,** die absolute Zahlen anzeigen. Die Höhe der Säule oder die Länge des Balkens gibt eine Anzahl an.
2. **Torten- bzw. Kreisdiagramme,** die eine prozentuale Zusammensetzung einer Gesamtmenge verdeutlichen. Die Tortenstücke zeigen jeweils den Anteil an der Gesamtmenge.
3. **Kurvendiagramme** oder **Liniendiagramme,** die eine Entwicklung anzeigen. Die Daten von verschiedenen Zeitpunkten können mithilfe eines solchen Diagramms miteinander verglichen werden.

Ich-Erzählung: → *Merkmale erzählender Texte*

Indirekte Rede: → *Merkmale erzählender Texte*

Innerer Monolog: → *Merkmale erzählender Texte*

Interview: → *Journalistische Textsorten*

Journalistische Textsorten:
Informierende Texte
Die **Meldung** ist die Kurzform der Nachricht. Sie enthält nur die wichtigsten Informationen (Wer? Wo? Was? Wann?). Sie steht häufig auf der ersten Seite und weist meist auf einen ausführlichen Bericht im Innenteil der Zeitung hin.

Der **Bericht** ist die ausführliche Form der Nachricht. Er liefert eine detaillierte und sachliche Darstellung eines Sachverhalts. Merkmale:
1. Die Überschrift (häufig mit Unterüberschrift) informiert sachlich.
2. Ein halbfett gedruckter Vorspann fasst die wichtigsten Informationen (W-Fragen) zusammen.
3. Im Hauptteil erfolgt eine ausführliche Darstellung der Nachricht mit Erklärung der Zusammenhänge und Hintergründe.

4. Die Darstellung ist sachlich, wertende Äußerungen durch den Berichterstatter fehlen.
5. Aussagen von Personen werden in direkter und indirekter Rede wiedergegeben.
6. Häufig ergänzt ein erklärendes Bild den Text.

Die **Reportage** ist das Ergebnis vielfältiger Nachforschungen (= Recherchen). Die Reportage will nicht nur informieren, sondern die Leser auch durch die lebendige Art der Darstellung in besonderem Maße ansprechen.

Das **Interview** ist das Ergebnis eines Gesprächs, in dem ein Journalist/eine Journalistin gezielte Fragen an eine Person stellt, die von dieser beantwortet werden. Das Ziel kann darin bestehen, aktuelle Informationen über bestimmte Sachverhalte zu erhalten oder jemandes persönliche Meinung zu einem bestimmten Problem zu erfahren.

Kommentierende Texte
Der **Kommentar** argumentiert zu einem Sachverhalt. Dies kann zustimmend oder ablehnend erfolgen. Merkmale:
1. Häufig wird er in Verbindung mit einem Bericht oder einer Meldung geschrieben.
2. In vielen Zeitungen erscheinen die Kommentare an einer bestimmten Stelle (z. B. bei „Politik“).
3. Kürzere Kommentare beziehen sich oft auf einen Artikel auf der gleichen Seite.
4. Die Autorin/der Autor wird genannt.
5. In der Regel verwenden Kommentare keine Bilder. Oft haben Kommentare einen typischen Aufbau: Zunächst werden die wichtigsten Informationen dargestellt, die zum Verständnis nötig sind. Als Abschluss wird meist ein Wunsch oder ein Ausblick formuliert.

Der (oder das) **Essay** ist eine kürzere, sprachlich lebendige Abhandlung, in der ein Problem von verschiedenen Seiten betrachtet und in der die persönliche Meinung zum Ausdruck gebracht wird.

Karikatur: Durch Über- oder Untertreibungen werden in Zeichnungen menschliche Schwächen oder Missstände kritisiert und lächerlich gemacht.

Kommentar: → *Journalistische Textsorten*

Konjunktiv: **Indikativ (Wirklichkeitsform)**: *Er sagt: „Morgen kommt Paul.“*
Der Konjunktiv gibt an, was ein anderer gesagt haben soll. In der indirekten Rede (→ *Merkmale erzählender Texte*) verwendet man meistens den **Konjunktiv I (Möglichkeitsform)**: *Er sagt, Paul komme morgen.*

Kurzgeschichte: Sehr knappe Erzählung, die einen besonderen Augenblick oder einen krisenhaften Moment im Leben einer oder mehrerer Figuren zeigt. Es gibt keine festen Merkmale, Kurzgeschichten können sehr unterschiedlich aussehen. Gemeinsam sind jedoch vielen von ihnen:
- die Kürze des Textes,
- Aufnahme eines einschneidenden Moments aus dem Alltagsleben,
- direkter Einstieg in die Handlung (reißt Situation auf),
- Handlung in einem Strang erzählt, meist zügiger Verlauf auf den Höhepunkt (Wendepunkt) zu,
- offener Schluss (oft mit Pointe),
- vielfältige Deutungsmöglichkeiten,
- vorwiegend Alltagssprache mit einfachem Satzbau, in wörtlicher Rede auch Umgangssprache oder Dialekt.

Thematisiert werden Probleme der Zeit (vgl. Nachkriegsliteratur, „Trümmerliteratur“ S. 14). Meist sind die Geschichten mehrdeutig: Das dargestellte Alltagsereignis steht für tiefergehende Probleme, die über sprachliche Bilder zu erschließen sind.

Lyrik: Besonderes Merkmal von Gedichten ist die **Versform** (Vers = Zeile). Das Zeilenende wird vom Dichter/Autor bewusst gesetzt. Weitere formale Merkmale von Gedichten sind **Strophe** (Abschnitt aus mehreren Versen), Reim (Gleichklang) und Metrum (Versmaß/Sprech-Rhythmus). Zudem gibt es viele sprachliche und rhetorische Stilmittel (Übersicht s. S. 127).
Die häufigsten **Reimformen** (Reimschemata) sind: Paarreim (a a b b), Kreuzreim (a b a b), umarmender Reim (a b b a). Endet ein Vers mit einer betonten Silbe, spricht man vom stumpfen Reim (männlicher Versschluss). Schließt er unbetont, handelt es sich um einen klingenden Reim (weiblicher Versschluss).
Metrum bezeichnet die Folge betonter und unbetonter Silben in den Wörtern der Verse (Versfüße), z. B.: Jambus (unbetont – betont), Trochäus (betont

– unbetont), Daktylus (betont – unbetont – unbetont).
Das **lyrische Ich** (auch: lyrischer Sprecher) ist eine Figur im Gedicht, die „ich" sagt, aber nicht mit dem Dichter gleichgesetzt werden darf.

Merkmale erzählender Texte: Der Autor ist *nicht* gleichzusetzen mit dem Erzähler einer Geschichte. Wenn man einen Erzähltext untersucht, analysiert man Erzähltechniken/Merkmale des Erzählens:

1. **Erzählform:** Er-/Sie-Form, Ich-Form

2. **Erzählverhalten (Erzählperspektive):** Ist ein Erzähler **auktorial** (allwissend), dann erzählt er das Geschehen von außen und er weiß mehr als die Figuren. Er kann vorausschauen, Kommentare einflechten oder Rückblenden einfügen. Erzählt er **personal,** denn erfährt man aus der Sicht einer Figur, was geschieht und man erfährt auch nur das, was diese Figur weiß oder denkt. Selten ist ein Erzähler **neutral,** dann beschreibt er das Geschehen distanziert und sehr sachlich, wie ein Protokoll.

3. **Form der Darbietung:** Der Erzähler kann unterschiedliche Redeformen verwenden:
   Direkte Rede: In wörtlicher Rede werden Äußerungen und Gedanken wiedergegeben: *Jan war aufgebracht: „Was wissen Sie schon, was geschehen ist!"*
   Indirekte Rede: Äußerungen werden vom Erzähler wiedergegeben, zumeist unter Verwendung des → Konjunktivs: *Vollkommen unbeherrscht machte er allen um ihn Stehenden Vorwürfe, dass schließlich niemand gekommen sei, ihm zu helfen.*
   Erlebte Rede: Der Erzähler gibt die Gedanken und Gefühle in der 3. Person und meistens im Präteritum wieder: *Als alle den Raum verlassen hatten, war Jan sehr niedergeschlagen. War es nicht auch sein Fehler, dass es so weit gekommen war?*
   Innerer Monolog: Die Gedanken und Gefühle werden in der Ich-Form dargestellt, häufig im Präsens: *Jan nahm sein Handy und suchte die Nummer von Marion. Ich werde ihr alles erklären. Ich werde sie nicht um Verzeihung bitten.*

4. **Zeitverhältnisse:** Wenn ein Erzähler ein Geschehen, das in der Realität sehr kurz ist, sehr ausführlich darstellt und kommentiert, spricht man von **Zeitdehnung:** *In diesem Augenblick des Fallens liefen die Ereignisse der letzten Tage in seinem Kopf wie in einem Film ab: die Begegnung mit seinem Vater und sein unbeherrschtes Verhalten Marion gegenüber.*
   Von **Zeitraffung** hingegen spricht man, wenn der Erzähler ein Geschehen, das in der Realität länger dauert, zusammenfasst, nur andeutet oder überspringt: *Als Jan Stunden später im Krankenhaus aufwachte, hatte er Mühe, sich zurechtzufinden.*

5. **Satzbau:** Man unterscheidet:
   - **Satzreihe (Parataxe):** Es werden nur Hauptsätze aneinandergereiht. Häufig sind sie kurz: *Jan schwieg. Sein Puls raste. Dann sprang er auf.*
   - **Satzgefüge (Hypotaxe):** Verbund von Haupt- und Nebensätzen: *Als er die Tür öffnete* (Nebensatz), *blies ihm ein kalter Wind entgegen* (Hauptsatz), *der schon vor geraumer Zeit begonnen hatte zu wehen* (Nebensatz).
   - **Ellipse:** → *Sprachliche Mittel* (S. 142) Die Wirkung dieser Satzformen kann sehr unterschiedlich sein und kann nur aus dem Zusammenhang des Textes erschlossen werden.

6. **Sprachliche Mittel:** → *Sprachliche Mittel* (S. 142)

Novelle: Eine Novelle ist ein kurze Erzählung mit geschlossener Form und einem Realitätsbezug. In straffer Erzählweise steuert sie auf eine ungewöhnliche, dramatische Begebenheit hin, die den Wendepunkt im Leben eines Menschen darstellt. Im Zentrum der meist einsträngigen Handlung steht ein Konflikt. Manchmal werden Novellen in Rahmenerzählungen eingebettet. Merkmal sind erzählerische Vorausdeutungen und das leitmotivische Auftreten von Dingsymbolen, z. B. der Ring in „Hans und Heinz Kirch" von Theodor Storm oder „Die Judenbuche" in der gleichnamigen Novelle von Annette von Droste-Hülshoff.

Parabel: Kurze, meist lehrhafte Erzählung, die nur im übertragenen Sinne verstanden werden kann. Das, was erzählt wird (Bildebene), verweist auf etwas anderes, das gemeint ist (Sachebene). Die inhaltliche Verknüpfung der Ebenen ist Aufgabe des Lesenden, er muss die Bedeutung der Parabel aktiv erschließen.

Personaler Erzähler: → *Merkmale erzählender Texte*

Redeformen: → *Merkmale erzählender Texte*

Roman: Der Roman ist eine lange → *Erzählung,* die zwischen hundert und mehreren tausend Seiten umfassen kann. Im Zentrum steht oft die problematische Situation eines Einzelnen. Beschrieben wird, wie er in seiner Umgebung und mit seinen Mitmenschen lebt, sich verändert und entwickelt. Es können aber auch Familiengeschichten erzählt, geschichtlche Szenarien entworfen oder experimentelle Themen gewählt werden.

Rückblick: Vor allem in der → *Epik* (Erzählung, Roman) gibt es solche Einschübe, die vor der Zeit der eigentlichen Handlung spielen. Sie dienen dazu, die jetzige Situation oder das Handeln einer Figur aus der Vergangenheit heraus zu erklären.

Sachtext: Ein Sachtext informiert über Tatsachen, Vorgänge und Sachverhalte. Er kann z.B. über die Tier- oder Pflanzenwelt informieren oder über bedeutsame Ereignisse. Sachtexte findet man in Zeitungen, Zeitschriften, in Sach- oder Schulbüchern oder im Internet.

Satzgefüge: → *Merkmale erzählender Texte*

Satzreihe: → *Merkmale erzählender Texte*

Sprachliche Mittel: Nahezu in allen Texten werden gezielt sprachliche Mittel eingesetzt, um bestimmte Wirkungen zu erzielen.

Zeitdehnung: → *Merkmale erzählender Texte*

Zeitraffung: → *Merkmale erzählender Texte*

Sprachliche Mittel

Sprachliche Mittel	Erläuterung	Beispiel	mögliche Wirkung
Alliteration, die	Wiederholung von Anfangslauten bei aufeinanderfolgenden Wörtern	*Milch macht müde Männer munter.*	emotionale Verstärkung des gewünschten Eindrucks
Anapher, die	Wiederholung derselben Wortgruppe an Satzanfängen	*Worte sind verletzend. Worte sind unersetzlich.*	Eindringlichkeit; Rhythmisierung erreichen
Ellipse, die	unvollständiger Satz, der sinngemäß leicht zu ergänzen ist	*Feuer! / Je früher der Abschied, desto kürzer die Qual.*	der wichtigste Aspekt soll hervorgehoben werden
Euphemismus, der	Beschönigung	*vollschlank* statt *dick* / *eingeschlafen* statt *gestorben*	taktisch abgemilderte Negativbotschaft
Hyperbel, die	starke Unter- oder Übertreibung	*Es ist zum Haareausraufen! / ein Meer von Tränen*	Dramatisierung; starke Veranschaulichung
Ironie, die	Äußerung, die durchblicken lässt, dass das Gegenteil gemeint ist	*Das hast du ja ganz toll hinbekommen! / Vier Wochen Regen. Super!*	Herabsetzung; kritische Anmerkung; Stellungnahme
Klimax, die	Steigerung; meist dreigliedrig	*Er kam, sah und siegte.*	Dramatisierung
Metapher, die	verkürzter Vergleich, Verwendung eines Wortes in übertragener Bedeutung	*Geldwäsche / Er war ein Löwe in der Schlacht. / Du bist meine Sonne.*	Veranschaulichung
Neologismus, der	Wortneuschöpfung	*Mobbing / Gammelfleisch / unkaputtbar (Werbesprache)*	Hervorhebung
Paradoxon, das	Zusammenstellung von Wörtern, die sich eigentlich widersprechen	*Bittersüß / Vor lauter Individualismus tragen sie eine Uniform.*	starker Anreiz zum Nachdenken
Parallelismus, der	Wiederholung gleicher Satzstrukturen	*Ein Blitz leuchtete, der Donner folgte, ein Gewitter setzte ein.*	Dramatisierung, Intensivierung
Personifikation, die	Vermenschlichung; Gegenstände oder Tiere erhalten die Eigenschaften oder Fähigkeiten von Menschen	*Die Sonne lacht. / Die Smileys haben uns fest im Griff. / Mutter Natur*	lebendige und anschauliche Darstellung
Rhetorische Frage, die	scheinbare Frage, deren Antwort jeder kennt; das Einverständnis der Leser und Zuhörer wird vorausgesetzt	*Gibt es den idealen Menschen? / Wer ist schon perfekt? / Wer glaubt denn das noch?*	Auslösen einer bestätigenden Reaktion der Leser
Vergleich, der	Verknüpfung zweier Begriffe mit *wie*	*Der Kämpfer ist stark wie ein Löwe.*	anschauliche Darstellung

Operatoren

Hier findest du eine Operatorenliste, die dir bei der Bearbeitung der Aufgaben helfen kann:

Stufe 1: Hier musst du Wissen wiedergeben.

Stufe 2: Hier musst du Fragen und Probleme selbstständig erfassen. Fertigkeiten, die du hast, müssen in einem anderen Zusammenhang angewandt werden.

Stufe 3: Hier musst du eigene Lösungsansätze finden, d. h. Themen reflektieren und/oder bewerten.

Stufe	Operator	Was ist zu tun?
1	nennen, beschreiben, wiedergeben, zusammenfassen, darstellen	Hier musst du einen Zusammenhang/ein Ergebnis/eine Problemstellung/den Inhalt eines Textes sachlich und geordnet in eigenen Worten sinnvoll formulieren. Dabei sind nur die wichtigsten Fakten zu nennen. Deine Meinung/dein Kommentar ist nicht gefragt.
2	erklären, erläutern	Hier müssen die Textaussagen durch zusätzliche Informationen/Beispiele veranschaulicht und/oder durch andere Kenntnisse belegt werden.
2	vergleichen	Hier müssen vorgegebene Materialien unter besonderen Bedingungen verglichen werden, d. h. es müssen Gemeinsamkeiten, Unterschiede und Abweichungen ermittelt werden.
2	deuten	Hier musst du sprachliche Mittel/formale Mittel in literarischen Texten beschreiben, ihre Bedeutung verstehen und wiedergeben.
2	einordnen	Hier muss ein Textauszug/eine Aussage/ein Problem/ein Sachverhalt in einem vorgegebenen oder selbst gewählten Zusammenhang dargestellt werden.
2	untersuchen	Hier werden ein Text/ein Sachverhalt/verschiedene Materialien unter einer bestimmten Fragestellung bearbeitet (z. B.: Welche Absicht verfolgt eine Hauptfigur mit ihrem Verhalten?).
2	überprüfen, prüfen	Hier soll mit dem vorhandenen Wissen zu einem Text festgestellt werden, ob Aussagen/Inhalte logisch und sinnvoll sind.
2	nachweisen	Hier sollst du bestimmte Merkmale oder Inhalte eines Textes (Sachtext oder literarischer Text) aufzeigen/beschreiben.
3	bewerten, beurteilen	Hier sollst du mithilfe verschiedener Zusatzmaterialien (Diagramme, Karikaturen usw.) ein begründetes Urteil/deine eigene Meinung darstellen.
3	erörtern	Hier sollst du zu einem bestehenden Problem aus verschiedenen Sichtweisen Stellung nehmen, d. h. positive und negative Argumente müssen gegeneinander abgewogen werden. Am Ende muss eine eigene Stellungnahme erfolgen.
3	interpretieren	Hier soll die Bedeutung/die Aussage eines literarischen Textes durch das Stellen von verschiedenen Fragen (W-Fragen) herausgearbeitet werden. Häufig ist dies die Grundlage für eine sinnvolle Weiterarbeit mit diesem Text.
3	begründen	Hier sollst du eine eigene Einschätzung/Meinung sachlich und fachlich belegen.
3	kritisch Stellung nehmen	Hier sollst du nach einer Auseinandersetzung mit einem Sachverhalt eine eigene Einschätzung des Problems verfassen. Dabei kann auch eine Argumentation entwickelt werden, die zu einem logischen Schluss führt.
3	auseinandersetzen mit	Hier sollst du dich mit verschiedenen Gesichtspunkten eines Sachverhalts/eines Textes/einer Problemstellung befassen und schriftlich zu einem eigenen Ergebnis gelangen.
3	verfassen, gestalten	Hier soll ein eigener Text unter Berücksichtigung der geforderten Textmerkmale (Interpretation, Erörterung, Zeitungsartikel, innerer Monolog, Tagebucheintrag ...) verfasst bzw. gestaltet werden.